ORTOGRAFÍA

ORTOGRAFÍA

CARLOS ZARZAR CHARUR

TERCERA REIMPRESIÓN
MÉXICO, 2012

GRUPO EDITORIAL PATRIA

Para establecer comunicación con nosotros puede hacerlo por:

correo:
Renacimiento 180, Col. San Juan
Tlihuaca, Azcapotzalco,
02400, México, D.F.

fax pedidos:
(01 55) 5354 9109 • 5354 9102

e-mail:
info@editorialpatria.com.mx

home page:
www.editorialpatria.com.mx

Gerencia editorial: Javier Enrique Callejas

Coordinadora editorial: Ma. Del Carmen Paniagua Gómez

Diseño de interiores: César Leyva Acosta / Eliud Reyes Reyes

Diseño de portada: Perla López Romo

Ortografía

Miembro de la Cámara Nacional de la Industria Editorial Mexicana

Registro núm. 43

ISBN: 978-970-817-263-9

Impreso en México

Printed in Mexico

Primera edición: 2008
Segunda reimpresión: 2010
Tercera reimpresión: 2012

Contenido

ÍNDICE DE LAS ORIENTACIONES DE LA REAL ACADEMIA ESPAÑOLA

PRESENTACIÓN

¿Alguna vez le ha pasado esto?	
"Ayer comenzé a escribir…"	¡Ah, caray! La palabra *comenzé* se ve fea. ¿Se escribirá con <u>c</u> o con <u>z</u>?
"Cuando estaba sólo en la casa…"	¿Y ahora? ¿La palabra *sólo* se deberá acentuar o no?
"Vi en la tele un reportaje sobre pinguinos…"	¿Le debo poner acento a la palabra *vi*? ¿Le debo poner diéresis a la palabra *pingüino*?
"No fui a la fiesta si no al cine".	¿La palabra *fui* lleva acento? ¿La palabra *sino* va junta o separada?
"Me avisó, pero no le hice cazo".	¿Estará bien escrita la palabra *cazo*?

Si alguna vez le ha pasado algo de esto, estimado lector, **este libro es para usted**.

En él encontrará la **respuesta a las principales dudas que se le presentan a uno cuando escribe**. Aquí encontrará no sólo una respuesta teórica a estas dudas, sino también un gran número de ejercicios, en los cuales usted podrá ponerla en práctica. Para escribir bien, no basta con entender las reglas de la ortografía y la redacción, sino que es necesario practicarlas hasta dominarlas.

En Junio de 1999, la Real Academia Española (RAE) presentó la Ortografía de la Lengua Española, en la que **se modifican algunas de las reglas** que se habían mantenido durante muchos años. Las reglas y ejercicios que se presentan en este libro van totalmente de acuerdo con la nueva normatividad de la RAE. En algunos temas específicos citaremos textualmente las "notas orientadoras" que presenta la RAE.

Este libro contiene 26 capítulos estructurados en siete unidades. Cada unidad está orientada a un problema específico: la acentuación, la ortografía, los homónimos, las palabras que se pueden escribir juntas o separadas, los parónimos, la puntuación y la redacción.

Hay que aclarar dos aspectos sobre la **naturaleza de este libro**.

- **No es un libro para leerlo, sino un libro para ejercitarlo**. No basta con leer y entender las reglas, sino que es necesario hacer los ejercicios correspondientes, para dominar esas reglas en la práctica.
- **No es un libro que se empieza por el principio y se termina por el final**. Se empieza por el tema (unidad y capítulo) en el que se tengan más problemas, con el fin de superarlos. Luego se continúa con otros aspectos que se quieran mejorar. Si analizas el contenido del libro, podrás detectar fácilmente el tema que te interese.

Lo anterior implica que los temas y ejercicios no están completamente secuenciados, sino que es posible leer y hacer un ejercicio sin haber hecho los anteriores. Sin embargo, **recomendamos que, al interior de cada capítulo, sí se vayan siguiendo los ejercicios por orden**, ya que en ocasiones una regla o ejercicio sirve de fundamento para los siguientes.

En cada uno de los ejercicios, después del nombre del mismo, se explica la **regla** correspondiente y se ponen algunos **ejemplos**. Luego se presentan una serie de **frases u oraciones**, las cuales hay que completar o corregir siguiendo la regla explicada. **Cada frase tiene un valor** que depende del número de ellas: si son 25 frases, cada una tendrá un valor de cuatro puntos; si son 20, cada una tendrá un valor de cinco puntos, etc. De esta forma, al responder correctamente un ejercicio en su totalidad, se obtendrá una **calificación de 100**.

Este libro puede ser utilizado como apoyo para los cursos de español en secundaria, para los talleres de Lectura y Redacción en bachillerato, para los cursos de ortografía y redacción que se impartan en el nivel superior o en cursos de actualización en el trabajo.

Cuando se utilice como parte de un curso, es conveniente que, después de que todo el grupo haya completado un ejercicio, se cambien los libros para corregirlos; es decir, **que cada uno revise y corrija el ejercicio hecho por otro compañero**. La corrección se hará en voz alta, y el profesor o instructor irá indicando si la respuesta es correcta. Al término de la corrección, **se anotará la calificación obtenida** en el espacio indicado al final de cada ejercicio.

¿Tienes problemas con los acentos?

¡Que no te dé pena aceptarlo!

Éste es un problema muy común en la actualidad. Son muchas las personas que tienen problemas con los acentos. Ni las computadoras, con sus correctores automáticos, pueden librarnos de cometer errores. Esto se debe a que, en el español, **existe un gran número de palabras que admiten tres acentos diferentes**; por ejemplo: *tráfico, trafico y traficó*. Muchas otras palabras admiten **dos acentos diferentes**; por ejemplo: *trabajara y trabajará*. En estos casos, los procesadores de textos darán por buena cualquier forma que se haya utilizado, aunque esté incorrecta.

En lo que se refiere a la acentuación de las palabras, **el español es muy diferente a otras lenguas**. En inglés, por ejemplo, no existen acentos escritos; por el contrario, en el francés hay tres tipos de acentos escritos: el agudo (´), el grave (`) y el circunflejo (ˆ).

En esta unidad estudiaremos las reglas para acentuar en español. En el Capítulo 1 analizaremos las reglas básicas, y en el Capítulo 2 veremos algunas reglas especiales.

Pero antes de entrar en materia, conviene **definir o recordar algunos de los principales conceptos** que estaremos utilizando al explicar las reglas de la acentuación.

El **acento** es la mayor intensidad con la que se pronuncia una sílaba en una palabra. **Ejemplo**: en la palabra *cartero*, la sílaba <u>te</u> es la que se pronuncia con mayor intensidad. Los acentos pueden ser ortográficos o prosódicos.

- Se le llama **acento prosódico** al que únicamente se pronuncia al hablar pero no se pone por escrito. **Ejemplo**: *carro*. La sílaba <u>ca</u> lleva el acento prosódico, pues es la que se pronuncia con mayor intensidad. Al acento prosódico también se le denomina **fonético**.

- Se le llama **acento gráfico (u ortográfico)** al que se pone por escrito mediante una tilde (´). **Ejemplo**: *cantará*. La sílaba <u>rá</u> lleva el acento ortográfico. A su vez, este acento puede ser de tres tipos:

  - **Normal (o normativo)**, cuando corresponde ponerlo de acuerdo con las reglas de la acentuación. Por **ejemplo**: *canción* lleva acento porque es aguda terminada en <u>n</u>.

  - **Diacrítico**, cuando sirve para diferenciar dos palabras que se escriben de la misma manera, pero tienen funciones diferentes dentro de la oración. Por **ejemplo**: *más* se acentúa cuando indica cantidad (*quiero más agua*); pero *mas* no se acentúa cuando indica una conjunción adversativa (*mas sin embargo…*).

  - El acento **enfático** es un tipo de acento diacrítico, y se utiliza cuando se debe hacer énfasis en enunciados que expresan interrogación o admiración. Por **ejemplo**: *¿Qué quieres?, ¡Qué bonito!*

Llamamos **sílaba** a la letra o conjunto de letras que se pronuncian en una sola emisión de voz. Desde el punto de vista de la acentuación, las sílabas pueden ser tónicas o átonas.

- Se le llama **sílaba tónica** si en ella recae el acento, ya sea el prosódico o el ortográfico. Por **ejemplo**: en la palabra *cartón*, la sílaba <u>tón</u> es la tónica.

- Se denomina **sílaba átona** si en ella no recae el acento de la palabra, ni el prosódico ni el ortográfico. **Ejemplo**: en la palabra *cartón,* la sílaba <u>car</u> es átona.

En español tenemos cinco **vocales**: *a, e, i, o, u*. Unas de estas vocales son fuertes (o abiertas) y otras son débiles (o cerradas).

- Son **vocales fuertes (o abiertas)** la <u>a</u>, la <u>e</u> y la <u>o</u>.

- Son **vocales débiles (o cerradas)** la <u>i</u> y la <u>u</u>.

Cuando en una palabra existen **dos o tres vocales juntas**, éstas pueden formar un diptongo, un triptongo o un hiato.

- Un **diptongo** es un conjunto de dos vocales diferentes que van en la misma sílaba, es decir, que se pronuncian en una sola emisión de voz. **Ejemplo**: *canción*. Las vocales io, en la sílaba ción, forman un diptongo.

- Un **triptongo** es un conjunto de tres vocales que van en la misma sílaba, es decir que se pronuncian en una sola emisión de voz. **Ejemplo**: *Cuautitlán*. Las vocales uau, en la sílaba cuau, forman un triptongo.

- Un **hiato** es el encuentro de dos vocales que no van en la misma sílaba. **Ejemplo**: *aéreo*. Las vocales a y e (al inicio de la palabra) y las vocales e y o (al final de la palabra) forman respectivos hiatos, ya que no van en la misma sílaba. Esta palabra se divide de la siguiente manera: *a-é-re-o*.

Una vez explicados estos conceptos básicos, pasemos a los ejercicios correspondientes.

C A P Í T U L O   1

REGLAS BÁSICAS DE LA ACENTUACIÓN

Hemos dividido las reglas de la acentuación en **dos partes**: las reglas básicas y las reglas especiales. En este capítulo estudiaremos las **reglas básicas**, que corresponden a la **acentuación de las palabras agudas, graves y esdrújulas**. Las palabras **sobresdrújulas** las veremos en el siguiente capítulo, cuando analicemos el acento en las palabras compuestas. El acento en las palabras **monosílabas** también lo veremos en el siguiente capítulo.

Son palabras **agudas** aquéllas cuya sílaba tónica es la última sílaba de la palabra. **Ejemplo**: *computación*. La sílaba ción es la última sílaba de la palabra y es tónica (con acento ortográfico). Otro **ejemplo**: *malestar*. La sílaba tar es la última sílaba de la palabra y es tónica (con acento prosódico).

La regla correspondiente a las palabras agudas es la siguiente: sólo se acentúan (se les pone la tilde o acento ortográfico) cuando terminan en n, en s o en vocal.

Son palabras **graves (o llanas)** aquéllas cuya sílaba tónica es la penúltima sílaba de la palabra. **Ejemplo**: *computadora*. La sílaba do es la penúltima sílaba de la palabra y es tónica (con acento prosódico). Otro **ejemplo**: *débil*. La sílaba dé es la penúltima sílaba de la palabra y es tónica (con acento ortográfico).

La regla correspondiente a las palabras graves (o llanas) es la siguiente: sólo se acentúan (se les pone la tilde o acento ortográfico) cuando **NO** terminan en n en s ni en vocal; es decir, cuando terminan en consonante que no sea n ni s.

Son palabras **esdrújulas** aquéllas cuya sílaba tónica es la antepenúltima sílaba de la palabra. **Ejemplo**: *tráfico*. La sílaba trá es la antepenúltima sílaba de la palabra y es tónica (con acento ortográfico).

La regla correspondiente a las palabras esdrújulas es la siguiente: siempre se acentúan (se les pone la tilde o acento ortográfico).

Es necesario **saber cómo dividir las palabras en sílabas**, no sólo para efectos de la acentuación, sino también para poder separar las sílabas cuando una palabra no quepa en un renglón.

ORIENTACIONES DE LA **R A E** PARA LA DIVISIÓN DE PALABRAS

El guión sirve para dividir una palabra al final de renglón cuando no cabe en él completa.

1. Cuando la palabra contenga una h intercalada precedida de consonante, el guión se colocará siempre delante de la h, tratándola como principio de sílaba. Ejemplos: *des-hidratar, in-humano.*

2. Los dígrafos ll, rr y ch no se pueden dividir con guión, por representar cada uno de ellos un único fonema. Ejemplos: *ca-llar, ca-rro, le-chuga.*

3. Cuando en una palabra aparecen dos consonantes seguidas, generalmente la primera pertenece a la sílaba anterior y la segunda a la sílaba siguiente. Ejemplos: *in-ten-tar, es-pal-da, es-to, suc-ción.* Sin embargo, los grupos consonánticos formados por una consonante seguida de l o r, como bl, cl, fl, gl, kl, pl, br, cr, dr, fr, gr, kr, pr, tr, no pueden separarse y siempre inician sílaba. Ejemplos: *ha-blar, su-primir, de-tras, re-clamar, in-flamar.*

4. Cuando tres consonantes van seguidas en una palabra, se reparten entre las dos sílabas, respetando la inseparabilidad de los siguientes grupos consonánticos: además de los indicados en el párrafo anterior (que siempre inician sílaba), los grupos st, ls, ns, rs, ds, que siempre cierran la sílaba. Ejemplos: *ham-bre, am-plio, in-flar, en-trar, des-gracia, ist-mo, sols-ticio, cons-tante, abs-tenerse, supers-tición.*

5. Cuando son cuatro las consonantes consecutivas en una palabra, las dos primeras forman parte de la primera sílaba y las dos restantes de la segunda. Ejemplos: *cons-treñir, abs-tracto, ads-cripción.*

6. Es preferible no segmentar las palabras de otras lenguas al final del renglón, a no ser que se conozcan las reglas vigentes en los idiomas respectivos.

7. Las siglas y acrónimos, así como las abreviaturas, no pueden dividirse al final de renglón. Así sucede, por ejemplo, con UNESCO. Se admite la división en los acrónimos que han pasado a incorporarse al léxico general, escritos, en consecuencia, con minúscula. Ejemplos: *lá-ser, ra-dar,* (RAE, 1999: 49).

Cuando una palabra está integrada por otras dos que funcionan independientemente en la lengua, o por una de estas palabras y un prefijo, será potestativo dividir la voz resultante separando sus componentes, aunque la división no coincida con el silabeo de la palabra. Ejemplos: *no-sotros/nos-otros; de-samparo/des-amparo.*

Dos o más vocales seguidas no pueden separarse, tanto si constituyen un diptongo o un triptongo, por ejemplo en *can-ción, tiem-po, santi-güéis,* como si no lo constituyen y están en hiato, por ejemplo en *tea-tro, poé-tico.* Excepto si forman parte de dos segmentos distintos de una palabra compuesta, como se explicó en el párrafo anterior. Por ejemplo: *contra-espionaje.*

Cuando la primera sílaba de una palabra es una vocal, se evitará dejar esta letra sola al final de la línea. Si la vocal está precedida de una *h,* se invalida la norma. Ejemplos: *amis-ta-des, he-re-de-ros* (RAE, 1999: 51-52).

1.1 LAS SÍLABAS

R E G L A

Las pa-la-bras se di-vi-den en sí-la-bas.
Hay pa-la-bras de u-na so-la sí-la-ba (mo-no-sí-la-bos).
De dos sí-la-bas (bi-sí-la-bos).
De tres sí-la-bas (tri-sí-la-bos).
Y de mu-chas más sí-la-bas (pa-ran-gua-ri-cu-ti-ri-mí-cua-ro).

E J E R C I C I O

Divide en sílabas las siguientes palabras.

EJEMPLO: Automóvil   au-to-mó-vil

Valor: 4 puntos cada una

1. Cenicero _____
2. Teléfono _____
3. Pluma _____
4. Cuaderno _____
5. Escritorio _____
6. Borrador _____
7. Sala _____
8. Rinoceronte _____
9. Cultural _____
10. Amarillo _____
11. Cuadro _____
12. Transparente _____
13. Equilibrado _____

14. Profesor _____
15. Dirección _____
16. Computadora _____
17. Servilleta _____
18. Televisión _____
19. Recuperación _____
20. Carpintero _____
21. Trasatlántico _____
22. Síntesis _____
23. Trabajo _____
24. Aquí _____
25. Igual _____

Calificación: _____   Revisó: _____

1.2 LA SÍLABA TÓNICA

R E G L A

Cuando hablamos en español, cada palabra tiene una sílaba que se pronuncia con más fuerza o intensidad que las demás. A esa sílaba se le llama sílaba tónica.

E J E R C I C I O

Divide en sílabas las siguientes palabras, y encierra en un círculo la sílaba tónica.

EJEMPLO: Trabajador   tra-ba-ja-(dor)

Valor: 4 puntos cada una

1. Tarjetero	_____		2. Agenda	_____
3. Refresco	_____		4. Charola	_____
5. Bolsa	_____		6. Separador	_____
7. Encendedor	_____		8. Diploma	_____
9. Puerta	_____		10. Impresora	_____
11. Alfombra	_____		12. Persiana	_____
13. Firmamento	_____		14. Sintético	_____
15. Admirar	_____		16. Basurero	_____
17. Esta	_____		18. Está	_____
19. Rápido	_____		20. Atractivo	_____
21. Depósito	_____		22. Depositó	_____
23. Baile	_____		24. Examen	_____
25. Exámenes	_____			

Calificación: _____   Revisó: _____

1.3 AGUDAS, GRAVES Y ESDRÚJULAS

R E G L A

Si la sílaba tónica es la última sílaba de la palabra, se le llama palabra aguda.
Ejemplo: Facilidad   fa-ci-li-dad
Si la sílaba tónica es la penúltima sílaba de la palabra, se le llama palabra grave (o llana).
Ejemplo: Equilibrio   e-qui-li-brio
Si la sílaba tónica es la antepenúltima sílaba de la palabra, se le llama palabra esdrújula.
Ejemplo: Automático   au-to-má-ti-co

E J E R C I C I O

Divide en sílabas las siguientes palabras. Encierra en un círculo la sílaba tónica, e indica si la palabra es aguda, grave o esdrújula.

EJEMPLO: Asustado   A-sus-ta-do   Grave

Valor: 4 puntos cada una

1. Proceso	_____	14. Único	_____
2. Introducir	_____	15. Admiran	_____
3. Agilidad	_____	16. Admirador	_____
4. Propuesta	_____	17. Admiradores	_____
5. Rápido	_____	18. Clásico	_____

6. Experimental _____   19. Adornar _____

7. Apartado _____   20. Adorno _____

8. Tráfico _____   21. Equipo _____

9. Comparar _____   22. Equipar _____

10. Puntos _____   23. Bonito _____

11. Representa _____   24. Raquítico _____

12. Representantes _____   25. Tranquilo _____

13. Curso _____

Calificación: _____   Revisó: _____

1.4 LAS PALABRAS AGUDAS

R E G L A

En las palabras agudas (cuando la sílaba tónica es la última sílaba de la palabra) sólo se escribe el acento si terminan en <u>n</u>, en <u>s</u> o en vocal.

E J E R C I C I O

A continuación encontrarás una lista de 25 palabras agudas. Algunas de ellas están bien escritas (con acento o sin acento, según el caso), y otras están mal escritas (con acento o sin acento, según el caso). Si consideras que están bien escritas, déjalas como están y pon una señal de correcto (paloma) en el espacio de la derecha. Si crees que están mal, corrígelas ahí mismo y pon una señal de incorrecto (tacha) en el espacio de la derecha.

EJEMPLO 1:   Aceleracion   ✗

EJEMPLO 2:   Rapidez   ✔

Valor: 4 puntos cada una

1. Después _____   2. Así _____   3. Virtud _____

4. Raton _____   5. Colibrí _____   6. Cancion _____

7. Almacén _____   8. Malestár _____   9. Ladron _____

10. Diras _____   11. Quietud _____   12. Través _____

13. Rapidéz _____   14. Capacitacion _____ 15. Azúl _____

16. Reves _____   17. Perdíz _____   18. Estacion _____

19. Cantár _____   20. Mantel _____   21. Puntuacion _____

22. Atraér _____   23. Atracción _____ 24. Estupidéz _____

25. Pincél _____

Calificación: _____   Revisó: _____

1.5 LAS PALABRAS GRAVES O LLANAS

R E G L A

En las palabras graves (cuando la sílaba tónica es la penúltima sílaba de la palabra) sólo se escribe el acento si **NO** terminan en <u>n</u>, en <u>s</u> o en vocal.

E J E R C I C I O

A continuación encontrarás una lista de 25 palabras graves. Algunas de ellas están bien escritas (con acento o sin acento, según el caso), y otras están mal escritas (con acento o sin acento, según el caso). Si consideras que están bien escritas, déjalas como están y pon una señal de correcto (paloma) en el espacio de la derecha. Si crees que están mal, corrígelas ahí mismo y pon una señal de incorrecto (tacha) en el espacio de la derecha.

EJEMPLO 1:   Compráron   ✗

EJEMPLO 2.   Dátil   ✔

Valor: 4 puntos cada una

1. Ropero _____	2. Comiéron _____	3. Caliz _____
4. Máles _____	5. Traviéso _____	6. Calendario _____
7. Vídrio _____	8. Debil _____	9. Exámen _____
10. Cárcel _____	11. Estructura _____	12. Lapicéro _____
13. Dolar _____	14. Anuncio _____	15. Cesped _____
16. Cuadérno _____	17. Fértil _____	18. Alberca _____
19. Azucar _____	20. Mecanísmo _____	21. Cuerpo _____
22. Contenidos _____	23. Dificil _____	24. Alúmno _____
25. Volatil _____		

Calificación: _____   Revisó: _____

1.6 LAS PALABRAS ESDRÚJULAS

R E G L A

Todas las palabras esdrújulas se acentúan. Las palabras esdrújulas son aquéllas en las que la sílaba tónica es la antepenúltima sílaba de la palabra.

E J E R C I C I O

A continuación encontrarás una lista de 25 palabras, la mayoría de las cuales son esdrújulas (hay algunas graves y otras agudas). Algunas de ellas están bien escritas y otras están mal escritas. Si consideras que están bien escritas, déjalas como están y pon una señal de correcto (paloma) en el espacio de la derecha. Si crees que están mal, corrígelas ahí mismo y pon una señal de incorrecto (tacha) en el espacio de la derecha.

EJEMPLO 1:   Atlantico   ✗

EJEMPLO 2:   Pedagógico   ✔

Valor: 4 puntos cada una

1. Rápido _____	2. ¡Quitate! _____	3. Cantico _____
4. Hipólito _____	5. Hipocrita _____	6. Ferrocarriles _____
7. Vibora _____	8. Sintético _____	9. Sintetizár _____
10. Sintesis _____	11. Eléctrico _____	12. Depósito _____
13. Critico _____	14. Triángulo _____	15. Equilatero _____
16. Simpático _____	17. ¡Párate! _____	18. Aparador _____
19. Raquitico _____	20. Telefono _____	21. Telefonico _____
22. Telefonia _____	23. Computo _____	24. Computacion _____
25. Atlántida _____		

Calificación: _____   Revisó: _____

1.7 AGUDAS, GRAVES Y ESDRÚJULAS - REPASO

R E G L A

Las palabras agudas se acentúan cuando terminan en n, s o vocal.
Las palabras graves se acentúan cuando **NO** terminan en n, s o vocal.
Las palabras esdrújulas siempre se acentúan.

E J E R C I C I O

A continuación encontrarás una lista de 50 palabras. Algunas de ellas están bien escritas (con acento o sin acento, según el caso) y otras están mal escritas (con acento o sin acento, según el caso). Si consideras que están bien escritas, déjalas como están y pon una señal de correcto (paloma) en el espacio de la derecha. Si crees que están mal, corrígelas ahí mismo y pon una señal de incorrecto (tacha) en el espacio de la derecha.

EJEMPLO 1:   Atlantico   ✗
EJEMPLO 2:   Cárcel   ✔

Valor: 2 puntos cada una

1. Cualquiéra _____	2. Rapidéz _____
3. Ciempiés _____	4. Accion _____
5. Asesinár _____	6. Oceano _____
7. Aprobarón _____	8. Chimpancé _____
9. Exámen _____	10. Exámenes _____
11. Dátil _____	12. Datiles _____
13. Volatil _____	14. Volátiles _____
15. Cascabel _____	16. Cascabéles _____
17. Cantár _____	18. Cantares _____
19. Julio Cesar _____	20. Cónyuge _____
21. Conciencia _____	22. Costúmbre _____

23. Dolor	_____	24. Dolar	_____
25. Tradicion	_____	26. Tradicional	_____
27. Uncir	_____	28. Validez	_____
29. Atlantico	_____	30. Trebol	_____
31. Faról	_____	32. Mármol	_____
33. Agil	_____	34. Fusil	_____
35. Césped	_____	36. Paréd	_____
37. Rodriguez	_____	38. Dobléz	_____
39. Válvula	_____	40. Pelicula	_____
41. Cuadrado	_____	42. Cuadrilatero	_____
43. Redondo	_____	44. Redondez	_____
45. Perez	_____	46. Pereza	_____
47. Nadar	_____	48. Nadadór	_____
49. Aníbal	_____	50. Laterál	_____

Calificación: _____   Revisó: _____

CAPÍTULO 2

REGLAS ESPECIALES DE LA ACENTUACIÓN

En este capítulo estudiaremos algunas **reglas especiales** de la acentuación de las palabras en español, para lo cual seguiremos las orientaciones de la RAE (1999).

En particular, veremos cuatro aspectos principales: el uso del **acento diacrítico** (con especial énfasis en las palabras monosílabas), el uso del **acento enfático**, la acentuación en los **diptongos** y en las **palabras compuestas**. En este último punto incluiremos las palabras **sobresdrújulas**.

EL ACENTO DIACRÍTICO

Ya indicamos que el acento **diacrítico** es el que sirve para diferenciar dos palabras que se escriben de la misma manera, pero tienen funciones diferentes dentro de la oración. Este tipo de acento se aplica tanto en las palabras monosílabas como en palabras de dos o más sílabas.

La regla general de acentuación para **las palabras monosílabas** es que éstas **no se acentúan, a no ser que se puedan confundir con otra que se escribe igual pero tiene una función diferente dentro de la oración**. En estos casos, a una de ellas se le pone un acento diacrítico, para diferenciarla de la otra.

Veamos algunos **ejercicios prácticos** sobre esta regla.

2.1 LAS PALABRAS MONOSÍLABAS: ÉL, TÚ, MÍ

REGLA

Las palabras monosílabas (de una sola sílaba) nunca se acentúan, a no ser que se puedan confundir. No se acentúan monosílabos como *fe, di, dio, dan, vi, ve, vio, fui, fue, ruin, guion, pie, sol, gran, gris*, etcétera.

Únicamente se acentúan aquellos monosílabos que se pueden confundir con otro que se escribe igual pero tiene un significado diferente. Por **ejemplo**: *él, tú, mí*.

NO SE ACENTÚA	
el	Cuando es artículo (*el perro*)
tu	Pronombre posesivo (*tu perro*)
mi	Pronombre posesivo (*mi perro*)

SÍ SE ACENTÚA	
él	Pronombre personal (*para él*)
tú	Pronombre personal (*tú eres*)
mí	Pronombre personal (*para mí*)

EJERCICIO

En cada una de las siguientes frases hay por lo menos un monosílabo. Algunos de ellos están bien escritos (con acento o sin acento, según el caso), y otros están mal escritos (con acento o sin acento, según el caso). Si consideras que están bien escritos, déjalos como están y pon una señal de correcto (paloma) en el espacio de la derecha. Si crees que están mal, corrígelos ahí mismo y pon una señal de incorrecto (tacha) en el espacio de la derecha.

EJEMPLO 1:   Yo le tengo mucha fé   ✗

EJEMPLO 2:   Tu perro está ladrando   ✔

Valor: 4 puntos cada una

1. Ése es el perro de Juan. _____
2. Ese perro es de él. _____
3. Yo creo que tu no quieres ir. _____
4. Yo ya conozco tu casa. _____
5. El se lo dió a Pedro. _____
6. Tú le tienes mucha fé. _____
7. Ven a comer a mi casa _____
8. Me dará mucho gusto a mi. _____
9. Luis ya se fue. _____
10. Yo ya se lo dí. _____
11. Dicen que tu reprobaste Matemáticas. _____
12. Eso es lo que tú crees. _____
13. Te aseguro que yo no fui. _____
14. Yo creo que fué él. _____
15. Ése no es el punto. _____
16. A mi no me dijo nada. _____
17. A mi me dijo que mi carro andaba mal. _____
18. Me dió una copia de su trabajo. _____
19. A mí no me dió nada. _____
20. Ya se fué de la ciudad. _____
21. Pedro también se fue. _____
22. Yo no fuí porque tengo mucho trabajo. _____
23. Yo ya ví esa película. _____
24. A mí me gustó mucho. _____
25. Dí que me quieres. _____

Calificación: _____   Revisó: _____

2.2 OTROS MONOSÍLABOS: SÍ, SÉ, DÉ

REGLA

Las palabras monosílabas nunca se acentúan, a no ser que se puedan confundir con otra que se escribe igual pero tiene un significado diferente. Por **ejemplo**: *sí, sé, dé.*

NO SE ACENTÚA	
si	Cuando es condicional (*si quieres*)
se	Pronombre reflexivo (*se dice*)
de	Preposición (*de Juan*)

SÍ SE ACENTÚA	
sí	Pronombre personal (*para sí*); afirmación (*sí iré*)
sé	Del verbo ser (*sé bueno*) Del verbo saber (*yo sé*)
dé	Del verbo dar (*que me lo dé*)

EJERCICIO

En cada una de las siguientes frases hay por lo menos un monosílabo. Algunos de ellos están bien escritos (con acento o sin acento, según el caso), y otros están mal escritos (con acento o sin acento, según el caso). Si consideras que están bien escritos, déjalos como están y pon una señal de correcto (paloma) en el espacio de la derecha. Si crees que están mal, corrígelos ahí mismo y pon una señal de incorrecto (tacha) en el espacio de la derecha.

EJEMPLO 1:   Pregúntale sí quiere ir   ✗

EJEMPLO 2:   Dijo que sí   ✔

Valor: 4 puntos cada una

1. Ve a ver si ya llegaron. _____
2. Si, ya llegaron. _____
3. No se sí aprobaron el año. _____
4. Dicen que sí lo aprobaron. _____
5. Este trabajo es de Juan. _____
6. Dile que me lo de. _____
7. No imites a otros, se tu mismo. _____
8. Se hace lo que se puede. _____
9. Ve a ver a Luís. _____
10. Es el trabajo de Biología. _____
11. Le voy a pedir que me lo dé. _____
12. Dice que no te lo dá. _____
13. No importa, Arturo ya me lo dio. _____
14. Yo sé que el examen va a estar difícil. _____
15. Yo ya sé lo dije a Lupita. _____
16. Si tú quieres, vamos al cine. _____
17. Ya te dije que si. _____
18. Es una película de vaqueros. _____
19. Quiere que le de una reseña. _____
20. No se lo que quiere decir "reseña". _____
21. Entonces no se la dés. _____
22. Si está buena, te la platico. _____
23. Pero yo si quiero ir con ustedes. _____
24. Tú tén fé y verás que sí vienes. _____
25. Sé sincero y te llevamos al cine. _____

Calificación: _____   Revisó: _____

2.3 ÚLTIMOS MONOSÍLABOS: AÚN, MÁS, TÉ, Ó

REGLA

Las palabras monosílabas nunca se acentúan, a no ser que se puedan confundir con otra que se escribe igual pero tiene un significado diferente. Por **ejemplo**: *aún, más, té, ó.*

	NO SE ACENTÚA
aun	Conjunción (también, a pesar de) (*aun entonces*). Aquí es monosílaba y se pronuncia con el acento prosódico en la a.
mas	Conjunción adversativa (*mas sin embargo*)
te	Pronombre personal (*te quiero*)
o	Conjunción disyuntiva (*Luis o Pedro*)

	SÍ SE ACENTÚA
aún	Adverbio (todavía) (*aún no llegan*). Aquí es aguda, porque al romperse el diptongo se hacen dos sílabas.
más	Adverbio de cantidad (*dame más*)
té	Bebida aromática (*quiero té*)
ó	Se utilizaba entre números (*15 ó 20*)

EJERCICIO

En cada una de las siguientes frases hay por lo menos un monosílabo. Algunos de ellos están bien escritos (con acento o sin acento, según el caso), y otros están mal escritos (con acento o sin acento, según el caso). Si consideras que están bien escritos, déjalos como están y pon una señal de correcto (paloma) en el espacio de la derecha. Si crees que están mal, corrígelos ahí mismo y pon una señal de incorrecto (tacha) en los espacios de la derecha.

EJEMPLO 1:   Iré, aún cuando no me den permiso   ✗

EJEMPLO 2:   No se sabe nada aún   ✔

Valor: 4 puntos cada una

1. ¿Ya te lo dijo?   _____   2. Ven a tomar una taza de te.   _____

3. Quiero mas pastel.   _____   4. Mas sin embargo, no se pudo hacer nada.   _____

5. Aun no han llegado.   _____   6. Aun cuando no estén, vamos a empezar.   _____

7. Me gusta más el té que el café.   _____   8. Me dijo que ya té había informado.   _____

9. Préstame 15 ó 20 pesos.   _____   10. Hay que estudiar mas la Física.   _____

11. ¿Dieron 8 o 9 campanadas?   _____   12. Quiero más aún.   _____

13. El pastel le gustó aún a Beto.   _____

14. Este carro es mas bonito
    que el otro.   _____

15. No me preguntes mas cosas.   _____

16. Esto aún no se acaba.   _____

17. Aún cuando falte mucho,
    yo ya me voy.   _____

18. ¿Es suficiente, ó falta más?   _____

19. Quédate a tomar una taza de te.   _____

20. No, ya no quiero mas.   _____

21. Es que aún nos falta
    estudiar Biología.   _____

22. Esa ya me la se.   _____

23. Y tú, ¿vas ó te quedas?   _____

24. Aun falta mucho
    para el examen.   _____

25. Yo ya no puedo más.   _____

Calificación: _____   Revisó: _____

2.4 OTRAS PALABRAS CON ACENTO DIACRÍTICO

El acento diacrítico se utiliza también en otras palabras que no son monosílabas, como en los pronombres demostrativos (*éste, ése y aquél*) y en la palabra *sólo*.

REGLA

No se acentúan cuando son **adjetivos** y van junto a un sustantivo (*este perro, esa casa, aquel carro*), las siguientes palabras:

este	estos	esta	estas
ese	esos	esa	esas
aquel	aquellos	aquella	aquellas

En cambio, sí se acentúan cuando son **pronombres**, y van en sustitución del sustantivo (*me refiero a éste, fíjate en ésa*):

éste	éstos	ésta	éstas
ése	ésos	ésa	ésas
aquél	aquéllos	aquélla	aquéllas

Las palabras *esto, eso y aquello* nunca se acentúan, porque no se confunden con ninguna otra, ya que sólo existen como pronombres.

La palabra *solo* no se acentúa cuando indica soledad (*llegó él solo*). Sí se acentúa (*sólo*) cuando es adverbio y significa únicamente (*sólo llegó él*).

En su normativa de 1999, la Real Academia Española indica que el acento diacrítico en los demostrativos y en la palabra *sólo* es obligatorio cuando haya ambigüedad en la redacción o cuando exista el riesgo de confusión en el significado que se quiere comunicar (esto es lo que se denomina anfibología). Por **ejemplo**: la oración *fui solo al cine* se puede entender como "nadie me acompañó al cine" (y en este caso la palabra *solo* va sin acento), o como que "únicamente fui al cine y no a otro lado" (y en este caso, la palabra *sólo* va con acento).

En los casos en que no haya riesgo de confusión o ambigüedad, la RAE indica que el acento diacrítico en los demostrativos y en la palabra *solo* **NO** es obligatorio, es decir, se puede poner o no. Sin embargo, con el fin de practicar la diferencia entre unas y otras palabras, recomendamos que en los siguientes ejercicios se acentúen cuando proceda, aunque no exista ambigüedad en las oraciones.

E J E R C I C I O

En cada una de las siguientes oraciones hay alguna de las palabras arriba indicadas. Algunas de ellas están bien escritas (con acento o sin acento, según el caso), y otras están mal escritas (con acento o sin acento, según el caso). Si consideras que están bien escritas, déjalas como están y pon una señal de correcto (paloma) en el espacio de la derecha. Si crees que están mal, corrígelas y pon una señal de incorrecto (tacha) en el espacio de la derecha.

EJEMPLO 1: Me gusta éste cuaderno   ✗

EJEMPLO 2: ¿Es éste el que te gusta?   ✔

Valor: 4 puntos cada una

1. ¿De quién es este trabajo? _____
2. Me refiero a este. _____
3. Pásame ése desarmador. _____
4. No, ése no, el otro que está sólo. _____
5. ¿Quieres aquél que está allá? _____
6. Sí, pásame aquél desarmador. _____
7. Yo solo necesito esa caja. _____
8. Entonces yo me llevo ésta. _____
9. Fíjate en esas muchachas. _____
10. En aquéllas no, en esas que están solas. _____
11. Aquéllos alumnos hacen mucho ruido. _____
12. En cambio, aquéllos están tranquilos. _____
13. Ven a ver estas mariposas. _____
14. Ahora fíjate en estas. _____
15. No me gustan ésos exámenes. _____
16. Solo me gustan esos. _____
17. Aquéllas materias son muy difíciles. _____
18. Prefiero aquéllas, que son más fáciles. _____
19. No sé qué quiere decir ésto. _____
20. Voy a ir yo solo a ver ésta película. _____
21. Mejor vamos a ver aquella. _____
22. Dicen que ésa es de más acción. _____
23. Solo voy a leer este libro. _____
24. Pásame aquel, para ver de qué se trata. _____
25. Mi color favorito es este. _____

Calificación: _____   Revisó: _____

EL ACENTO ENFÁTICO

El **acento enfático** es un tipo de acento diacrítico que se utiliza para marcar el énfasis en las oraciones interrogativas y admirativas (o exclamativas), y sirve para distinguirlas de las oraciones que tienen un sentido declarativo o enunciativo. Por **ejemplo**: *¿Qué quieres?* - es una oración interrogativa, y la palabra *qué* lleva acento enfático. *Quiero que vengas* - es una oración declarativa, y la palabra *que* no lleva acento.

Existen **dos tipos de oraciones interrogativas**, y en ambos casos se utiliza el acento enfático:

- Las que encierran una **pregunta directa**, las cuales van siempre entre signos de interrogación. Por **ejemplo**: *¿Cuándo fuiste al cine?*

• Las que encierran una **pregunta indirecta**. Estas oraciones tienen la forma externa de una oración enunciativa, ya que no van entre signos de interrogación. Sin embargo, se consideran oraciones interrogativas porque encierran un interrogante. Por **ejemplo**: *No sé cuándo fue la última vez que fui al cine*. Por lo general, estas oraciones van acompañadas de verbos como los siguientes: *saber, preguntar, averiguar, investigar*.

Las **palabras que llevan acento enfático** son las siguientes: *qué, cuál, quién, dónde, adónde, cómo, cuándo, cuánto y por qué*.

Practicaremos **en primer lugar** las palabras *qué, cuál y quién*, que son monosílabas, para relacionarlas con los ejercicios anteriores. En su forma plural, las palabras *cuáles y quiénes* también llevan acento enfático en las oraciones interrogativas y exclamativas. **Luego** ejercitaremos las preguntas directas e indirectas. Por **último**, estudiaremos las diversas formas que puede adoptar la expresión *por qué*.

2.5 MONOSÍLABOS CON ACENTO ENFÁTICO: QUÉ, CUÁL, QUIÉN

REGLA

Las palabras monosílabas nunca se acentúan, a no ser que se puedan confundir con otra que se escribe igual pero tiene un significado diferente. Por **ejemplo**: *qué, cuál, quién*. En estas palabras se aplica la regla del acento enfático, que es un tipo de acento diacrítico.

NO SE ACENTÚA	
que	Conjunción copulativa (*quiero que vengas*)
cual	Pronombre relativo (*tal para cual*)
quien	Pronombre relativo (*quien haya sido*)

SÍ SE ACENTÚA	
qué	Pregunta (directa o indirecta) o admiración (*¿Qué quieres? ¡Qué bonito!*)
cuál	Pregunta (directa o indirecta) o admiración (*¿Cuál escogiste? ¡Cuál fue mi asombro!*)
quién	Pregunta (directa o indirecta) o admiración (*¿Quién fue? ¡Quién lo dijera!*)

EJERCICIO

En cada una de las siguientes oraciones hay una de las palabras indicadas en la regla. Algunas de ellas están bien escritas (con acento o sin acento, según el caso), y otras están mal escritas (con acento o sin acento, según el caso). Si consideras que están bien escritas, déjalas como están y pon una señal de correcto (paloma) en el espacio de la derecha. Si crees que están mal, corrígelas ahí mismo y pon una señal de incorrecto (tacha) en el espacio de la derecha.

EJEMPLO 1:   ¿Qué quieres?   ✔

EJEMPLO 2:   Quiero qué vengas   ✗

Valor: 4 puntos cada una

1. ¿Qué estás haciendo? _____   2. ¡Que difícil estuvo el examen! _____

3. ¿Cual libro quieres? _____   4. ¿Quien llegó? _____

5. Enséñame lo que escribiste. _____   6. ¿Lo que escribí sobre que? _____

7. No sé cual libro escoger. _____   8. ¡Mira quién está cantando! _____

9. ¿Para qué quieres saber? _____   10. Tú ve a ver qué horas son. _____

11. Ya se fué quién me lo dijo. _____
12. ¡Cuál fue mi sorpresa! _____
13. ¡Que carro tan elegante! _____
14. Depende de lo que quieras comprar. _____
15. ¿Tú que quieres comprar? _____
16. ¿Quien quiere comprar mas cosas? _____
17. El libro del cuál te hablé. _____
18. Quién quiera más, levante la mano. _____
19. Vé con quien quieras, que yo no voy. _____
20. ¿Que vas a hacer tu? _____
21. ¿A cuál salón te vas a meter? _____
22. ¡Tal para cual! _____
23. ¡Que niño tan travieso! _____
24. ¿Que vas a hacer con ese dinero? _____
25. No sé para que me alcance. _____

Calificación: _____   Revisó: _____

2.6 LAS PREGUNTAS DIRECTAS E INDIRECTAS

R E G L A

Tanto en las preguntas directas como en las indirectas, las siguientes palabras llevan siempre acento: *qué, cuál, quién, dónde, adónde, cómo, cuándo, cuánto y por qué*. A este acento se le denomina **enfático**. También se acentúan en las exclamaciones.

Cuando van en oraciones que no son preguntas (ni directas ni indirectas) ni exclamaciones, estas palabras no se acentúan.

E J E R C I C I O

En cada una de las siguientes oraciones hay alguna de las palabras arriba indicadas. Algunas de ellas están bien escritas (con acento o sin acento, según el caso), y otras están mal escritas (con acento o sin acento, según el caso). Si consideras que están bien escritas, déjalas como están y pon una señal de correcto (paloma) en el espacio de la derecha. Si crees que están mal, corrígelas ahí mismo y pon una señal de incorrecto (tacha) en el espacio de la derecha.

EJEMPLO 1:   Quiero qué vengas   ✗

EJEMPLO 2:   ¿Qué quieres?   ✔

Valor: 4 puntos cada una

1. ¿Por qué hiciste eso? _____
2. No sé por que lo hice. _____
3. ¿Adonde va Luis? _____
4. Pregúntale adónde va. _____
5. Dice que va dónde su papá. _____
6. ¿Qué vas a hacer? _____
7. Aún no sé que voy a hacer. _____
8. Quiero qué te pongas a hacer tu tarea. _____
9. ¿Cuál es el carro de Marta? _____
10. Voy a averiguar cuál es. _____
11. ¿Quien está cantando? _____
12. Investiga quién está cantando. _____
13. ¿Cómo sigue José? _____
14. Voy a hablar para ver como sigue. _____

15. Dicen que está comiendo
cómo nunca. _____

16. ¿Cuando regresarán
de su viaje? _____

17. No me dijeron
cuándo regresarán. _____

18. Regresarán cuándo
se les antoje. _____

19. ¿Cuánto te costó
el libro de Física? _____

20. Pregúntale cuanto le costó. _____

21. ¿Por que llegaste tan tarde? _____

22. Te pregunté por qué
llegaste tarde. _____

23. ¿Quién quiere saberlo? _____

24. Te diré quien soy yo. _____

25. ¿Que sabes tú de estas cosas? _____

Calificación: _____   Revisó: _____

2.7 POR QUÉ, PORQUÉ, POR QUE Y PORQUE

R E G L A

La expresión *por qué* se puede escribir de **cuatro maneras diferentes**: las dos palabras juntas o separadas, y en ambos casos con acento o sin acento. En cada caso tiene un significado distinto.

Se escribe *por qué* (**separado y con acento**) en las preguntas tanto directas como indirectas. (*No sé por qué lo hice*).

Se escribe *porqué* (**junto y con acento**) cuando significa la causa, razón o motivo por lo que se hace o sucede algo. (*Dime el porqué de tu actitud*). En este caso, la expresión *porqué* es un sustantivo sinónimo de *causa* o *motivo*.

Se escribe *por que* (**separado y sin acento**) cuando se unen la preposición *por* y el relativo *que*, después de verbos como los siguientes: *voto por, ruego por, imploro por, me inclino por, me decido por, me esfuerzo por*, etc. (*Ruego por que lleguemos bien*). En ocasiones, es una forma abreviada de las expresiones *por lo que, por la que, por los que...* (*El pueblo por que pasamos*).

Se escribe *porque* (**junto y sin acento**) cuando se responde una pregunta, cuando se explica la causa, razón o motivo por lo que se hace algo o por lo que algo sucede. (*Lo hice porque se me ocurrió*).

E J E R C I C I O

En cada una de las siguientes oraciones hay alguna de las palabras arriba indicadas. Algunas de ellas están bien escritas (juntas o separadas, con acento o sin acento, según el caso), y otras están mal escritas (juntas o separadas, con acento o sin acento, según el caso). Si consideras que están bien escritas, déjalas como están y pon una señal de correcto (paloma) en el espacio de la derecha. Si crees que están mal, corrígelas ahí mismo y pon una señal de incorrecto (tacha) en el espacio de la derecha.

EJEMPLO 1:   ¿Porqué estás llorando?   ✗

EJEMPLO 2:   Porque reprobé el examen   ✔

Valor: 4 puntos cada una

1. ¿Por que no hiciste tu tarea? _____

2. Dime por que no hiciste
tu tarea. _____

3. Te explicaré el porqué
de mi retraso. _____

4. Imploro porque llueva
este mes. _____

5. No sé porqué lo dices. _____

6. Porqué no me gustó
que me reprobara. _____

7. ¿Por qué pueden
volar los aviones? _____

8. Por qué tienen alas
como los pájaros. _____

9. Quiero saber el porque
de tu pregunta. _____

10. Yo voté por que no
hicieran el baile. _____

11. Dime el por qué de
tu actitud hacia mí. _____

12. Porque nunca me
haces caso. _____

13. ¿Por que no han llegado
tus amigos? _____

14. Te pregunté por qué
no han llegado. _____

15. Por que no tenía con
quién venirme. _____

16. ¿Porqué no se hunden
los barcos? _____

17. Porque saben nadar
como los patos. _____

18. No entiendo el porque
de tu pregunta. _____

19. Vimos el carro por
que soñabas. _____

20. No sé por qué no comes. _____

21. Por que no tengo hambre. _____

22. ¿Porque quieres irte en carro? _____

23. Porque me voy a regresar
muy noche. _____

24. Me inclino por que
vayamos a la fiesta. _____

25. ¿Por qué nos dejaron
tanta tarea? _____

Calificación: _____   Revisó: _____

2.8 POR QUÉ, PORQUÉ, POR QUE
Y PORQUE - REPASO

R E G L A

Se escribe *por qué* (**separado y con acento**) en las preguntas tanto directas como indirectas.

Se escribe *porqué* (**junto y con acento**) cuando significa la causa, razón o motivo por lo que se hace o sucede algo. En este caso, la expresión *porqué* es un sustantivo sinónimo de *causa* o *motivo*.

Se escribe *por que* (**separado y sin acento**) cuando se unen la preposición *por* y el relativo *que*. En ocasiones, es una forma abreviada de las expresiones *por lo que, por la que, por los que…*

Se escribe *porque* (**junto y sin acento**) cuando se responde una pregunta, cuando se explica la causa, razón o motivo por lo que se hace algo o por lo que algo sucede.

E J E R C I C I O

A continuación encontrarás una serie de oraciones a las que les hace falta el *por qué*, el *porqué*, el *por que* o el *porque*. Complétalas con la forma correcta.

Valor: 4 puntos cada una

1. Se decidieron _____ no harían el baile.

2. Dime el _____ de tu pregunta.

3. Yo me inclino _____ vayamos mejor al cine.

4. ¿_____ estás tan contento?

5. _____ aprobé todos los exámenes.

6. No sé _____ Luis reprobó Matemáticas.

7. Creo que es _____ se puso nervioso.

8. Explícame el _____ de su nerviosismo.

9. Pregúntale _____ están haciendo la fiesta.

10. Dicen que _____ es cumpleaños de Raúl.

11. ¿_____ no te has levantado todavía?

12. _____ hoy no hay clases.

13. Te diré el _____ de mi alegría.

14. Estoy contento _____ aprobé Física.

15. Yo voto _____ ya no haya exámenes.

16. Ve a ver _____ está tan oscuro.

17. Es _____ se fue la electricidad.

18. Me esforcé _____ no llegáramos a este extremo.

19. ¿Cuál es el _____ de su enojo?

20. Está enojado _____ no le dieron permiso de ir al cine.

21. No sé _____ te estás quejando tanto.

22. _____ no es justo lo que me hicieron.

23. ¿_____ no te cae bien la maestra?

24. _____ no le entiendo cuando explica.

25. No entiendo el _____ de tu actitud negativa.

Calificación: _____   Revisó: _____

EL ACENTO Y LOS DIPTONGOS

Más arriba indicamos que un **diptongo** es un conjunto de dos vocales diferentes que van en la misma sílaba, es decir, que se pronuncian en una sola emisión de voz. A su vez, un **triptongo** es un conjunto de tres vocales que van en la misma sílaba, es decir, que se pronuncian en una sola emisión de voz. Un **hiato** es el encuentro de dos vocales que no van en la misma sílaba.

Asimismo, dijimos que las **vocales fuertes** (o abiertas) son la a, la e y la o; y que las **vocales débiles** (o cerradas) son la i y la u.

En primer lugar, haremos un ejercicio para distinguir cuándo existe diptongo y cuándo existe un hiato. Posteriormente, veremos lo que sucede cuando se debe poner un acento en un diptongo.

2.9 LOS DIPTONGOS Y LOS HIATOS

REGLA

Un diptongo es un conjunto de dos vocales que se pronuncian en una sola emisión de voz; es decir, que van en la misma sílaba. Sólo pueden formar diptongos la combinación de una vocal fuerte (a-e-o) con una vocal débil (i-u), o la combinación de dos vocales débiles (cui-da-do). La unión de dos vocales débiles con una fuerte, se denomina triptongo (*Cuau-ti-tlán*).

Dos vocales fuertes nunca forman un diptongo. Cuando van juntas en una palabra, forman un hiato. (*Tra-er*).

Cuando vaya una h entre las dos vocales, haz de cuenta que ésta no existe, porque la h es muda; es decir, que la h no impide que se forme un diptongo (como en *ahi-jado*) o que se forme un hiato (como en *pro-hí-bo*).

EJERCICIO

Separa en sílabas las siguientes palabras. Indica en el espacio de la derecha la razón por la que las separaste de esa manera. Recuerda que los diptongos van en la misma sílaba. Si no son diptongos (sino hiatos), deben ir en sílabas diferentes.

| EJEMPLO 1: | Caigo | Cai-go | Diptongo por vocal fuerte y débil. |
| EJEMPLO 2: | Traes | Tra-es | Hiato por dos vocales fuertes. |

Valor: 4 puntos cada una

1. Cuenta
2. Ausencia
3. Traición
4. Liebre
5. Ciencia
6. Cuauhtémoc
7. Ciudadano
8. Cuidado
9. Aluminio
10. Fuimos
11. Aérea
12. Tarea
13. Luis
14. Conciencia
15. Restaurante
16. Buitre
17. Cuautitlán

18. Aeropuerto _____   _____

19. Ciudad _____   _____

20. Paciencia _____   _____

21. Juego _____   _____

22. Diurno _____   _____

23. Causa _____   _____

24. Ruin _____   _____

25. Cualidad _____   _____

Calificación: _____ Revisó: _____

2.10 CUANDO SE ROMPE EL DIPTONGO

REGLA

Algunas combinaciones de vocal débil y fuerte no deben formar diptongo, es decir no deben pronunciarse en una sola emisión de voz (no deben ir en la misma sílaba). En estos casos, colocamos la tilde (el acento), sobre la vocal débil, y entonces ésta se convierte en fuerte. De esta manera se rompe el diptongo, pues dos vocales fuertes nunca hacen un diptongo (*María: Ma-rí-a*). El diptongo se convierte en hiato.

Al romper el diptongo, se acentúan algunas palabras agudas que no terminan en n, s o vocal (*Ra-úl, ra-íz*), así como algunas palabras graves que terminan en n, s o vocal (*co-mí-a, su-bí-a*). La regla para romper el diptongo prevalece sobre las otras reglas.

OTRA REGLA

Si el acento cae en una sílaba con diptongo, se coloca la tilde (el acento) sobre la vocal fuerte (*veintiséis*). Si se colocara sobre la vocal débil, ésta se convertiría en fuerte, y se rompería el diptongo.

EJERCICIO

Separa en sílabas las siguientes palabras, y coloca el acento donde sea correcto. En el espacio de la derecha explica la razón por la que colocas el acento en esa sílaba.

EJEMPLO 1: Acudia A-cu-dí-a Para romper el diptongo.

EJEMPLO 2: Estereo Es-té-re-o Esdrújula.

Valor: 4 puntos cada una

1. Leon _____   _____
2. Traia _____   _____
3. Podria _____   _____
4. Escribia _____   _____
5. Acentuen _____   _____
6. Raul _____   _____

7. Lucia   _____   _____

8. Traeis   _____   _____

9. Caia   _____   _____

10. Pais   _____   _____

11. Estereo   _____   _____

12. Duo   _____   _____

13. Triduo   _____   _____

14. Telefonia   _____   _____

15. Salia   _____   _____

16. Comeis   _____   _____

17. Raiz   _____   _____

18. Sentia   _____   _____

19. Aereo   _____   _____

20. Nautico   _____   _____

21. Baul   _____   _____

22. Buho   _____   _____

23. Dieciseis   _____   _____

24. Maiz   _____   _____

25. Reia   _____   _____

Calificación: _____   Revisó: _____

2.11 ¿FINANCIEN O FINANCÍEN?

R E G L A

Los verbos que terminan en i̱ar presentan problemas en cuanto a la acentuación, ya que algunos sí se acentúan en la i̱ al conjugarlos en presente de indicativo y subjuntivo, otros no se acentúan y otros pueden llevar las dos modalidades (con o sin acento en la i̱).

- Llevan acento en la i̱ aquellos verbos terminados en i̱ar en los que la i̱ es parte de la raíz del verbo. **Ejemplos**: _expiar-yo expío; fiar- tú fías; hastiar-él se hastía; rociar-ellos rocían; contrariar-que se contraríe; ampliar-que amplíe._ En estas formas verbales, la i̱ permanece con la raíz del verbo y forma hiato (no hace diptongo) con la vocal que le sigue.

- También llevan acento en la i̱ (en presente de indicativo y subjuntivo) aquellos verbos terminados en i̱ar que provienen de sustantivos o adjetivos terminados en í̱a o en í̱o (con acento). **Ejemplos**: de _vía_ proviene _enviar_ (_yo envío, que envíes_); de _frío_ proviene _enfriar_ (_yo enfrío, que enfríes_); de _pío_ proviene _expiar_ (_yo expío, que expíes_).

- No llevan acento en la i̱ aquellos verbos terminados en i̱ar que provienen de un sustantivo terminado en i̱a, i̱e o i̱o (sin acentos); o de un adjetivo terminado en i̱o o en i̱a (sin acentos). **Ejemplos**: de _diferencia_ proviene _diferenciar-yo diferencio;_ de _sentencia_ proviene _sentenciar- yo sentencio;_ de _serie_ proviene _seriar- tú serias;_ de _refugio_ proviene _refugiar-él refugia;_ de _tibio_ proviene _entibiar-que entibie;_ de _recia_ proviene _arreciar-que arrecie._ En estas formas verbales, la i̱ forma diptongo con la vocal que le sigue.

- Hay muchos verbos terminados en <u>iar</u> que llevan acento en la <u>i</u> (*yo me descarrío, él se descarría*) y otros tantos que no la llevan (*yo financio, tú financias*), por evolución de la lengua, no por seguir alguna de las reglas recién explicadas. Te tienes que aprender de memoria el correcto uso de cada uno de ellos.

- Algunos verbos terminados en <u>iar</u> pueden llevar o no el acento en la <u>i</u> al conjugarlos, como por **ejemplo**: *agriar, expatriar, historiar, paliar* y *vidriar*. En estos casos, la RAE acepta ambos acentos.

E J E R C I C I O

En cada una de las oraciones siguientes hay algún derivado de verbos terminados en <u>iar</u>. No le hemos puesto acento a ninguno de ellos. Coloca el acento cuando consideres que deban llevarlo.

EJEMPLO: Mientras enfrio las cervezas.

Mientras enfrío las cervezas.

Valor: 4 puntos cada una

1. Yo quiero que nos guies.
2. Necesito que abrevies esas palabras.
3. Luisa cria bien a sus hijos.
4. No espero que cambies tu forma de ser.
5. Pero sí espero que me fies estos dulces.
6. No rabies, no hagas rabietas.
7. Si tú confias, yo también confio.
8. Si tú desprecias, yo también desprecio.
9. No te desvies de tu camino.
10. Hoy inicio los trabajos.
11. No quiero que extravies este dinero.
12. Porque ya no habrá quien te financie.
13. No la espies, no la sigas.
14. Haré ejercicio para que no se atrofien los músculos.
15. No quiero que se averie ese motor.
16. El Rey exilia a quienes van en su contra.
17. Yo fotografio animales y salen muy bien.
18. Si calumnias a tus amigos, los perderás.
19. Si te hastias en la conferencia, te puedes salir.
20. Si me obsequias ese regalo, te lo agradeceré.
21. Él no esquia en la nieve, siempre se cae.
22. Él no lidia con sus enemigos.
23. Necesito que rocies estas flores lentamente.
24. Síguele hasta que te agobies.
25. No quiero que me contraries.

Calificación: _____   Revisó: _____

2.12 ¿ADECUEN O ADECÚEN?

R E G L A

Algunos de los verbos cuyo infinitivo termina en <u>uar</u> llevan acento en la <u>u</u> en la conjugación del presente de indicativo y de subjuntivo, pero otros no.

- Los verbos que llevan <u>c</u> o g antes de la terminación <u>uar</u> no se acentúan en la <u>u</u> y, por tanto, forman diptongo. **Ejemplos**: *yo licuo, tú licuas, él licua; yo averiguo, tú averiguas, él averigua; que él adecue, que tú evacues.*

- Los verbos que llevan otra consonante (que no sea <u>c</u> ni g) antes de la terminación <u>uar</u> sí se acentúan en la <u>u</u> y se destruye el diptongo. **Ejemplos**: *yo acentúo, tú acentúas; yo continúo, tú continúas; yo devalúo, tú devalúas; que tú efectúes, que él efectúe.*

E J E R C I C I O

En cada una de las oraciones siguientes hay algún derivado de verbos terminados en <u>uar</u>. No le hemos puesto acento a ninguno de ellos. Coloca el acento cuando consideres que deban llevarlo.

EJEMPLO: Quiero que evaluen mi carro.

Quiero que evalúen mi carro.

Valor: 4 puntos cada una

1. Yo nunca acentuo los monosílabos.
2. Es preciso que actues con rapidez.
3. Quiero que adecues tus palabras a la situación.
4. Es hora de que amengüe la lluvia.
5. Los amortiguadores no amortiguan bien.
6. Luis siempre apacigua a los que se pelean.
7. Es necesario que atenues más esas líneas.
8. ¿Te pidieron que atestigues?
9. Juan nunca contextua sus afirmaciones.
10. Pero siempre continua hablando y hablando.
11. Quieren que desagües el patio.
12. No quiero que desvirtuen la obra.
13. Le pidieron al gobierno que devalue el peso.
14. Espero que efectues bien tu trabajo.
15. Necesitamos que evacuen el edificio.
16. Necesitamos que evaluen el ejercicio.
17. No quiero que exceptues a nadie.
18. Yo licuo las fresas; tú licua
19. Con este monumento se perpetua su imagen y su obra.
20. Te piden que te santigües al entrar a la iglesia.
21. Yo siempre situo en su lugar a todos mis compañeros.
22. No quiero que te tatues el brazo ni el cuello.
23. Yo usufructuo las casas que dejó mi padre.

24. Voy a que me valuen este reloj en el Monte de Piedad.
25. Espero que te gradues con todos tus compañeros.

Calificación: _____   Revisó: _____

EL ACENTO EN LAS PALABRAS COMPUESTAS

Las palabras **sobresdrújulas** son aquéllas en las que la sílaba tónica es la ante-antepenúltima sílaba de la palabra. La regla de la acentuación indica que todas las palabras sobresdrújulas se deben acentuar.

Sin embargo, hay que tener en cuenta que muchas palabras largas no se toman como sobresdrújulas, sino como palabras compuestas, y entonces tienen sus propias reglas de acentuación. De hecho, algunos autores consideran que no existen las palabras sobresdrújulas, sino que se les debe llamar palabras compuestas.

Existen **cuatro tipos de palabras compuestas**, y cada uno de ellos tiene sus propias reglas de acentuación:

- Cuando se yuxtaponen dos (o más) palabras simples para formar una nueva palabra (*baloncesto, correveidile*).
- Cuando se unen dos palabras mediante un guion corto (*teórico-práctico*).
- Cuando a un adjetivo se le añade la terminación *mente* y entonces se convierte en adverbio (*fácilmente*).
- Cuando a un verbo se le añaden uno o más pronombres (*cállate, aconsejole*). A estos pronombres se les denomina **enclíticos**.

En el siguiente ejercicio practicaremos los dos primeros tipos de palabras compuestas; luego practicaremos los últimos dos.

2.13 PALABRAS COMPUESTAS POR LA UNIÓN DE DOS PALABRAS SIMPLES

R E G L A

En las palabras compuestas por la yuxtaposición de dos palabras simples, la primera de estas dos palabras pierde su acento (si lo tenía) y la segunda lo conserva (si lo tenía).

Ejemplos: de *balón* y *cesto* proviene *baloncesto*; de *décimo* y *séptimo* proviene *decimoséptimo*. Dos palabras separadas se convirtieron en una sola, la cual se acentúa según las normas de agudas, graves y esdrújulas.

Cuando se unen dos palabras mediante un guion corto, cada una de ellas sigue conservando el acento (si lo tenía). **Ejemplos**: *teórico – práctico*; *físico – químico*. Siguen siendo dos palabras diferentes, pero unidas mediante un guion para mostrar su relación; cada una conserva el acento que le corresponda.

E J E R C I C I O

En cada una de las siguientes oraciones hay alguna palabra compuesta. Algunas de ellas están bien escritas (con acento o sin acento, según el caso), y otras están mal escritas (con acento o sin acento, según el caso). Si consideras que están bien escritas, déjalas como están y pon una señal de correcto (paloma) en el espacio de la derecha. Si crees que están mal, corrígelas ahí mismo y pon una señal de incorrecto (tacha) en el espacio de la derecha.

EJEMPLO 1:   Juan es un correveidíle   ✗

EJEMPLO 2:   Mira ese saltamontes   ✔

Valor: 4 puntos cada una

1. Al terminar de comer, usa un mondadiéntes. _____

2. Se fue por esa bocacalle. _____

3. El guardacóstas detuvo a ese barco. _____

4. No sé si es franco-bélga o franco-alemán. _____

5. Es un proceso investigativo-descriptívo. _____

6. Esta telaraña está muy pegajosa. _____

7. El guardacostas los trajo de regreso. _____

8. Es un medico-odontólogo. _____

9. Ya firmó el contrato de compravénta. _____

10. Se trata de un principio fisico-químico. _____

11. Se trata del método de ensayo-error. _____

12. Se trata de un manual teorico-práctico. _____

13. En esta playa siempre hay un salvavidas. _____

14. Tiene una carrera político-militar. _____

15. Mi amigo es sordomudo. _____

16. Es ultra-rápido para terminar su trabajo. _____

17. Este espantapájaros realmente está feo. _____

18. Es un cirujano-anestesista. _____

19. El proceso de enseñanza-aprendizaje. _____

20. Luis es un águafiestas. _____

21. El libro trata asuntos socio-económicos. _____

22. A ese doctor le dicen el matasanos. _____

23. Es un ciempiés muy grande. _____

24. Es de origen ánglo-ruso. _____

25. Arturo se cree un sábelotodo. _____

Calificación: _____   Revisó: _____

2.14 PALABRAS COMPUESTAS POR AÑADIRLES UN SUFIJO

R E G L A

Los adverbios terminados en *mente* (que están compuestos por un adjetivo más la terminación *mente*, que significa *que se lleva a cabo de determinada manera*) se acentúan como si no tuvieran *mente*, es decir, llevan el acento que le corresponda al adjetivo original. **Ejemplos**: *rápidamente*, *fácilmente*, *tranquilamente*. Aunque parezca que la palabra es sobresdrújula (como en el caso de *tranquilamente*), no siempre se acentúa; se acentúa sólo si la palabra original debe llevar acento.

Los verbos a los que se les añade uno o más pronombres, se acentúan siguiendo las normas de las agudas, graves y esdrújulas. **Ejemplos**: *córrele*, *deme*, *tómalo*, *saliose*, *matola*, *acabose*. Antes de las nuevas reglas de la Real Academia, estas formas verbales se acentuaban siguiendo la misma regla de los adverbios en *mente*; es decir, si tenían acento antes de añadirles el pronombre enclítico, lo conservaban. **Ejemplos**: *déme*, *salióse*, *acabóse*. Ésta es una de las reglas que cambiaron.

E J E R C I C I O

En cada una de las siguientes oraciones hay alguna palabra compuesta. Algunas de ellas están bien escritas (con acento o sin acento, según el caso), y otras están mal escritas (con acento o sin acento, según el caso). Si consideras que están bien escritas, déjalas como están y pon una señal de correcto (paloma) en el espacio de la derecha. Si crees que están mal, corrígelas ahí mismo y pon una señal de incorrecto (tacha) en el espacio de la derecha.

EJEMPLO 1: Juan trabajó árduamente   _X_

EJEMPLO 2: Pero se cansó rápidamente   _✔_

Valor: 4 puntos cada una

1. Ellos siempre nos tratan amigablemente.   _____
2. Al salir de la casa, dióse un tropezón.   _____
3. Lupita reaccionó drasticamente.   _____
4. Pásame ese desarmador, por favor.   _____
5. Todo lo hace empíricamente.   _____
6. Habiendosenos informado de todo, terminó la reunión.   _____
7. Luis trata caballerósamente a su novia.   _____
8. No hagas travesuras, estáte quieto.   _____
9. Camina léntamente.   _____
10. Díjome Luis que no había ido a la fiesta.   _____
11. Este aparato se descompone contínuamente.   _____
12. Disparóle, matóla y enterróla.   _____
13. Escucha atentamente.   _____
14. ¡Apúrense! Vamos a llegar tarde.   _____
15. Son aproximádamente dos kilómetros.   _____
16. Cayóse en el patio y quebrose la pierna.   _____
17. Los niños juegan alégremente.   _____
18. Tráiganme sus trabajos para revisarlos.   _____
19. Hay que ordenarlos cronológicamente.   _____
20. Miróse al espejo y terminó de arreglarse.   _____
21. Lo terminó fácilmente.   _____
22. Déme mi libro, por favor.   _____
23. Arregló el lugar muy estéticamente.   _____
24. Consígueme ese libro, para revisarlo.   _____
25. Lo dijo muy simpaticamente.   _____

Calificación: _____   Revisó: _____

OTRAS NORMAS DE LA **R A E** SOBRE ACENTOS

Además de las reglas que hemos explicado en esta Unidad, la Real Academia presenta otras normas sobre aspectos específicos de la acentuación, las cuales explicamos a continuación.

- "El empleo de la mayúscula no exime de poner tilde cuando así lo exijan las reglas de acentuación" (RAE, 1999: 18). Esto quiere decir que las mayúsculas se deben acentuar cuando así lo exijan las normas. **Ejemplo**: *ÁNGEL PÉREZ*.

- "El uso de una abreviatura no exime de poner tilde, siempre que en la forma reducida aparezca la letra que la lleva en la palabra representada. **Ejemplos**: *admón.* (por *administración*), *cód.* (por *código*), *pág.* (por *página*)" (RAE, 1999: 54).

- "Las voces y expresiones latinas usadas en nuestra lengua se acentuarán gráficamente de acuerdo con las reglas generales del español" (RAE, 1999: 31). **Ejemplos**: *ítem, memorándum, currículum vítae, alma máter, ibídem.*

- "En las palabras de otras lenguas que, por su falta de adaptación a la nuestra, escribimos con letra cursiva o entre comillas…, así como en los nombres propios originales de tales lenguas, no se utilizará ningún acento que no exista en el idioma a que pertenecen. **Ejemplos**: *catering, Aribau, Windsor*.

Si se trata de voces ya incorporadas a nuestra lengua o adaptadas completamente a su pronunciación y escritura, habrán de llevar tilde cuando lo exija la acentuación del español. **Ejemplos**: *búnker, París, Támesis*" (RAE, 1999: 31).

- La RAE acepta que algunas palabras puedan llevar dos tipos de acentuación (como *olimpíada* y *olimpiada*). Esto se da en los siguientes casos:

  – En las palabras que terminan en iaco, iaca, íaco, íaca. **Ejemplos**: *maníaco* o *maniaco*, *policíaco* o *policiaco*.

  – En las palabras que terminan en mancia o mancía. **Ejemplos**: *cartomancia* o *cartomancía*, *quiromancia* o *quiromancía*.

  – En otras palabras como las siguientes: *alveolo* o *alvéolo*, *anémona* o *anemona*, *omóplato* u *omoplato*, *ósmosis* u *osmosis*, *período* o *periodo*, *reuma* o *reúma*, *tortícolis* o *torticolis*, *cóctel* o *coctel*, *dínamo* o *dinamo*, *médula* o *medula*, *metéoro* o *meteoro*, etc.

  – En los nombres de los deportes que terminan en bol (*ball* en inglés): *fútbol* o *futbol*, *básquetbol* o *basquetbol*, *vóleibol* o *voleibol*, *béisbol* o *beisbol*.

2.15 REPASO GENERAL DE LOS ACENTOS

En las siguientes oraciones no hemos escrito ningún acento. Coloca el acento en las palabras que consideres deben llevarlo.

1. ¡Que bonita te ves!
2. No se si este es el perro de el.
3. ¿De cual perro estas hablando?
4. De este. ¿De cual otro?
5. Aun cuando no lo creas, aun no han llegado.
6. Ya te di el dinero, ahora dame mas pastel.
7. Raul es debil y fragil.
8. Ve a la cocina; desde aqui no se ve bien.
9. La raiz del maiz esta muy abajo.
10. ¿Quien vendra a cenar hoy?
11. No se quien vendra a cenar.
12. Yo si se: vendran Jose y Maria.
13. La cancion esta muy simpatica.
14. Reprobe un examen; los demas examenes los pase.

15. Vi una estrella fugaz y pedi un deseo.

16. Mi estereo se descompuso y lo manda rreglar.

17. ¿Como has estado? ¿Que tal te ha ido?

18. ¿Es facil o dificil hacer estos dibujos?

19. No se lo di a el; se lo di a Luis.

20. Tengo mucha fe, pero no se si funciona.

21. Yo solo quiero que me des mi parte.

22. ¿Por que llegaste tan tarde?

23. Porque no habia con quien venirme.

24. El trasatlantico llego al Oceano Artico.

25. Me fui por via aerea y regrese en camion.

26. ¿Quien fue el que te dio eso?

27. Yo no se quien fue.

28. Pero el si sabe quien fue.

29. ¿Adonde se fue el?

30. ¿Para que quieres saber?

31. Yo no se adonde se fue.

32. Este juguete es fragil, aunque pesa 2 o 3 kilos.

33. En cambio, este es debil.

34. Quiero que me des un datil.

35. Yo no se si se fue en camion.

36. Pero si se que se regresaron en avion.

37. Mi estereo llego por via aerea.

38. Me lo mando mi tia Maria.

39. El area de Fisica es esta.

40. ¿Y esta de que es?

41. Yo no se de que sea.

42. Pero si se que es muy util.

43. ¿A ti quien te pregunto?

44. Yo solo di mi opinion.

45. Pues dasela a el, no a mi.

Son 100 los acentos que faltan en las 45 oraciones anteriores, por lo que cada uno de éstos vale un punto. Pero hay que restar un punto por cada acento puesto donde no se debía. Por ejemplo, si alguien puso correctamente 93 de los acentos que faltaban, pero puso dos acentos donde no se debía, su calificación será de 91.

Calificación: _____   Revisó: _____

MAPA CONCEPTUAL DE LA UNIDAD 1

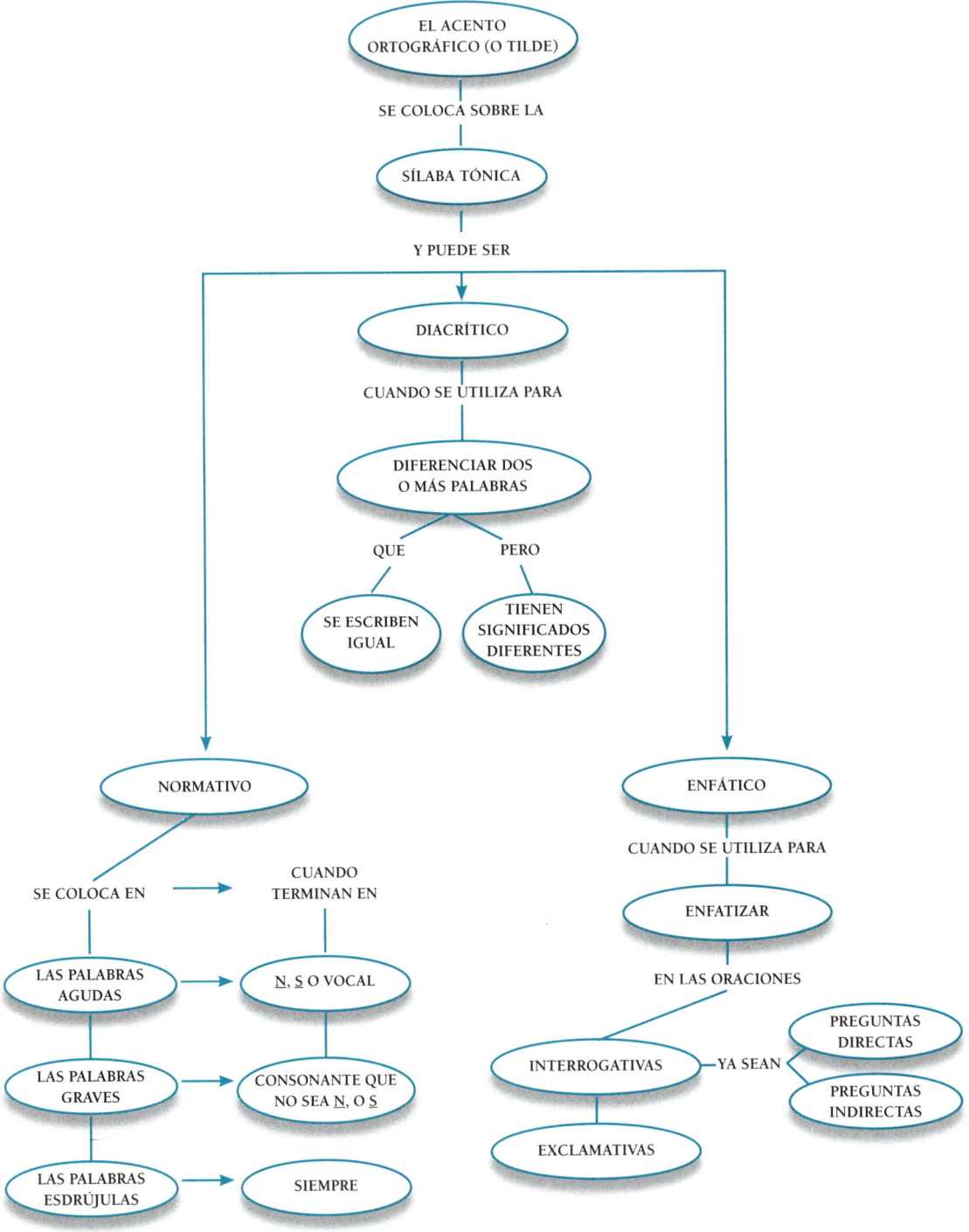

U N I D A D 2

¿Tienes problemas con la ortografía?

Parece que escribir el español es sencillo, pero a veces se complica mucho. Esto se debe a que **un mismo sonido se puede escribir de diferentes formas**.

- Cuando escuchamos una palabra con el sonido c_e, no sabemos si ésta se escribe con c, con z o con s. A veces hasta la x tiene el sonido de la c (como en *Xochimilco*). ¿Cómo se escribe el diminutivo de *garza*?
- Cuando escuchamos una palabra con el sonido b_e, no sabemos si ésta se escribe con b o con v.
- Cuando escuchamos una palabra con el sonido y_e, no sabemos si ésta se escribe con y o con ll.
- Cuando escuchamos una palabra con el sonido g_e, no sabemos si ésta se escribe con g o con j.
- La h es muy traviesa y se aparece donde menos esperamos. Como es muda, no es fácil saber cuándo se debe escribir y cuándo no, o en qué posición de la palabra debe ir (como en *Cuauhtémoc*).
- La r no siempre se escribe como suena, con sonido fuerte o débil; depende de su posición en la palabra.

Otras veces, dudamos sobre si una palabra debe ir con **mayúscula** o no. O no sabemos escribir un **número** con letras (¿Cómo se escribe el 300 con letras?). O no sabemos cómo escribir el nombre de un **deporte** (¿Se escribe *volleyball* o *voleibol*?).

Todos estos temas los tocaremos en esta unidad, en la que hemos incluido ocho capítulos, con un gran número de ejercicios, para que puedas practicar las reglas que vamos a ir explicando.

En la *Ortografía* que la Real Academia publicó en 1999, son pocas las modificaciones que se hicieron con respecto a la ortografía de las palabras. Las iremos viendo al tocar el tema respectivo.

C A P Í T U L O 3

LA C, LA Z Y LA S

La c y la z son primas hermanas; además, son muy buenas amigas y se intercambian continuamente (como dos amigas que se prestan ropa y zapatos). Ambas están "peleadas a muerte" con la s, a la que "no pueden ver ni en pintura". Por su parte, la s es muy envidiosa y jamás intercambia algo con la c o con la z.

Lo anterior quiere decir que, **cuando una palabra lleva s en su origen o raíz, llevará s en todos sus compuestos o derivados. Ejemplo:** *casa, casita, casota, caserío*. En cambio, **cuando una palabra lleva c o z en su origen o raíz, sus derivados podrán ir con c o con z, según la vocal que siga a esa letra.**
Ejemplo: *cazar, cacería, él cazo, yo cacé.*

ORIENTACIONES DE LA **R A E** PARA EL USO DE LA LETRA C

a) El grupo –cc-. En posición final de sílaba ante el sonido fricativo interdental sordo, la pronunciación de la letra c tiende a perderse en algunas hablas dialectales o descuidadas, confluyendo entonces las terminaciones –cion y –ccion, lo que origina errores ortográficos. Por regla general, se escribirá –cc-cuando en alguna palabra de la familia léxica aparezca el grupo –ct-. Ejemplos:

adicción (por relacion con *adicto*), *reducción* (con *reducto*), *dirección* (con *director*). Hay, sin embargo, palabras que se escriben con –cc- a pesar de no tener ninguna palabra de su familia léxica con el grupo –ct-. Ejemplos: *succión, cocción, confección, fricción*, etc. Otras muchas palabras de este grupo, que no tienen –ct- sino –t- en su familia léxica, se escriben con una sola *c*. Ejemplos: *discreción* (por relacion con *discreto*), *secreción* (con *secreto*), *relación* (con *relato*), etc.

b) Se escriben con *c* las palabras que tienen el sonido oclusivo velar sordo de *cama* y *cosa* a final de palabra. Ejemplos: *frac, vivac, cinc*. Excepciones: *amok, anorak, bock, yak, cok, cuark o quark* y *volapuk*, (RAE, 1999: 8).

ORIENTACIONES DE LA **R A E** PARA EL USO DE LA LETRA Z

a) Se escriben con –zc- la primera persona del singular del presente de indicativo y todo el presente de subjuntivo de los verbos irregulares terminados en *-acer* (menos *hacer* y sus derivados), *-ecer, -ocer* (menos *cocer* y sus derivados) y *–ucir*. Ejemplos: *nazco, abastezco, reconozcamos, produzca*.

b) Se escriben con –z final las palabras cuyo plural termina en –ces. Ejemplos: *vejez/vejeces, luz/luces, lombriz/lombrices*, (RAE, 1999: 9).

Pasemos ahora a los ejercicios.

3.1 LA C Y LA Z EN SINGULARES Y PLURALES

R E G L A

Las palabras que, en singular, terminan con z, llevan el plural con c.
En español, la c y la z se intercambian con mucha frecuencia. Ninguna se intercambia con la s.

E J E R C I C I O

Escribe correctamente el singular y el plural de las siguientes palabras.

EJEMPLO: Singular: es locuaz   Plural: son locuaces

Valor: 4 puntos cada una

SINGULAR	PLURAL
1. Una perdi_____	dos _____
2. Una _____	dos codorni_____
3. Un lápi_____	dos _____
4. Es feli_____	son _____
5. Una _____	dos lombri_____
6. El _____	los desli_____
7. El rapa_____	los _____
8. El _____	los capata_____
9. Es muy capa_____	son muy _____
10. Es _____	son morda_____
11. Es pertina_____	son _____
12. Un _____	dos cáli_____
13. Estrella fuga_____	estrellas _____

14. Una _____   las lu_____
15. Es muy auda_____   son muy _____
16. Un _____   dos alcatra_____
17. Le dio una co_____   le dio dos _____
18. Una _____   las vo_____
19. Es muy soe_____   son muy _____
20. El _____   los jue_____
21. Una ve_____   dos _____
22. El _____   los pe_____
23. La pa_____   las _____
24. La _____   las raí_____
25. Un ha_____ de luz   dos _____ de luz

Calificación: _____   Revisó: _____

3.2 LA C Y LA Z SE INTERCAMBIAN

R E G L A

Las palabras que llevan z en las combinaciones za, zo y zu, cambian la z por c en las combinaciones ce y ci.

En español, la c y la z se intercambian con mucha frecuencia. Ninguna de ellas se intercambia con la s.

E J E R C I C I O

Las siguientes palabras se pueden escribir con z o con c (aunque tal vez algunas se escriban con s). Escribe lo que creas correcto.

EJEMPLO: calzar   calceta   calzado   calcetín

Valor: 4 puntos cada una

1. Re____ar   yo re____é   él re____ó
2. Ca____ar   yo ca____é   él ca____ó   ca____ería
3. Mo____o   mo____edad   mo____uelo   mo____ito
4. Alcan____ar   lo alcan____é   lo alcan____o
5. Ro____ar   un ro____on   lo ro____é
6. Revi____ar   yo revi____é   él revi____ó
7. Ameni____ar   yo ameni____é   él ameni____ó
8. Amena____ar   yo amena____é   él amena____ó
9. Aterri____ar   yo aterri____é   él aterri____ó
10. Pla____a   pla____ita   pla____ota
11. Reali____ar   yo reali____é   él reali____ó

12. Expre——ar   yo expre——é   él expre——ó

13. Conven——er   yo conven——o   lo conven——í

14. Amane——er   Cuando amane——ca   ya amane——ió

15. Estreme——er   me estreme——co   se estreme——ió

16. Enterne——er   me enterne——co   se enterne——ió

17. Pertene——er   yo pertene——co   él pertene——ió

18. Cre——er   yo cre——co   él cre——ía

19. La ta——a   la ta——ita   la ta——ota

20. La ra——a   ¡Ah qué ra——ita!

21. Voy a ver como la——an a esa vaca.   Yo ya la——é una.

22. Te voy a alcan——ar.   Quiero que me alcan——es.

23. Vamos a repa——ar Matemáticas.   Yo ya repa——é Física.

24. Yo ya me can——é.   Vamos a descan——ar un rato.

25. Vamos a ca——ar conejos.   Ya ca——é muchas ardillas.

Calificación: ———————————   Revisó: ———————————————

3.3 PALABRAS EN CIÓN

REGLA

Las palabras que terminan en ción se escriben con c cuando tienen un pariente o derivado que termine en do, dor, dorio, divo o en to, tor, torio, tivo. Algunas palabras terminadas en ción se escriben con c aunque no tengan este tipo de parientes o derivados.

EJERCICIO

Completa las palabras, luego encuentra y escribe un pariente o derivado con alguna de las terminaciones indicadas arriba, y escríbela correctamente.

EJEMPLO: Comunica__ión   Comunicado   Comunicacion

Valor: 4 puntos cada una

1. Atrac__ión   ———————————   ———————————

2. Resolu__ión   ———————————   ———————————

3. Sincroniza__ión ———————————   ———————————

4. Can__ión   ———————————   ———————————

5. Motiva__ión   ———————————   ———————————

6. Participa__ión ———————————   ———————————

7. Aplica__ión   ———————————   ———————————

8. Sensa__ión _____ _____

9. Lec__ión _____ _____

10. Precau__ión _____ _____

11. Intui__ión _____ _____

12. Produc__ión _____ _____

13. Requisi__ión _____ _____

14. Preescrip__ión _____ _____

15. Construc__ión _____ _____

16. Atribu__ión _____ _____

17. Reac__ión _____ _____

18. Designa__ión _____ _____

19. Comunica__ión _____ _____

20. Negocia__ión _____ _____

21. Trasla__ión _____ _____

22. Coloca__ión _____ _____

23. Numera__ión _____ _____

24. Emo__ión _____ _____

25. Prohibi__ión _____ _____

Calificación: _____ Revisó: _____

3.4 PALABRAS EN SIÓN

R E G L A

Las palabras que terminan en sión se escriben con s cuando tienen un pariente o derivado que termine en so, sor, sorio o sivo. Algunas palabras terminadas en sión se escriben con s aunque no tengan este tipo de parientes o derivados.

E J E R C I C I O

Completa las palabras, luego encuentra y escribe un pariente o derivado con alguna de las terminaciones indicadas arriba, y escríbela correctamente.

EJEMPLO: Pri____ión   preso   prisión

Valor: 4 puntos cada una

1. Remi__ión _____ _____

2. Compren__ión _____ _____

3. Ilu__ión _____ _____

4. Televi__ión _____ _____

5. Deci__ión _____ _____

6. Emi__ión _____ _____

7. Revi__ión _____ _____

8. Trasmi__ión _____ _____

9. Pa__ión _____ _____

10. Conce__ión _____ _____

11. Promi__ion _____ _____

12. Vi__ión _____ _____

13. Inver__ión _____ _____

14. Supervi__ión _____ _____

15. Retrovi__ión _____ _____

16. Inclu__ión _____ _____

17. Intromi__ión _____ _____

18. Transfu__ión _____ _____

19. Efu__ión _____ _____

20. Ascen__ión _____ _____

21. Confu__ión _____ _____

22. Pose__ión _____ _____

23. Repul__ión _____ _____

24. Confe__ión _____ _____

25. Inva__ión _____ _____

Calificación: _____ Revisó: _____

3.5 PALABRAS EN <u>CIÓN</u> Y EN <u>SIÓN</u> - REPASO

Completa las siguientes palabras; encuentra y escribe un pariente o derivado con alguna de las siguientes terminaciones:

<u>do</u>, <u>dor</u>, <u>dorio</u>, <u>divo</u>	van con <u>ción</u>
<u>to</u>, <u>tor</u>, <u>torio</u>, <u>tivo</u>	
<u>so</u>, <u>sor</u>, <u>sorio</u>, <u>sivo</u>	van con <u>sión</u>

Luego escríbela correctamente.

EJEMPLO: Compul__ión <u>compulsivo</u> <u>compulsión</u>

Valor: 4 puntos cada una

1. Goberna__ión   _____   _____

2. Dedica__ión   _____   _____

3. Profe__ión   _____   _____

4. Moderniza__ión   _____   _____

5. Opre__ión   _____   _____

6. Invita__ión   _____   _____

7. Compren__ión   _____   _____

8. Participa__ión   _____   _____

9. Emi__ión   _____   _____

10. Aproxima__ión   _____   _____

11. Repre__ión   _____   _____

12. Rela__ión   _____   _____

13. Especula__ión   _____   _____

14. Negocia__ión   _____   _____

15. Remi__ión   _____   _____

16. Instruc__ión   _____   _____

17. Confu__ión   _____   _____

18. Federa___ión   _____   _____

19. Deci__ión   _____   _____

20. Crea__ión   _____   _____

21. Efu__ión   _____   _____

22. Procura__ión   _____   _____

23. Revi__ión   _____   _____

24. Convic__ión   _____   _____

25. Impre__ión   _____   _____

Calificación: _____   Revisó: _____

3.6 PALABRAS CON CE-CI-SE-SI

REGLA

Para saber si el sonido ce-ci se escribe con c (ce-ci) o con s (se-si), tienes dos opciones: o te las aprendes de memoria, o analizas su origen o raíz. Si en su origen o en su raíz llevan una s, todos sus derivados se escribirán siempre con s. Si en su origen o en su raíz llevan una c o una z, todos sus derivados se escribirán con c.

EJERCICIO

Completa las siguientes palabras y oraciones con ce-ci o con se-si, según creas correcto.

EJEMPLO: Ca___ría   Yo ya ca___ un conejo.
            Cacería   Yo ya cacé un conejo.

Valor: 4 puntos cada una

1. Ha___r.   Ya hi___ las maletas.

2. Me___r.   Ella me___ el columpio.

3. Amane___r.   Mira que ya amane___o.

4. Requi___to.   Hay que llenar la requi___ ___on.

5. Ne___ ___dad.   Ne___ ___to una pluma.

6. Ofre___r.   Ya te ofre___ una disculpa.

7. De___ ___ón.   Es el partido de___ ___vo.

8. Fá___l.   Tiene mucha fa___lidad.

9. Difí___l.   Es el exámen más difí___l.

10. ___tá___os.   La ballena es un ___tá___o.

11. Cactá___as.   El nopal es una cactá___a.

12. Esca___ar.   Hay mucha esca___z.

13. Pre___n___a.   Se notaba su pre___n___a.

14. Au___en___a.   Se notaba su au___n___a.

15. Estan___a.   Su estan___a fue muy corta.

16. Pa___ar.   Vamos a dar un pa___o.

17. Ofi___o.   La ofi___na de los ofi___ales.

18. Cari___a.   Ya no la acari___es.

19. Ali___a   Ali___a platicaba con Horten___a

20. Pre___ ___ón   El trazo debe ser pre___so.

21. An___ano.   La an___anidad es una etapa difícil.

22. An___oso.   La an___edad se debe dominar.

23. So___o.   Formemos una so___edad.

24. Su___o.   La su___edad trae enfermedades.

25. O___o.   La o___o___dad es madre de todos los vi___os.

Calificación: _____   Revisó: _____

3.7 PALABRAS CON SCE Y CON SCI

REGLA

En algunas palabras, el sonido ce-ci se escribe con sce o con sci. Algunas de ellas son las siguientes:

Palabras con sce		Palabras con sci	
Asceta	Discernir	Abscisa	Lascivo
Absceso	Descentrar	Oscilar	Piscina
Obsceno	Escéptico	Escindir	Rescindir
Ascenso	Descenso	Fascinar	Prescindir
Escena	Isósceles	Piscis	Suscitar
Víscera	Evanescer	Descifrar	Discípulo
Adolescencia	Miscelánea	Plebiscito	Fascinación

Aunque *conciencia* se escribe sin sc, sus derivados *consciente* e *inconsciente* sí se escriben con sc.

EJERCICIO

Completa las siguientes palabras y oraciones con ce-ci, con se-si o con sce-sci, según creas correcto.

EJEMPLO: Ali____a está en el e____nario.

Ali_ci_a está en el e_sce_nario.

Valor: 4 puntos cada una

1. El di____pulo me____ la cuna.

2. El a____ta está re____ y re____.

3. El ab____so ya enroje____o.

4. Ese anun____o es muy ob____no.

5. La tenden____a es ha____a el a____nso.

6. Hay que tener pa____en____a durante el de____nso.

7. El poli____a subio hasta el e____nario.

8. El carni____ro saco las ví____ras del animal.

9. Saber di____rnir significa saber dilu____dar.

10. De____ntrar significa sacar algo de su c____ntro.

11. No te hagas ilu____ones, sé un poco más e____éptico.

12. Es difí____l dibujar un triángulo iso____les.

13. La palabra evane____r significa lo mismo que desvane____r.

14. Una ab____sa expresa la distan____a entre un punto y el eje vertical.

15. O____lar y me____r son ____nónimos.

16. La palabra e____ndir significa ____parar o dividir.

17. Y res____ndir significa dejar sin efecto un contrato o una obliga____ón.

18. No podemos pre____ndir de la ____en____a para entender esto.

19. Las personas del signo Pi____s son muy pa____entes.

20. Para de____frar un jeroglífico se ne____ ____ta mucha inteligen____a.

21. Dioni____o y ____ ____ron son hombres muy la____vos.

22. Ali____a y ____ ____lia ya se metieron a la pi____na.

23. Quedó incon____ente, es decir, perdió la con____encia.

24. El adole____nte entro a la mi____lánea.

25. Horten____a tiene fa____nación por la mú____ca.

Calificación: _____   Revisó: _____

3.8 PALABRAS EN AZO Y EN ASO

REGLA

En algunas palabras, la terminación azo significa *golpe dado con...* Por ejemplo: *zapatazo* significa golpe dado con un zapato; *martillazo* significa golpe dado con un martillo. En otras ocasiones, la terminación azo se utiliza como aumentativo. Por ejemplo: *jefazo* significa un gran jefe; *golazo* significa un gran gol.

Los verbos que en infinitivo terminan en azar, construyen el presente de la primera persona en azo. (*Amenazar – yo amenazo; disfrazar – yo me disfrazo.*) En cambio, los verbos que en infinitivo terminan en asar, construyen el presente de la primera persona en aso. (*Traspasar – yo traspaso; fracasar – yo fracaso.*)

Muchas otras palabras terminan en azo o en aso sin seguir alguna de estas reglas, por lo que las tienes que aprender de memoria. (*Lazo, trazo, ocaso, escaso.*)

EJERCICIO

Completa las palabras que se presentan a continuación, con la terminación azo o con la terminación aso, según consideres correcto.

EJEMPLO: Le dio un tranc____

Le dio un trancazo

Valor: 2 puntos cada una

1. No le hagas c____   2. Pásame ese l____   3. Levanta el br____

4. ¿Ac____ no sabes?   5. El alimento es esc____   6. Yo no me atr____

7. Mejor me despl____   8. Utiliza el ced____   9. Fue un gol____

10. Yo abr____ a mi amigo.   11. Yo sobrep____ a todos.   12. Le dio un navaj____

13. Se escuchó un cañon____ 14. Yo nunca frac____ 15. Yo entrel____ los dedos.

16. Ponlo en tu reg____ 17. Es un tip____ 18. Le dio un bat____

19. Yo me disfr____ 20. Yo me desf____ 21. Dame ese ped____

22. Mira ese pay____ 23. Yo no te amen____ 24. Yo lo engr____

25. Cayó de panz____ 26. Le dieron un flech____ 27. Le dieron un balon____

28. Utiliza el v____ 29. Yo no te rech____ 30. Yo trasp____ la línea.

31. Yo am____ el barro. 32. Le dieron un manot____ 33. Se ve bonito el oc____

34. Yo apl____ la respuesta. 35. Yo no me c____ 36. Se vio un chisp____

37. Se dio un cabez____ 38. Dio el cambi____ 39. Es el espin____ del diablo.

40. Le dio un derech____ 41. Yo arr____ con todos. 42. Yo reempl____ a Lupita.

43. Yo env____ la mermelada. 44. Se dio un banquet____ 45. Yo c____ conejos.

46. Se escuchó un bal____ 47. Tienes un día de pl____ 48. Vamos a dar un rep____

49. El león dio un zarp____ 50. Recibió un telefon____

Calificación: _____ Revisó: _____

3.9 PALABRAS EN IZO Y EN ISO, EN IZA Y EN ISA, EN UZA Y EN USA

REGLA

Muchos adjetivos que denotan *semejanza* o *cualidad de*, y que terminan en izo o en iza, se escriben con z. Por **ejemplo**: *enfermizo, enojadizo, rojizo, enamoradizo, fronterizo, asustadizo, primeriza, advenediza*. También hay muchos sustantivos que terminan en izo o en iza, como *chorizo, hechizo, granizo, paliza, tiza*, etc. Además, los verbos que terminan en izar tienen algunas conjugaciones en izo y en iza. Por **ejemplo**: *bautizo, bautiza* (de *bautizar*), *atemorizo, atemoriza* (de *atemorizar*).

Por otro lado, hay muchas palabras que terminan en iso o en isa y se escriben con s. Por **ejemplo**: *piso, aviso, compromiso, permiso, brisa, camisa, indecisa*. Además, los verbos que terminan en isar tienen algunas conjugaciones en iso y en isa. Por **ejemplo**: *aviso, avisa* (de *avisar*), *guiso, guisa* (de *guisar*).

Las palabras que terminan en uza, en especial los despectivos, se escriben con z. Por **ejemplo**: *gentuza, chuza, gamuza, lechuza*. Además, los verbos que terminan en uzar tienen algunas conjugaciones en uza. Por **ejemplo**: *cruza* (de *cruzar*), *desmenuza* (de *desmenuzar*).

Por otro lado, hay muchas palabras que terminan en usa, como *blusa, confusa, difusa, medusa, hipotenusa*. Además, los verbos que terminan en usar tienen algunas conjugaciones en usa, como *abusa* (de *abusar*), *excusa* (de *excusar*) y *rehúsa* (de *rehusar*).

EJERCICIO

Completa las palabras que se presentan a continuación, con las terminaciones izo, iso, iza, isa, uza o usa, según consideres correcto.

EJEMPLO: Es un advened____

Es un advenedizo

Valor: 2 puntos cada una

1. Es muy antojad_____
2. Se fue muy apr_____
3. Ya fuimos a m_____
4. Le dieron una pal_____
5. Hizo un gu_____ muy rico.
6. Cayó mucho gran_____
7. Formo un fideicom_____
8. Es piedra cal_____
9. Hay mucha br_____
10. Una camisa de gam_____
11. Pinto con una t_____
12. La sinfonía inconcl_____
13. Es un estado fronter_____
14. Es arena moved_____
15. Es una gent_____
16. Debes ser más prec_____
17. Cantó la lech_____
18. Es muy asustad_____
19. Él nunca se atemor_____
20. Dibuja la hipoten_____
21. Ella es muy il_____
22. Es la hija primer_____
23. Corté un carr_____
24. Yo no te ac_____
25. Él es un intr_____
26. Le hicieron un hech_____
27. Le dio mucha r_____
28. Ella siempre ab_____ de todos.
29. Ayer fue el baut_____
30. Él cr_____ la línea.
31. Hice una ch_____
32. Una canica cacar_____
33. Una puerta corred_____
34. Él hizo chap_____
35. Ella desmen_____ el pan.
36. Huevos con chor_____
37. La idea es imprec_____
38. Él ab_____ de sus amigos.
39. Fue una escaram_____
40. Es muy enamorad_____
41. Es una sacerdot_____
42. Ponte la bl_____ roja.
43. Una india mest_____
44. Es pelo post_____
45. No es buena exc_____
46. Está en la caballer_____
47. Es una tapa plegad_____
48. Vi una med_____
49. Me pusieron cen_____
50. Le dieron un av_____

Calificación: _____   Revisó: _____

3.10 PALABRAS EN AZ, EZ, IZ, OZ Y UZ

R E G L A

Los adjetivos y sustantivos que, siendo palabras agudas, terminan en az, se escriben con z. Por **ejemplo**: *audaz, tenaz, pertinaz, disfraz*. No hay que confundirlos con el futuro de la mayoría de los verbos, que se conjugan con la terminación ás. Por **ejemplo**: *verás, comerás, estudiarás*.

Los apellidos de personas que terminan en ez se escriben con z. Por **ejemplo**: *Hernández, Juárez,*

Pérez, etc. Los sustantivos abstractos terminados en <u>ez</u> se escriben con <u>z</u>. Por **ejemplo**: *vejez, validez, madurez, escasez, viudez*. Sin embargo, hay otras palabras agudas que terminan en <u>es</u> y van con <u>s</u>. Por **ejemplo**: *inglés, montañés, kermés*.

Los sustantivos femeninos que, siendo palabras agudas, terminan en <u>iz</u> (en especial los que denotan un trabajo o actividad) se escriben con <u>z</u>. Por **ejemplo**: *actriz, institutriz, directriz, tapiz, desliz*.

Algunas palabras terminadas en <u>oz</u> y en <u>uz</u> (en especial si son agudas) se escriben con <u>z</u>. Por **ejemplo**: *atroz, arroz, veloz, precoz, andaluz, tragaluz*. Sin embargo, hay otras palabras agudas o monosílabas terminadas en <u>os</u> y en <u>us</u> que se escriben con <u>s</u>. Por **ejemplo**: *adios, autobús, tos, dos, Dios*.

E J E R C I C I O

Completa las palabras que se presentan a continuación, con las terminaciones que consideres correctas.

EJEMPLO: Mira ese alcatr_____

Mira ese alcatr<u>az</u>

Valor: 2 puntos cada una

1. Es el capat_____
2. El señor ju_____
3. Es buena actr_____
4. Ya lo ver_____
5. Es un juego ingl_____
6. Escucha el altav_____
7. Es muy cap_____
8. Llegó a la vej_____
9. Sigue esta directr_____
10. ¿Cuándo har_____ el trabajo?
11. Vamos a la kerm_____
12. Comí arr_____ con frijoles.
13. Se puso un disfr_____
14. Hay escas_____ de agua.
15. Tengo una cicatr_____
16. ¿I_____ a la fiesta?
17. Es un montañ_____
18. Se ve muy fer_____
19. Es un remedio efic_____
20. Tiene mucha candid_____
21. Un taller automotr_____
22. Nunca lo tendr_____
23. Sufrió un rev_____
24. Corrió muy vel_____
25. Es una estrella fug_____
26. Tiene mucha madur_____
27. Se ve muy fel_____
28. ¿Llegar_____ a tiempo?
29. El Halcón Malt_____
30. Le dio un patat_____
31. La guerra y la p_____
32. Tiene mucha candid_____
33. Me pegué en la nar_____
34. El señor Pér_____
35. Tengo mucha pesad_____
36. Asómate por el tragal_____
37. Es muy suspic_____
38. Tiene mucha intrepid_____
39. Cambiaron el tap_____
40. La señora Juár_____

41. Es muy cort_____

42. Ya llegó el autob_____

43. Es muy ten_____

44. Tiene mucha timid_____

45. Me manché con el barn_____

46. El profesor Hernánd_____

47. Cacé una perd_____

48. La señal de la cr_____

49. Es muy vor_____

50. No lo vi por su pequeñ_____

Calificación: _____   Revisó: _____

3.11 PALABRAS EN ZON, ZAL, ZUELO Y EZNO

REGLA

Muchos sustantivos que terminan en zon, en especial los aumentativos, se escriben con z. Por **ejemplo**: *cabezón, corazón, hinchazón, buzón, polizón*. Sin embargo, hay otros que terminan en son (con s), como *camisón, requesón* y *masón*.

Muchas de las palabras que terminan en zal, en especial las que indican cultivo o abundancia de algo, se escriben con z. Por **ejemplo**: *arrozal, maizal, lodazal*. Sin embargo, también hay palabras que terminan en sal (con s), como *misal, colosal, causal*.

Muchas de las palabras que terminan en zuelo y en zuela, en especial las que tienen un sentido despectivo, se escriben con z. Por **ejemplo**: *ladronzuelo, reyezuelo, mujerzuela, portezuela*. Sin embargo, hay otras palabras que terminan en suelo o en suela y se escriben con s, como *consuelo, subsuelo, suela*.

Las palabras que terminan en ezno, y que por lo general significan crías de animales, se escriben con z. Por **ejemplo**: *osezno* y *lobezno*. Se exceptúa la palabra *fresno*.

EJERCICIO

Completa las palabras que se presentan a continuación, con las terminaciones que consideres correctas.

EJEMPLO: Tiene buen cora_____

Tiene buen corazón

Valor: 2 puntos cada una

1. Es muy cabe_____

2. Ya creció el mai_____

3. Me piqué con el an_____

4. Se puso el cami_____

5. No es cau_____ de divorcio.

6. Está en el entre_____

7. Está enfermo del cora_____

8. Se cayó en el arro_____

9. Es un bribon_____

10. Usa el diapa_____ para afinarte.

11. Lleva el mi_____ a la iglesia.

12. Eso me causa con_____

13. Me salió una hincha_____

14. El zar_____ se estaba quemando.

15. Capturaron al ladron_____

16. Ponle reque_____ a los frijoles.

17. Se hizo un lío colo_____

18. Se murió el lob_____

19. Pon la carta en el bu_____

20. Se rompió el cabe_____

21. Es un reye_____

22. Mi abuelo era ma_____

23. Ya llegó nuestro comen_____

24. Nació un os_____

25. Se fue en el barco de poli_____

26. Se inundó el cañi_____

27. Es una mujer_____

28. Comimos en ese me_____

29. Es correspon_____ de ese diario.

30. Se subió a ese fr_____

31. Tengo mucha pica_____

32. Creció entre el carri_____

33. La ca_____ de los frijoles.

34. Trabaja con mucho te_____

35. Es una vértebra dor_____

36. Se rompió la s_____ del zapato.

37. Siempre tengo la ra_____

38. Es un herba_____

39. Mi cabello tiene or_____

40. Es un abrigo de vi_____

41. Tengo congestión na_____

42. Es una mo_____

43. Sírveme leche en el ta_____

44. Se hizo un loda_____

45. Vive en Vene_____

46. Es el Bol_____ de Mapimí.

47. Tienen una sucur_____

48. Vive en esa cho_____

49. Se dio un trope_____

50. Ya creció el pasti_____

Calificación: _____   Revisó: _____

3.12 VERBOS EN CER Y EN SER, EN CIAR Y EN SIAR, EN IZAR Y EN ISAR, EN UZAR Y EN USAR

R E G L A

Los verbos que terminan en cer se escriben siempre con c, aunque en algunas conjugaciones le añaden una z. **Ejemplos**: de *nacer* proviene *yo nazco, que él nazca, yo nací*; de *crecer* proviene *yo crezco, que él crezca, yo crecí*. Algunos verbos irregulares cambian la c por z delante de las vocales a y o. **Ejemplo**: de *cocer* proviene *yo cuezo, él cuece, que él cueza*. En cambio, los verbos que terminan en ser se conjugan siempre con s. **Ejemplos**: de *toser* proviene *yo toso, él tose, que él tosa*; de *coser* proviene *yo coso, él cose, que él cosa*.

Los verbos que terminan en ciar se escriben siempre con c. **Ejemplos**: de *codiciar* proviene *yo codicio, él codicia, que él codicie*; de *silenciar* proviene *yo silencio, él silencia, que él silencie*. En cambio, los verbos que terminan en siar se conjugan siempre con s. **Ejemplos**: de *ansiar* proviene *yo ansío, él ansía, que él ansíe*; de *lisiar* proviene *yo me lisio, él se lisia, que él se lisie*.

Los verbos que terminan en izar se conjugan con z ante las vocales a y o; y con c ante la vocal e. **Ejemplos**: de *amenizar* proviene *yo amenizo, él ameniza, que él amenice*; de *finalizar* proviene *yo finalizo, él finaliza, que él finalice*. En cambio, los verbos que terminan en isar se conjugan siempre con s. **Ejemplos**: de *revisar* proviene *yo reviso, él revisa, que él revise*; de *precisar* proviene *yo preciso, él precisa, que él precise*.

Los verbos que terminan en <u>uzar</u> se conjugan con <u>z</u> ante las vocales <u>a</u> y <u>o</u>; y con <u>c</u> ante la vocal <u>e</u>. **Ejemplos**: de *cruzar* proviene *yo cruzo, él cruza, que él cruce*; de *desmenuzar* proviene *yo desmenuzo, él desmenuza, que él desmenuce*. En cambio, los verbos que terminan en <u>usar</u> se conjugan siempre con <u>s</u>. **Ejemplos**: de *usar* proviene *yo uso, él usa, que él use*; de *causar* proviene *yo causo, él causa, que él cause*.

E J E R C I C I O

En cada una de las frases siguientes se encuentra un derivado de alguno de los verbos explicados en la regla. Completa las palabras que lo rquieran, con las letras que consideres correctas.

EJEMPLO: Quiere que ya n_____ su hijo.

Quiere que ya n<u>azca</u> su hijo.

Valor: 2 puntos cada una

1. Ella lo aborr_____
2. Está to_____ndo muy feo
3. Ya ini_____ la clase.
4. Me exta_____ con el paisaje.
5. Hay que actual_____ el libro.
6. Ella se al_____ el pelo.
7. El brazo se me adorm_____
8. ¿Ya co_____te la camisa?
9. No desperd_____ la comida.
10. No an_____ muchas cosas.
11. Te vas a alcohol_____
12. Me decom_____on el celular.
13. Mira que ya aman_____
14. Se me desco_____ el pantalon.
15. Hay que reveren_____rlo.
16. Debes desmen_____ el pan.
17. Trata de armon_____ al cantar.
18. Quiero que gu_____ algo rico.
19. Ya está anoch_____ndo.
20. ¿Renun_____ a Satanás?
21. No es un día prop_____
22. No ac_____ a tus amigos.
23. Llegaron a colon_____
24. Debes rev_____ tu trabajo.
25. ¡Qué bello atard_____!
26. Se ala_____ el pelo.
27. No renun_____ a eso.
28. No ab_____ de tus mayores.
29. Ya baut_____ a su hijo.
30. Lo nombraron superv_____r.
31. No te compad_____ de mí.
32. Me benef_____ de todos.
33. Hizo un buen neg_____
34. Eso ca_____o el accidente.
35. Debes ser más civil_____do.
36. Van a telev_____ esa película.
37. Aquí me abast_____ a diario.
38. Ella nos despr_____
39. Le pusieron anest_____
40. No te exc_____ de tus errores.
41. Exterior_____ tus sentimientos.
42. No me al_____ en los ojos.
43. Ayer compar_____ en el juzgado.
44. Sus gritos me desqu_____
45. Se li_____ la pierna jugando.
46. Se enorgull_____ de sus hijos.
47. Ya se evapor_____ el agua.
48. No cr_____ las piernas.
49. Humed_____ este trapo.
50. Se van a divor_____

Calificación: _____   Revisó: _____

3.13 PALABRAS EN AZCO Y ASCO, EN EZCO Y ESCO, EN AZGO Y ASGO

R E G L A

Algunos verbos que terminan en acer y en ecer construyen la primera persona del presente de indicativo en azco y en ezco respectivamente. (*Complacer – yo complazco; ofrecer – yo ofrezco*). Los verbos que terminan en ascar y en escar construyen la primera persona del presente de indicativo en asco y en esco respectivamente. (*Rascar – yo rasco; pescar – yo pesco*).

Por otro lado, hay palabras (que no son verbos) que terminan en asco o en esco, como *asco, peñasco, fresco* y *simiesco*.

La terminación azgo significa dignidad, cargo, condición, estado, acción o efecto. Por **ejemplo**: *noviazgo, compadrazgo, hallazgo*. Únicamente se escriben con asgo las siguientes palabras: *rasgo, trasgo* y *pelasgo*.

E J E R C I C I O

Completa las palabras que se presentan a continuación, con las terminaciones azco, asco, ezco, esco, azgo o asgo, según consideres correcto.

EJEMPLO: Yo apar_____ en esa escena.

Yo apar<u>ezco</u> en esa escena.

Valor: 2 puntos cada una

1. Yo le ofr_____
2. Es un refr_____
3. Comí un churr_____
4. Yo la compl_____
5. Tiene lider_____
6. Es un bonito r_____
7. Yo car_____ de dinero.
8. No mer_____ eso.
9. Viene de Tab_____
10. ¡Qué peñ_____ tan grande!
11. Cuando yo cr_____...
12. Es un compadr_____
13. Todavía está fr_____
14. Lo editó la UN_____
15. Yo te favor_____
16. Es algo grot_____
17. Aquí hay un cacic_____
18. Yo ren_____ cada día.
19. Cayó un chub_____
20. Yo siempre obed_____
21. Es algo gigant_____
22. Viene del almirant_____
23. Ponte el c_____
24. Es muy burl_____
25. No hay ningún parent_____
26. Hice un hall_____
27. Yo me enfr_____ en la lectura.
28. Es algo novel_____
29. Yo siempre palid_____
30. Viene del país V_____
31. Yo nunca me r_____
32. Ensord_____ con el ruido.
33. Tengo un novi_____
34. Me cr_____ al castigo.

35. No lo apet_____   36. Es algo arab_____

37. Se apellida Vel_____   38. Yo los abast_____

39. Pásame ese fr_____ de miel.   40. Yo no pad_____ de eso.

41. Yo lo aborr_____   42. Yo y_____ boca abajo.

43. Eso fue un fi_____   44. ¿A quién me par_____?

45. Yo me enfur_____   46. Es muy picar_____

47. Yo enmud_____   48. Es algo quijot_____

49. Yo me adorm_____   50. Viene de Dam_____

Calificación: _____   Revisó: _____

3.14 SUSTANTIVOS ABSTRACTOS EN EZ, EZA, ANZA Y ENCIA

R E G L A

Los **sustantivos concretos** son nombres de cosas que podemos percibir mediante los sentidos corporales (*mesa, silla, jarrón, carro*). En cambio, los **sustantivos abstractos** designan entidades que no se perciben por los sentidos, sino por la mente, y hacen referencia a cualidades, emociones, sentimientos o fenómenos abstractos (*paz, tranquilidad, justicia, amor*).

Algunos sustantivos abstractos se construyen añadiendo al adjetivo correspondiente la terminación ez (de *pesado* proviene *pesadez*, de *cálido* proviene *calidez*, de *escaso* proviene *escasez*) o la terminación eza (de *fiero* proviene *fiereza*, de *noble* proviene *nobleza*, de *áspero* proviene *aspereza*). Otros sustantivos abstractos se construyen añadiendo al verbo correspondiente la terminación anza (de *usar* proviene *usanza*, de *matar* proviene *matanza*, de *confiar* proviene *confianza*). Otros se construyen mediante la terminación encia (de *paciente* proviene *paciencia*, de *eficiente* proviene *eficiencia*, de *ausente* proviene *ausencia*).

La escritura de estos sustantivos abstractos puede presentar problemas, ya que hay palabras que terminan en és (como *inglés, ciprés, través, montañés*) en esa (como *gruesa, espesa, milanesa*), en ansa (como *mansa, cansa, gansa*) y en ensia (como *Hortensia*).

Otros sustantivos abstractos se construyen añadiendo la terminación ura (de *blando* proviene *blandura*, de *dulce* proviene *dulzura*, de *gordo* proviene *gordura*), la terminación dad (de *malo* proviene *maldad*, de *feo* proviene *fealdad*, de *nuevo* proviene *novedad*) o la terminación tud (de *quieto* proviene *quietud*, de *alto* proviene *altitud*, de *joven* proviene *juventud*). Sin embargo, éstos no presentan dificultad para escribirlos correctamente, por lo que únicamente ejercitaremos los anotados en los párrafos anteriores.

E J E R C I C I O

Completa las palabras que se presentan a continuación, con las terminaciones ez o és, eza o esa, anza o ansa, encia o ensia, según consideres correcto.

EJEMPLO: Recuerda su niñ_____

              Recuerda su niñez

Valor: 2 puntos cada una

1. Tiene mucha timid_____
2. El flojo tiene mucha per_____
3. Perdona la tard_____
4. Debes tener paci_____
5. El cipr_____ es muy grande.
6. Llegó la Cond_____
7. Ven y desc_____ un rato.
8. También llego Hort_____
9. Hay escas_____ de agua.
10. Tiene muchas riqu_____s.
11. Es la us_____ antigua.
12. Vamos hacia la excel_____
13. Eso me produce mucho estr_____
14. No me inspira confi_____
15. Esto es efici_____
16. Eso fue una baj_____
17. Ese argumento tiene valid_____
18. Actúa con más liger_____
19. No rompas tu prom_____
20. No busques veng_____
21. Luisa tiene gran bell_____
22. Hay que hablar con fluid_____
23. No veo la difer_____
24. Adivina esta adivin_____
25. Hazlo con más rapid_____
26. Existe mucha viol_____
27. Tiene mucha destr_____
28. No seas burgu_____
29. Eso es una mescol_____
30. Son tierras de labr_____
31. Tiene livid_____ por el susto.
32. Se le nota la palid_____
33. El motor tiene pot_____
34. Todavía hay esper_____
35. Eso es una rar_____
36. Mi amiga tiene mucha calid_____
37. La niñ_____ y la vej_____
38. No finjas dem_____
39. Hoy recibí muchas alab_____s.
40. Hazlo con más firm_____
41. Yo trabajé en esa empr_____
42. Posee mucha madur_____
43. Voy a estudiar ingl_____
44. Tengo añor_____ por mi niñ_____
45. No respondas con insol_____
46. No la trates con dur_____
47. Sin dinero no hay liquid_____
48. Se nota su aus_____
49. Ya llegó la mud_____
50. Tengo una tía gru_____ y ob_____

Calificación: _____ Revisó: _____

3.15 LOS DIMINUTIVOS

REGLA

Los diminutivos casi siempre van con c (cito y cillo: *camión - camioncito*). Sólo van con s (sito y sillo) cuando la raíz de la palabra lleva una s (*casa - casita*).

EJERCICIO

Completa las siguientes palabras y oraciones con la forma correcta

EJEMPLO 1:   Me___a   Esta me___ita está muy chica.

Mesa   Esta me<u>s</u>ita está muy chica.

EJEMPLO 2:   Gar_a   Esa gar_ita está muy blanca.

Gar<u>z</u>a   Esa gar<u>c</u>ita está muy blanca.

Valor: 4 puntos cada una

1. Ta__a   ¡Qué ta__ita tan pequeña!

2. Ca__a   ¡Qué ca__ita tan pequeña!

3. Peda__o   Es un peda__ito de pastel.

4. Avión   Es un avion__ito de juguete.

5. Me__a   Es una me__ita.

6. Po__o   Hizo un po__ito en la tierra.

7. Ratón   Mira ese raton__ito.

8. O__o   Es un o__ito de peluche.

9. Raí__   ¡Qué rai__itas tan pequeñas!

10. Lápi__   Pásame ese lapi__ito.

11. Luis   Háblale a Lui__ito.

12. Ramón   Háblale a Ramon__ito.

13. Carmen   Háblale a Carmen__ita.

14. Bol__a   Trae las dos bol__itas.

15. Mor__a   La morsa y la mor__ita.

16. Lombri__   La Lombri__ita café.

17. Ri__a   Soltó una ri__ita.

18. Jarrón   Rompió el jarron__ito.

19. Noche   ¡Qué noche__ita pasamos!

20. Piso   Compró un pi__ito muy bonito.

21. Fiesta   Mañana haremos otra fieste__ita.

22. Duende   El duende__illo travieso.

23. Sastre   El sastre__illo valiente.

24. Valle   El valle__illo dorado.

25. Blu__a   Ponte la blu__ita azul.

Calificación: _____   Revisó: _____

Si todavía tienes problemas con la <u>c</u>, la <u>z</u> y la <u>s</u>, te recomendamos revisar el capítulo en el que se estudian los homófonos en que intervienen estas letras.

CAPÍTULO 4

LA B Y LA V

El sonido be es causa de muchos problemas al escribir, ya que no sabemos si la palabra va con b o con v. En este capítulo estudiaremos las reglas básicas para escribir tanto la b como la v. Más adelante veremos algunos homófonos en los que intervienen estas dos letras.

La Real Academia es muy específica en cuanto a las normas para el uso de las letras b y v.

ORIENTACIONES DE LA **RAE** PARA EL USO DE LA LETRA B

Se escriben con *b*:

a) Los verbos terminados en –bir. Ejemplos: *escribir, recibir, sucumbir*. Excepciones en voces de uso actual: *hervir, servir, vivir* y sus compuesto.

b) Los verbos terminados en –buir. Ejemplos: *contribuir, atribuir, retribuir*.

c) Los verbos *deber, beber, caber, saber* y *haber*.

d) Las terminaciones –*aba*, -*abas*, -*ábamos*, -*abais*, -*aban* del pretérito imperfecto de indicativo (copretérito, en la terminología de Andrés Bello) de los verbos de la primera conjugación. Ejemplos: *cantaba, bajaba, amaban*.

e) El pretérito imperfecto de indicativo de *ir*: *iba, ibas*, etc.

f) Las palabras que empiezan por el elemento compositivo *biblio-* ('libro') o por las sílabas *bu-, bur-* y *bus-*. Ejemplos: *biblioteca, burla, burla, buscar*. Excepciones: *vudú* y sus derivados, además de otras voces caídas en desuso.

g) Las que empiezan por el elemento compositivo *bi-, bis- biz-* ('dos' o 'dos veces'). Ejemplos: *bipolar, bisnieto, bizcocho*.

h) Las que contienen el elemento compositivo *bio-, -bio* ('vida'). Ejemplos: *biografía, biosfera, anaerobio, microbio*.

i) Las palabras compuestas cuyo primer elemento es *bien* o su forma latina *bene*. Ejemplos: *bienaventurado, bienvenido, beneplácito*.

j) Toda palabra en que el fonema labial sonoro precede a otra consonante o está en final de palabra. Ejemplos: *abdicación, abnegación, absolver, obtener, obvio, subvenir, amable, brazo, rob, nabab*. Excepciones: **ovni** y algunos términos desusados.

k) Las palabras acabadas en –bilidad. Ejemplos: *amabilidad, habilidad, posibilidad*. Excepciones: *movilidad, civilidad* y sus compuestos.

l) Las acabadas en –bundo y –bunda. Ejemplos: tremebundo, vagabundo, abunda (RAE, 1999: 6).

Se escriben con *v*:

ORIENTACIONES DE LA **RAE** PARA EL USO DE LA LETRA V

a) Las palabras en las que la sílaba *ad-, sub-* y *ob-* preceden al fonema labial sonoro. Ejemplos: *adviento, subvención, obvio*.

b) Las palabras que empiezan por *eva-, eve-, evi-* y *evo-*. Ejemplos: *evasión, eventual, evitar, evolución*. Excepciones: *ébano* y sus derivados, *ebionita, ebonita* y *eborario*.

c) Las que empiezan por el elemento compositivo *vice-, viz-* o *vi-* ('en lugar de'). Ejemplos: *vicealmirante, vizconde, virrey*.

d) Los adjetivos llanos terminados en *-avo,- ava, -eva, -eve, -ivo, -iva*. Ejemplos: *esclavo, octavo, longevo, nueva, aleve, decisiva, activo*. Excepciones: *suabo* y *mancebo*.

e) Las voces llanas de uso general terminadas en *-viro, -vira*, como *decenviro, Elvira, triunviro*, y las esdrújulas terminadas en *-ívoro, -ívora*, como *carnívoro, herbívoro, insectívoro*. Excepción: *víbora*.

f) Los verbos acabados en *-olver*. Ejemplo: *absolver, disolver, volver*.

g) Los presentes de indicativo, imperativo y subjuntivo del verbo *ir*. Ejemplos: *voy, ve, vaya*.

h) El pretérito perfecto simple de indicativo (o pretérito, según Bello) y el pretérito imperfecto (pretérito) y futuro de subjetivo de los verbos *estar, andar, tener* y sus compuestos. Ejemplos: *estuvo, estuviéramos, estuviere, anduve, desanduvo, desanduviere; tuviste, retuvo, sostuviera, contuviese, mantuviere* (RAE, 1999: 6-7).

Pasemos ahora a los ejercicios.

4.1 LA B ANTES DE CONSONANTE

REGLA

Antes de cualquier consonante se escribe b. **Ejemplos**: *subsidiar, absolver, obnubilar, sublimación, subcomisión, subrayar*.

En particular, siempre se escribe b en las combinaciones bra, bre, bri, bro, bru y en las combinaciones bla, ble, bli, blo y blu. **Ejemplos**: *palabra, sable*.

EJERCICIO

Algunas de las siguientes palabras están escritas correctamente, y otras no. Si consideras que la palabra está bien escrita, pon una señal de correcto (paloma) en el espacio de la derecha. Si crees que está mal escrita, escríbela correctamente.

EJEMPLO 1:   Abrir   ✔

EJEMPLO 2:   Covrar   Cobrar

Valor: 2 puntos cada una

1. Cubra	_____		2. Habla	_____	
3. Ruvro	_____		4. Suvsanar	_____	
5. Hombro	_____		6. Brinco	_____	
7 Blindado	_____		8. Blusa	_____	
9. Somvra	_____		10. Savle	_____	
11. Sobre	_____		12. Roble	_____	
13. Brazo	_____		14. Novle	_____	
15. Vronco	_____		16. Bruto	_____	

17. Blanco _____
18. Tavla _____
19. Avrir _____
20. Oblea _____
21. Cuvrir _____
22. Libro _____
23. Ovstáculo _____
24. Ruvro _____
25. Suvlimar _____
26. Covre _____
27. Amavle _____
28. Abra _____
29. Avrigo _____
30. Horrivle _____
31. Tratable _____
32. Potable _____
33. Covrador _____
34. Loavle _____
35. Lievre _____
36. Cantable _____
37. Hambre _____
38. Creíble _____
39. Calambre _____
40. Curable _____
41. Suvsistir _____
42. Cable _____
43. Costumbre _____
44. Suvlime _____
45. Brioso _____
46. Temible _____
47. Savroso _____
48. Ovligado _____
49. Abrochar _____
50. Público _____

Calificación: _____   Revisó: _____

4.2 LA B Y LA V EN LOS SONIDOS MB Y NV

REGLA

Después de m se escribe b, y después de n se escribe v, en las combinaciones mb y nv. **Ejemplos**: *ámbar, convivir.*

EJERCICIO

En las siguientes palabras incompletas, escribe mb o nv según creas correcto.

EJEMPLO 1:   Ca____iar   Cambiar

EJEMPLO 2:   E____iar   Enviar

Valor: 2 puntos cada una

1. Co____inar   2. Co____exo   3. Ro____o   4. Á____ar

5. A____os   6. Co____ite   7. Lu____re   8. Á____ito

9. Costu____re   10. Ru____o   11. Li____o   12. E____asar

13. Pela____re   14. Cha____a   15. Zo____i   16. I____asor

17. Cu____re   18. Ci____ra   19. Sie____ra 20. I____ento

21. A____erso
22. É____olo
23. Ru____a
24. E____onar

25. Tra____ía
26. I____erso
27. Ca____iar
28. Ha____re

29. E____iar
30. I____ocar
31. E____idia
32. A____iguo

33. Tu____a
34. No____re
35. Ma____o
36. Co____enio

37. Bo____a
38. Tu____ar
39. E____inar
40. Zu____ar

41. E____iciar
42. Co____icto
43. I____itar
44. Tro____a

45. Colo____ia
46. Co____ersar
47. E____ase
48. Ta____or

49. La ba____a
50. Co____idar

Calificación: _____ Revisó: _____

4.3 LA B: PREFIJOS EN ABO, ALB, BAR, BOR, BAT, BOT, CABAL, LAB

R E G L A

Se escribe b en las palabras que inician con los siguientes prefijos:

abo	Se exceptúa *avocar* (homófono de *abocar*). **Ejemplo**: *abogado*.
alb	Se exceptúan *Álvaro* y *alveolo*. **Ejemplo**: *albergue*.
bar	Se exceptúan *vara, varado, variar, várice, varicela, varilla, varios* y *varón*. **Ejemplo**: *bárbaro*.
bor	Se exceptúan *voraz, vórtice y vorágine*. **Ejemplo**: *borrar*.
bat	Se exceptúan *Vaticano, vaticinio y vatio*. **Ejemplo**: *batería*.
bot	Se exceptúa *voto*. **Ejemplo**: *botón*.
cabal	**Ejemplo**: *caballero*.
lab	Se exceptúan *lavar y lavanda*. **Ejemplo**: *laboral*.

E J E R C I C I O

Algunas de las siguientes palabras están escritas correctamente, y otras no. Si consideras que la palabra está bien escrita, pon una señal de correcto (paloma) en el espacio de la derecha. Si crees que está mal escrita, escríbela correctamente.

EJEMPLO 1:   Alveolo   ✔

EJEMPLO 2:   Alvacea   Albacea

Valor: 2 puntos cada una

1. Alvacea	_____	2. Várbaro	_____
3. Bordar	_____	4. Vaticinio	_____
5. Votana	_____	6. Cavallero	_____
7. Lavar	_____	8. Avofetear	_____
9. Albañil	_____	10. Baraja	_____
11. Vorrar	_____	12. Batalla	_____
13. Botánica	_____	14. Cavalgata	_____
15. Lávaro	_____	16. Abogado	_____
17. Alvatros	_____	18. Varato	_____
19. Vorrasca	_____	20. Vatazo	_____
21. Botella	_____	22. Cavallo	_____
23. Lavio	_____	24. Abolengo	_____
25. Alverca	_____	26. Varbacoa	_____
27. Borrego	_____	28. Vatería	_____
29. Votiquín	_____	30. Cavallerango	_____
31. Lavoral	_____	32. Avonar	_____
33. Albergar	_____	34. Barbón	_____
35. Vordón	_____	36. Batisfera	_____
37. Votón	_____	38. Cábala	_____
39. Lavoratorio	_____	40. Avordar	_____
41. Alvóndiga	_____	42. Varda	_____
43. Voruca	_____	44. Vatuta	_____
45. Votulismo	_____	46. Cavalgadura	_____
47. Lavorioso	_____	48. Avorigen	_____
49. Alvoroto	_____	50. Barricada	_____

Calificación: _____   Revisó: _____

4.4 LA B: PREFIJOS EN BIBLIO, BIEN, BIO, BENE, BU, BUR Y BUS

R E G L A

Se escribe b en las palabras que inician con los siguientes prefijos:

biblio	**Ejemplo**: *biblioteca*.
bien	**Ejemplo**: *bienvenido*.
bio	**Ejemplo**: *biografía*.
bene	**Ejemplo**: *beneplácito*.
bu	**Ejemplo**: *bula*.
bur	**Ejemplo**: *burla*.
bus	**Ejemplo**: *buscar*.

E J E R C I C I O

Algunas de las siguientes palabras están escritas correctamente, y otras no. Si consideras que la palabra está bien escrita, pon una señal de correcto (paloma) en el espacio de la derecha. Si crees que está mal escrita, escríbela correctamente.

EJEMPLO 1:   Bienvenido   ✔

EJEMPLO 2:   Vienvivir   Bienvivir

Valor: 2 puntos cada una

1. Biodinámica _____

2. Vienandante _____

3. Viblioteca _____

4. Benedictino _____

5. Burdo _____

6. Vuscar _____

7. Bucanero _____

8. Bioelemento _____

9. Vienaventurado _____

10. Bibliófilo _____

11. Benéfico _____

12. Vurbuja _____

13. Buscapiés _____

14. Vucear _____

15. Viografía _____

16. Bienestar _____

17. Bibliografía _____

18. Veneficencia _____

19. Burdel _____

20. Vuscapleitos _____

21. Buchaca _____

22. Biología _____

23. Vienhablado _____

24. Bibliómano _____

25. Beneficio _____

26. Vurgués _____

27. Vusto _____

28. Budista _____

29. Biombo _____

30. Vienhechor _____

31. Bibliotecario _____

32. Venemérito _____

33. Vurla _____

34. Búfalo _____

35. Vúsqueda _____

36. Biopsia _____

37. Bienintencionado _____

38. Vibliología _____

39. Beneplácito	_____	40. Burocracia	_____
41. Vufón	_____	42. Buitre	_____
43. Bioquímica	_____	44. Vienio	_____
45. Benefactor	_____	46. Venévolo	_____
47. Vurro	_____	48. Bujía	_____
49. Vulbo	_____	50. Bióxido	_____

Calificación: _____   Revisó: _____

4.5 LA B: PREFIJOS EN HAB, HEB, HIB, RAB, RIB, ROB, RUB, SAB Y SUB

REGLA

Se escribe b en las palabras que inician con los siguientes prefijos:

hab	**Ejemplo**: *habitar*.
heb	**Ejemplo**: *hebilla*.
hib	**Ejemplo**: *hibernar*.
rab	Se exceptúa *ravioles*. **Ejemplo**: *rabia*.
rib	Se exceptúan *rival y rivera* (homófono de *ribera*). **Ejemplo**: *ribete*.
rob	**Ejemplo**: *robot*.
rub	**Ejemplo**: *rubeola* o *rubéola*.
sab	Se exceptúa *savia* (homófono de *sabia*). **Ejemplo**: *sábado*.
sub	**Ejemplo**: *súbito*.

EJERCICIO

Algunas de las siguientes palabras están escritas correctamente, y otras no. Si consideras que la palabra está bien escrita, pon una señal de correcto (paloma) en el espacio de la derecha. Si crees que está mal escrita, escríbela correctamente.

EJEMPLO 1:   Haba   ✔

EJEMPLO 2:   Havilitar   Habilitar

Valor: 2 puntos cada una

1. Hevilla	_____	2. Ravino	_____
3. Robar	_____	4. Ruvio	_____
5. Savandija	_____	6. Suvdesarrollo	_____
7. Suburbio	_____	8. Havas	_____
9. Hebra	_____	10. Rabo	_____

11. Rovle	_____	12. Ruvlo	_____	
13. Saver	_____	14. Suvjuntivo	_____	
15. Subversión	_____	16. Habanero	_____	
17. Hevreo	_____	18. Ravioso	_____	
19. Robot	_____	20. Ruborizar	_____	
21. Savático	_____	22. Suboficial	_____	
23. Suvespecie	_____	24. Havitante	_____	
25. Hivernar	_____	26. Ribal	_____	
27. Rovusto	_____	28. Rúvrica	_____	
29. Sabor	_____	30. Suvsecretario	_____	
31. Subproducto	_____	32. Havilitar	_____	
33. Hívrido	_____	34. Ravioles	_____	
35. Ruveola	_____	36. Sávado	_____	
37. Suvacuático	_____	38. Subsistema	_____	
39. Savotaje	_____	40. Havitual	_____	
41. Rávano	_____	42. Rivete	_____	
43. Rubí	_____	44. Sábana	_____	
45. Subalterno	_____	46. Suvyacente	_____	
47. Suvsidio	_____	48. Hávito	_____	
49. Ravia	_____	50. Rivonucleico	_____	

Calificación: _____   Revisó:_____

4.6 LA B: TERMINACIONES EN BILIDAD, BULA, BULO Y BUNDO

R E G L A

Se escribe b en las palabras que terminan con los siguientes sufijos:

bilidad	**Ejemplo**: *amabilidad.* **Excepciones**: *movilidad* y *civilidad.*
bulo	**Ejemplo**: *sonámbulo.* **Excepciones**: *párvulo* y *óvulo.*
bula	**Ejemplo**: *mandíbula.* **Excepción**: *válvula.*
bundo	**Ejemplos**: *tremebundo, vagabundo.*

EJERCICIO

En cada una de las oraciones siguientes se incluye una de las palabras explicadas en la regla. Algunas están bien escritas y otras están mal escritas. Si consideras que están bien escritas, déjalas como están, y pon una señal de correcto (paloma) en el espacio de la derecha. Si consideras que están mal escritas, escríbelas correctamente.

EJEMPLO 1:   Mostró gran amabilidad.   ✔

EJEMPLO 2:   No hay compativilidad.   compatibilidad

Valor: 4 puntos cada una

1. Parece que no existe governavilidad.   _____

2. No leí el preámbulo.   _____

3. Tiene gran durabilidad.   _____

4. Le rompieron la mandívula.   _____

5. Estaba muy meditavundo.   _____

6. Luis es sonámbulo.   _____

7. Lleva la contavilidad.   _____

8. En esta colonia no hay prostívulos.   _____

9. Este principio tiene aplicavilidad.   _____

10. Lo mandaron al patíbulo.   _____

11. Posee gran havilidad.   _____

12. Me gusta mucho esa fávula.   _____

13. ¡Demuestren civilidad! ¡Compórtense!   _____

14. Se descompuso la válbula.   _____

15. Cuando llegué, ya estaba moribundo.   _____

16. Ese perro es un vagavundo.   _____

17. Se le nota la culpavilidad.   _____

18. El niño ya entró a párbulos.   _____

19. Demostró disponibilidad para el trabajo.   _____

20. Yo deambulo por las calles.   _____

21. Tiene gran mobilidad.   _____

22. Se utilizaron dos óbulos.   _____

23. Cuando perdió, se puso furibundo.   _____

24. Se quedó en el vestívulo.   _____

25. Esta inversión es de gran rentavilidad.   _____

Calificación: _____   Revisó:_____

4.7 LA B: VOCABLOS CON BALL, BELL, BILL, BOLL, BOLA, BOLE, BOLI, CUB Y VERB

REGLA

Se escribe b en las palabras que incluyen alguno de los siguientes vocablos:

ball	Se exceptúa *valle*. **Ejemplo**: *ballena*.
bell	Se exceptúan *avellana* y *vello* (homófono de *bello*). **Ejemplo**: *belleza*.
bill	Se exceptúan *gavilla*, *villa* y *maravilla*. **Ejemplo**: *billete*.
boll	**Ejemplo**: *cebolla*.
bola	Se exceptúa *volar*. **Ejemplo**: *bolazo*.
bole	**Ejemplo**: *boleto*.
boli	Se exceptúa *volición*. **Ejemplo**: *bolillo*.
cub	**Ejemplo**: *cúbico*.
verb	**Ejemplo**: *proverbio*.

EJERCICIO

Algunas de las siguientes palabras están escritas correctamente, y otras no. Si consideras que la palabra está bien escrita, pon una señal de correcto (paloma) en el espacio de la derecha. Si crees que está mal escrita, escríbela correctamente.

EJEMPLO 1:   Cabello   ✔

EJEMPLO 2:   Descavellado   Descabellado

Valor: 2 puntos cada una

1. Vellaco
2. Billar
3. Anabólico
4. Vólido
5. Enarvolar
6. Concuvinato
7. Cubreasientos
8. Advervio
9. Verbo
10. Ballena
11. Velleza
12. Villete
13. Vola
14. Bolígrafo
15. Hipérvola
16. Cuvano
17. Descuvrir
18. Proverbio
19. Vervalizar
20. Vallenato
21. Bellota
22. Villón
23. Volero
24. Volillo
25. Metavolismo
26. Cubeta
27. Encuvrir
28. Vervena
29. Soverbia
30. Ballesta
31. Descavellado
32. Vollo
33. Volear
34. Bolívar

35. Parábola	_____	36. Cuvículo	_____
37. Incubadora	_____	38. Vervigracia	_____
39. Valle	_____	40. Ballet	_____
41. Pabellón	_____	42. Cevolla	_____
43. Boliche	_____	44. Diavólico	_____
45. Concuvina	_____	46. Cuvilete	_____
47. Recuvrimiento	_____	48. Verbal	_____
49. Avellana	_____	50. Vallenero	_____

Calificación: _____   Revisó:_____

4.8 VERBOS EN ABA

R E G L A

Los verbos de la primera conjugación (los que terminan en ar) construyen el tiempo copretérito (o pretérito imperfecto) con la terminación aba. **Ejemplos**: *amar – amaba, tomar – tomabas, cantar – cantábamos, robar – robaban.*

Los verbos terminados en er y en ir construyen el tiempo copretérito con la terminación ía. Ejemplos:*comer- comía, servir – servía.* Se exceptúa el verbo ir, cuyo copretérito es iba (*yo iba, tú ibas, el iba...*).

Algunos verbos terminados en var conjugan algunos de sus tiempos en ava. Por **ejemplo**, *él cava, ella lava.* Asimismo, algunas palabras que no son verbos también tienen terminaciones en ava (*la lava, la grava*) o en aba (*la guayaba, la aldaba*)

E J E R C I C I O

En cada una de las oraciones siguientes hay por lo menos una palabra que debe terminar en aba o en ava. Algunas están bien escritas y otras están mal escritas. Si consideras que están bien así, déjalas como están y pon una señal de correcto (paloma) en el espacio de la derecha. Si consideras que están mal escritas, corrígelas ahí mismo y pon una señal de incorrecto (tacha) en el espacio de la derecha.

EJEMPLO 1:   Luisa labava la ropa.   ✗

EJEMPLO 2:   Mientras Juan cantaba una canción.   ✔

Valor: 4 puntos cada una

1. El volcán arrojava mucha lava.   _____
2. No jugaba béisbol desde que estava en la escuela.   _____
3. Pedro siempre cantava cuando se bañaba.   _____
4. Silvia silvava siempre que caminaba.   _____
5. La esclaba lazaba los perros.   _____
6. Cuando limava los tubos, siempre dejaba revavas.   _____
7. La lava bajava por la ladera del volcán.   _____
8. Juan toreaba a la vaca más braba.   _____

9. Esa guayava estaba muy ácida. _____

10. No me gustaba el lugar donde trabajava. _____

11. Lupe cantaba una octaba más arriba. _____

12. Cuando yo jugava, siempre ganávamos. _____

13. Siempre tratava de quedar bien. _____

14. Cuando nevava o helaba, no podíamos salir. _____

15. Yo nunca hiba solo al cine, siempre iva con alguien. _____

16. Cuando usaba esos zapatos, se me hinchavan los pies. _____

17. Si me portava bien, me premiaban. _____

18. Pero si gritaba muy fuerte, me regañavan. _____

19. Cuando estudiava, me levantava muy temprano. _____

20. Yo también, porque me transportaba en camión. _____

21. A mí siempre me llevava mi hermano. _____

22. Si me despertava tarde, me dejaba. _____

23. Si llegaba tarde, no me dejavan entrar. _____

24. Ya nos ivamos, pero nos tuvimos que regresar _____

25. Cuando estudiava allá, siempre me iva en camión _____

Calificación: _____   Revisó:_____

4.9 ESTUVE, TUVE Y ANDUVE

R E G L A

Estar, tener y *andar* son verbos irregulares que en el tiempo pretérito (o pasado) incorporan una v. Para recordar esta regla, existe la siguiente rima: *Estuve, tuve y anduve, no hay v si al presente sube.* Los derivados del verbo *tener* (*mantener, contener, retener, detener, sostener, obtener, abstener, atener, entretener*) se conjugan como éste, es decir, con v en el tiempo pretérito.

Por otro lado, en el tiempo copretérito (o pretérito imperfecto) los verbos *estar* y *andar* incorporan una b: *yo estaba, yo andaba.* El copretérito de *tener* es *tenía*.

ESTAR		TENER		ANDAR	
Pretérito	Copretérito	Pretérito	Copretérito	Pretérito	Copretérito
Estuve	Estaba	Tuve	Tenía	Anduve	Andaba
Estuviste	Estabas	Tuviste	Tenías	Anduviste	Andabas
Estuvo	Estaba	Tuvo	Tenía	Anduvo	Andaba
Estuvimos	Estábamos	Tuvimos	Teníamos	Anduvimos	Andábamos
Estuvisteis	Estabais	Tuvisteis	Teníais	Anduvisteis	Andabais
Estuvieron	Estaban	Tuvieron	Tenían	Anduvieron	Andaban

EJERCICIO

En cada una de las oraciones siguientes se incluye una de las palabras explicadas en la regla. Algunas de ellas están bien escritas (con b o con v, según al caso) y otras están mal escritas (con b o con v, según el caso). Si consideras que están bien así, déjalas como están y pon una señal de correcto (paloma) en el espacio de la derecha. Si consideras que están mal escritas, corrígelas ahí mismo y pon una señal de incorrecto (tacha) en el espacio de la derecha.

EJEMPLO: El libro estaba donde me dijiste.   ✔

                No tube que buscarlo mucho.   ✗

Valor: 4 puntos cada una

1. Yo no estava en la ciudad cuando pasaron esa película.   _____

2. ¿Dónde estabas?   _____

3. Estube tres días en México y luego me fui a Cuernavaca.   _____

4. Cuando tú estabas en Cuernavaca, yo andava en Querétaro.   _____

5. Mi perra tubo cuatro perritos, pero uno se murió.   _____

6. La canción dice: "Yo te tube, te mantuve, y te tube y te di".   _____

7. Cuando estava más chico, me gustaba andar en bici.   _____

8. De chico yo andava en triciclo.   _____

9. Yo tube una bici, pero la tuve que vender.   _____

10. La otra canción dice: "Cuando andávamos cortando rábanos..."   _____

11. Nosotros estávamos cortando manzanas.   _____

12. Cuando estubimos en México, andábamos a pie.   _____

13. Para pasar la materia, tubieron que estudiar mucho.   _____

14. Nosotros no tuvimos que estudiar nada, nos exentaron.   _____

15. Lupe mantubo tres perritos desde que nacieron.   _____

16. Cuando crecieron, sólo retuvo uno de ellos.   _____

17. A pesar de las críticas, Pedro sostubo su punto de vista.   _____

18. Juan obtuvo el trabajo gracias a su formación.   _____

19. Nos entretubimos jugando a las escondidas.   _____

20. ¿Por qué te abstuviste de votar?   _____

21. Luis se portó mal y se atubo a las consecuencias.   _____

22. Todos estubieron muy contentos en la fiesta.   _____

23. Estavan felices cuando anduvieron por acá.   _____

24. Arturo me detuvo cuando me iba a caer.   _____

25. Tubimos suerte, porque el profesor estaba distraído.   _____

Calificación: _____   Revisó: _____

4.10 LA B EN OTROS VERBOS

REGLA

Se escriben con b los verbos terminados en <u>bir</u> y sus derivados.
Ejemplos: *escribir, yo escribí, él escribió.*
Excepciones: *hervir, servir* y *vivir* y sus derivados.
Se escriben con <u>b</u> los verbos terminados en <u>buir</u> y sus derivados.
Ejemplos: *contribuir, yo contribuyo, yo contribuí.*
Se escriben con *b* los verbos *deber, beber, caber, saber* y *haber*, y sus derivados.
Ejemplos: *yo debo, yo bebí, él sabía.*

EJERCICIO

En cada una de las oraciones siguientes se incluye una de las palabras explicadas en la regla. Algunas están bien escritas y otras están mal escritas. Si consideras que están bien escritas, déjalas como están, y pon una señal de correcto (paloma) en el espacio de la derecha. Si consideras que están mal escritas, escríbelas correctamente.

EJEMPLO 1:   Ya trascribí el artículo.   ✔

EJEMPLO 2:   Me prohivieron ir al cine.   <u>prohibieron</u>

Valor: 4 puntos cada una

1. ¿A quién se le atribuye este poema?   _____
2. Vamos a escrivir el mensaje.   _____
3. No deves hacer eso.   _____
4. Mi mamá ya sirvió la comida.   _____
5. Ya me beví el vaso de leche.   _____
6. Me voy a inscrivir al curso.   _____
7. El libro ya no cabe en el librero.   _____
8. ¿Qué película van a exhivir?   _____
9. Juan no sabe la respuesta.   _____
10. Yo ya contrivuí para la fiesta.   _____
11. No debo ninguna tarea.   _____
12. No alcanzo a percivir ningún sonido.   _____
13. Me castigaron por haber llegado tarde.   _____
14. Acabo de recivir una mala noticia.   _____
15. No hemos bevido agua en tres horas.   _____
16. Vamos a distribuir las despensas.   _____
17. No cavemos todos en el carro.   _____
18. Va a sucumvir ante los ataques.   _____
19. Yo no sabía cuándo iban a llegar.   _____
20. Creo que esto no te va a incunvir.   _____
21. La vida siempre te retribuye tus acciones.   _____
22. Debo transcrivir estas notas.   _____

23. Todavía no habían acabado cuando me fui. _____

24. No te dejes inhivir. _____

25. Hay que dejarse imbuir por el sentimiento. _____

Calificación: _____ Revisó:_____

4.11 PALABRAS CON BI Y VI

R E G L A

Hay algunas palabras que empiezan con bi y otras que empiezan con vi.

Se escriben con b en los siguientes casos:

- Cuando el prefijo bi significa dos, dos veces, doble.
  Ejemplo: *bimotor*, de dos motores.

- Cuando el prefijo bio significa vida.
  Ejemplo: *biodiversidad*, diversidad de vida.

- Cuando el prefijo bien (ben, bene, bon) significa bien, bondad, bueno.
  Ejemplo: *bienestar*.

- Cuando el prefijo biblio significa libro.
  Ejemplos: *Biblia, biblioteca*.

En cambio, se escriben con v cuando el prefijo vi, viz, vice significa subordinación, que actúa en lugar de. **Ejemplos**: *virrey, vicepresidente, vizconde*.

Otras palabras pueden empezar con bi o con vi sin seguir estas reglas. Las debes aprender de memoria.

E J E R C I C I O

Completa las siguientes palabras y oraciones con bi o con vi según creas correcto.

EJEMPLO: ___mestre.   El ___mestre termina en Marzo.

             Bimestre.   El bimestre termina en Marzo.

Valor: 4 puntos cada una

1. _____ípedo.   El mono y el hombre son _____ípedos.
2. _____rrey.   El _____rrey de la Nueva España.
3. _____cicleta.   Las _____cicletas no contaminan.
4. _____cio.   Fumar es un _____icio.
5. _____imembre.   _____imembre significa que tiene 2 miembros.
6. _____ital.   El agua es un líquido _____ital.
7. _____ifocal.   Mi papá usa lentes _____focales.
8. _____tral.   El _____itral de la iglesia.
9. _____imotor.   Me fui en un avión _____imotor.
10. _____olencia.   Luis es muy _____olento.

11. _____opsia.   Le hicieron una _____opsia.

12. _____sturí.   El _____sturí está muy filoso.

13. _____lingüe.   El diccionario es _____lingüe.

14. _____ctoria.   La _____ctoria es nuestra.

15. _____anual.   El congreso es _____anual.

16. _____omedicina.   Se especializó en _____omedicina.

17. _____mensual.   Tenemos una junta _____mensual.

18. _____gencia.   El permiso aún está _____gente.

19. _____odegradable.   Este detergente es _____odegradable.

20. _____lateral.   Es un espejo _____lateral.

21. _____l.   Arturo es una persona _____l.

22. _____oquímica.   Tenemos clase de _____oquímica.

23. _____tácora.   El piloto lleva su _____tácora.

24. _____no.   _____sitamos la Compañía ___nícola.

25. _____ósfera.   La _____ósfera es donde existe vida.

Calificación: _____   Revisó:_____

4.12 LA V: PREFIJOS EN ADV, EVA, EVE, EVI, EVO Y VEN

R E G L A

Se escribe v en las palabras que inician con los siguientes prefijos:

adv	**Ejemplo**: *advenedizo*.
eva	Se exceptúa *ébano* y sus derivados. **Ejemplo:** *evacuación*.
eve	**Ejemplo**: *evento*.
evi	**Ejemplo**: *evidencia*.
evo	**Ejemplo**: *evocar*.
ven	Siempre que el prefijo no signifique bien, bueno, bondadoso. **Ejemplo**: *venerar*, *ventisca*.

E J E R C I C I O

En cada una de las oraciones siguientes se incluye una de las palabras explicadas en la regla. Algunas están bien escritas y otras están mal escritas. Si consideras que están bien escritas, déjalas como están, y pon una señal de correcto (paloma) en el espacio de la derecha. Si consideras que están mal escritas, escríbelas correctamente.

EJEMPLO 1:   Va a venir Juan.   ✔

EJEMPLO 2:   Esos hongos son benenosos.   <u>venenosos</u>

Valor: 4 puntos cada una

1. Ese fulano es un adbenedizo. _____
2. Ebelia y Camelia son buenas amigas. _____
3. Voy a bender mi aparato de música. _____
4. La ruta de ebacuación está claramente indicada. _____
5. Es evidente que no venía preparado. _____
6. Es un proceso ebolutivo. _____
7. Utiliza bien esos adbervios. _____
8. El ebento salió como lo esperábamos. _____
9. Dicen que la benganza es dulce. _____
10. Debemos evaluar el proyecto. _____
11. Debemos ebitar cualquier error. _____
12. Dice que va a ebocar a los espíritus. _____
13. Nunca menosprecies a tus adversarios. _____
14. Es un trabajador ebentual, no es de planta. _____
15. Pagué el recibo antes de su vencimiento. _____
16. El agua se ebaporó por completo. _____
17. Ese accidente era ebitable. _____
18. Es algo digno de beneración. _____
19. Fue un resultado adberso para todos. _____
20. No existe ninguna evidencia en contra. _____
21. Me van a cambiar el bendaje. _____
22. No respondió, salió con puras ebasivas. _____
23. Yo creo en la ebolución de las especies. _____
24. Es un aparato para la bentilación. _____
25. Ya te lo adbertí muchas veces. _____

Calificación: _____ Revisó:_____

4.13 LA V: SUFIJOS EN AVO, AVA, IVO, IVA Y VORO

R E G L A

Se escribe v en las palabras que terminan con los siguientes sufijos:

avo, ava	Se utiliza en los números partitivos. **Ejemplo**: *octavo, octava*.
ivo, iva	Se exceptúan *estribo, recibo, iba, amiba, ceiba, criba y jaiba*. **Ejemplo**: *corrosivo, corrosiva*.
voro	Qué significa comer, que se alimenta de... **Ejemplo**: *herbívoro*.

┌─ **E J E R C I C I O** ─────────────────────────────────┐

En cada una de las oraciones siguientes se incluye una de las palabras explicadas en la regla. Algunas están bien escritas y otras están mal escritas. Si consideras que están bien escritas, déjalas como están, y pon una señal de correcto (paloma) en el espacio de la derecha. Si consideras que están mal escritas, escríbelas correctamente.

EJEMPLO 1:   Firmaron el acta constitutiva.   ✔

EJEMPLO 2:   Lo tuvieron cautibo una semana.   cautivo

└───┘

Valor: 4 puntos cada una

1. Me tocó un dieciochoabo.   _____

2. Se puso a la defensiva.   _____

3. Es un animal insectíboro.   _____

4. Es un pronombre acusatibo.   _____

5. Mi respuesta es definitiba.   _____

6. Me dijo que es hijo adoptivo.   _____

7. Ésa es una quinceava parte.   _____

8. Es una persona muy negatiba.   _____

9. Yo soy omnívoro, como de todo.   _____

10. Es una persona muy aprehensiva.   _____

11. Esa ley no tienen carácter retroactivo.   _____

12. Se trata de números consecutibos.   _____

13. Me encontré una moneda de cinco centabos.   _____

14. Me entregaron un distintibo.   _____

15. La vaca es un animal herbíboro.   _____

16. Juan es muy comunicatibo.   _____

17. Estoy en un momento reflexibo.   _____

18. Ya atraparon al fugitivo.   _____

19. Un veinteavo es la vigésima parte de algo.   _____

20. Esta narración es muy descriptiba.   _____

21. Las gallinas son graníboras, comen granos.   _____

22. Se trata de un evento educatibo.   _____

23. Tiene un significado peyoratibo.   _____

24. Es una persona muy cooperatiba.   _____

25. No se dice "quinceavo" lugar, sino decimoquinto lugar.   _____

Calificación: _____   Revisó:_____

4.14 LA V: VOCABLOS CON CLAV, DIV, OLV, VER, VERS, VERTIR, VEST, VÍA Y VOZ

R E G L A

Se escribe v en las palabras que incluyen alguno de los siguientes vocablos:

clav	**Ejemplo**: *enclavar*.
div	Se exceptúan **mandíbula** y **dibujo**. **Ejemplo**: *adivinanza*.
olv	**Ejemplo**: *polvo*.
ver	Cuando proviene de *verdad*. **Ejemplo**: *veracidad*.
vers	**Ejemplo**: *diversidad*.
vertir	**Ejemplo**: *convertir*.
vest	Cuando proviene de *vestir*. **Ejemplo**: *desvestir*.
via	**Ejemplo**: *extraviar*.
voz, voc	Cuando proviene de *voz*. **Ejemplo**: *vocero*.

E J E R C I C I O

En cada una de las oraciones siguientes se incluye una de las palabras explicadas en la regla. Algunas están bien escritas y otras están mal escritas. Si consideras que están bien escritas, déjalas como están, y pon una señal de correcto (paloma) en el espacio de la derecha. Si consideras que están mal escritas, escríbelas correctamente.

EJEMPLO 1:   El mensaje está en clave.   ✔

EJEMPLO 2:   Voy a clabar este clavo.   clavar

Valor: 4 puntos cada una

 1. Se aventó de clabado a la alberca.   _____
 2. Es una melodía inolbidable.   _____
 3. Se trata de cosas dibersas.   _____
 4. Nos encargó un trabajo indibidual.   _____
 5. Debemos decir las cosas con beracidad.   _____
 6. Sigue el camino, no te vayas a desbiar.   _____
 7. Se puso un clavel en la solapa.   _____
 8. Debemos rsolber este problema.   _____
 9. Traza una línea trasversal.   _____
10. Este número es indibisible.   _____
11. Se trata de una historia verídica.   _____
12. Me parece que está extraviado.   _____
13. Es un esclabo del trabajo.   _____
14. Se considera una persona solbente.   _____
15. Tiene un vestuario muy diberso.   _____
16. El curso estuvo muy divertido.   _____
17. Debemos berificar la verdad de este enunciado.   _____
18. Se escuchó el anuncio por el altaboz.   _____

19. El pueblo está enclabado en un valle. _____

20. No puedo disolver esta sustancia. _____

21. Dejó el vestido en el bestíbulo. _____

22. El mueble se llenó de polbo. _____

23. Es un adbersario digno. _____

24. Es el bocero del presidente. _____

25. Dice que es un adivino. _____

Calificación: _____ Revisó:_____

Si todavía tienes problemas con la b y la v, te recomendamos revisar el capítulo en el que se estudian los homófonos en que intervienen estas letras.

C A P Í T U L O 5

LA H

La h, por ser una letra muda, origina muchos problemas al escribir. Cuando se conoce el origen etimológico de las palabras, es más sencillo discernir cuándo poner la h y cuándo no.

Además de esta observación histórica, la Real Academia nos proporciona algunas orientaciones sobre la escritura de la letra h.

ORIENTACIONES DE LA ┤R A E├ OBSERVACIÓN HISTÓRICA SOBRE LA LETRA H

La ortografía española no ha seguido pautas fijas en cuanto a la conservación o supresión de la letra *h*.

La mantuvo, por regla general, en aquellas voces que tenían en su origen *h* latina, espíritu áspero griego o aspiración germánica o árabe. Este es el caso, por ejemplo, de *haber, habilitar, hebreo, herencia, hirsuto, hombre, hombro, honestidad, honor, horror, hoy, humilde, humor*, procedentes del latín; *hélice, helio, hedonista*, del griego; *hansa*, del alemán; *hálara, harén, alhaja, hasta*, del árabe. También aparece la *h* en palabras procedentes de lenguas amerindias, como *hamaca, hicaco, huasca*; o del inglés, como *hurra*.

Al contrario, el uso ha ido imponiendo en nuestra lengua la supresión de la *h* en palabras que originariamente la tenían. Así sucede, por ejemplo, con *aborrecer, asta* ('cuerno', 'mástil'...), *comprender, invierno, ora*, aunque procedan de las latinas *abhorrere, hasta, comprehendere, hibernum*; *endecasílabo*, aunque en griego tenía espíritu áspero; *ardido, arpa, alacena*, aunque las originarias voces germánicas y árabes comenzaran con aspiración, etcétera.

En otros casos, se mantiene la doble posibilidad de la escritura: *alhelí/alelí*; *armonía/harmonía*, *arpía/harpía*, etc. La Academia, con apoyo en los datos de sus archivos léxicos, prefiere, en los casos anteriores, la palabra que aparece en primer lugar de cada doblete, por ser más frecuente.

Un segundo grupo de palabras que hoy se escriben con *h* es el de aquellas que proceden de voces latinas con *f* inicial, como *haba, hacer, halcón, hambre, harina, haz, heder, heno, hermoso, hijo, hilo, hoja, hongo, humo, hundir* o *huso*, que provienen de las latinas *faba*(m), *facere, falcone*(m), etc., y que en castellano antiguo llevaban también *f*. Esta pasó después a ser aspirada y finalmente enmudeció, aunque la *h* actual mantenga testimonio escrito de ella (RAE, 1999: 11-12).

ORIENTACIONES DE LA **R A E** PARA EL USO DE LA LETRA H

Se escriben con *h*:

a) Las formas de los verbos *haber, hacer, hallar, hablar, habitar*. Ejemplos: *haga, hablemos, hablará*.

b) Como ya se advirtió, los compuestos y derivados de los vocablos que tengan esta letra. Ejemplos: *gentilhombre*, compuesto de *hombre*; *herbáceo*, derivado de *hierba*.

Acción e *ilación* se escriben sin *h* porque ni la primera viene de *hacer*, ni la segunda de *hilo* o de *hilar*. *Acción* era *actio* en latín, y proviene del supino *actum*, e *ilación* es la *illatio* latina, también procedente del supino *illatum*.

Las palabras *oquedad, orfandad, orfanato, osamenta, osario, óseo, oval, óvalo, ovario, oscense, oler*, etc., se escriben sin *h* porque no la tienen en su origen. *Hueco, huérfano, hueso, huevo, Huesca, huelo* la llevan por comenzar con el diptongo *ue*, según la regla ortográfica siguiente.

c) Las palabras de uso actual que empiezan por los diptongos *ia, ie, ue* y *ui*. Ejemplos: *hiato, hiena, huele, huidizo*. Excepción: *iatrogénico* (RAE, 1999: 12).

Pasemos ahora a los ejercicios.

5.1 LA H EN LOS VERBOS

R E G L A

En español, muchas palabras se escriben con h; y aunque la h es muda (es decir, no se pronuncia), hay que escribirla cuando se deba.

Todos los verbos que llevan h, ya sea al inicio o internamente, la conservan en todos sus tiempos y en todos sus derivados. **Ejemplos**: *haber, hallar, hablar, habitar, hacer, hice, haré, deshacer, rehacer, deshecho*.

E J E R C I C I O

La mayor parte de las siguientes palabras deben llevar h (algunas no). Aquí las hemos escrito todas sin h. Vuélvelas a escribir en el espacio de la derecha, poniéndoles la h cuando consideres que deben llevarla.

EJEMPLO 1:	Urtar	Hurtar
EJEMPLO 2:	Hornear	Hornear

Valor: 2 puntos cada una

1. Desabitar	_____		2. Auyentar	_____
3. Abitación	_____		4. Anelar	_____
5. Avisar	_____		6. Abía	_____
7. Emos	_____		8. Abrá	_____
9. Abremos	_____		10. Abrimos	_____
11. Ubo	_____		12. Ice	_____
13. Asia	_____		14. Acía	_____
15. Arar	_____		16. Artarse	_____
17. Onrar	_____		18. Desonrar	_____

19. Agamos	_____	20. Ornear	_____
21. Coibir	_____	22. Umanizar	_____
23. Ipotecar	_____	24. Usmear	_____
25. Desabilitar	_____	26. Ermosear	_____
27. Auecar	_____	28. Reacer	_____
29. Inchado	_____	30. Incado	_____
31. Inibir	_____	32. Aorrar	_____
33. Desacer	_____	34. Amar	_____
35. Desinibir	_____	36. Allar	_____
37. Ago	_____	38. Iede	_____
39. Desarmar	_____	40. Uele	_____
41. Exibir	_____	42. Iere	_____
43. Alagar	_____	44. Erir	_____
45. Auecar	_____	46. Ervir	_____
47. Proibir	_____	48. Emos	_____
49. Ornear	_____	50. Ospedar	_____

Calificación: _____   Revisó:_____

5.2 PALABRAS QUE EMPIEZAN CON HUA, HUE, HUI Y HIE

REGLA

Todas las palabras que inician con hua, hue, hui, hie van con h.
Ejemplos: *huarache, hueso, huir, hielo*.
Si al interior de una palabra los diptongos ua, ue, ui, ie inician una sílaba y van antecedidos por una vocal, también llevan h.
Ejemplos: *Chi-hua-hua, a-hue-car, re-huir*.
Cuando el verbo *oler* cambia el sonido o por el sonido hue, va con h.
Ejemplos: *oler, yo huelo, tú hueles, nosotros olemos*.
Cuando los derivados de las palabras *hierba, hierva* y *hielo* cambian el sonido hie por el sonido e, siguen conservando la h.
Ejemplos: *herbívoro, hervimos, helado*.

EJERCICIO

La mayoría de las siguientes palabras deben llevar h (algunas de ellas no). Aquí las hemos escrito todas sin h. Vuélvelas a escribir en el espacio de la derecha, poniéndoles la h cuando consideres que deben llevarla.

EJEMPLO 1:   Ueso   Hueso

EJEMPLO 2:   Abuelo   Abuelo

Valor: 2 puntos cada una

1. Uapango _____	2. Coauila _____
3. Abitación _____	4. Erbívoro _____
5. Carnívoro _____	6. Anáuac _____
7. Ueso _____	8. Desuesar _____
9. Uasteca _____	10. Desielo _____
11. Uipil _____	12. Caliente _____
13. Ielera _____	14. Cacauate _____
15. Uidizo _____	16. Chiquiuite _____
17. Chiuauua _____	18. Aueca _____
19. Coauila _____	20. Iena _____
21. Ierbabuena _____	22. Iedra _____
23. Uachinango _____	24. Ielo _____
25. Erbolario _____	26. Uerta _____
27. Muelan _____	28. Uevo _____
29. Uarache _____	30. Uésped _____
31. Uérfano _____	32. Aguacate _____
33. Teuantepec _____	34. Teuacán _____
35. Ueco _____	36. Uelga _____
37. Coauila _____	38. Iede _____
39. Iel _____	40. Uele _____
41. Oler _____	42. Iere _____
43. Teotiuacán _____	44. Cuitláuac _____
45. Ierro _____	46. Uella _____
47. Aueuete _____	48. Uelan _____
49. Ielo _____	50. Guerra _____

Calificación: _____   Revisó:_____

5.3 LA H EN LAS RAÍCES HEMA, HEMI, HEXA, HEPTA, HECTA, HELIO, HEPAT, HOST Y HOSP

R E G L A

Empiezan con h las palabras compuestas con las siguientes raíces griegas o latinas:

hema, hemo, hemato, que significa *sangre*.	**Ejemplo**: *hemofilia*.
hemi, que significa *medio* o *mitad*.	**Ejemplo**: *hemisferio*.
hexa, que significa *seis*.	**Ejemplo**: *hexaedro*. La Real Academia Español acepta que *exágono* y *exagonal* se puedan escribir sin h.

<u>hepta</u>, que significa *siete*.	**Ejemplo**: *heptaedro*.
<u>hecta</u>, que significa *cien*.	**Ejemplo**: *hectárea*.
<u>helio</u>, que significa *sol*.	**Ejemplo**: *heliotropo*.
<u>hepat</u>, que significa *hígado*.	**Ejemplo**: *hepatitis*.
<u>host</u>, que significa *extranjero* o *enemigo*.	**Ejemplo**: *hostilidad*.
<u>hosp</u>, que significa *huésped*.	**Ejemplo**: *hospedaje*.

E J E R C I C I O

La mayor parte de las siguientes palabras deben llevar <u>h</u> (algunas no). Aquí las hemos escrito todas sin <u>h</u>. Vuélvelas a escribir en el espacio de la derecha, poniéndoles la <u>h</u> cuando consideres que deben llevarla.

EJEMPLO 1:   Uésped   <u>Huésped</u>

EJEMPLO 2:   Hectárea   <u>Hectárea</u>

Valor: 2 puntos cada una

1. Ematoma		2. Emancipación	
3. Emiciclo		4. Exaedro	
5. Eptaedro		6. Elio	
7. Elioterapia		8. Ostelero	
9. Ospedaje		10. Emofilia	
11. Osteoporosis		12. Emicírculo	
13. Exagonal		14. Eptagonal	
15. Ectolitro		16. Eliotropismo	
17. Ostería		18. Ospedería	
19. Emocultivo		20. Ostra	
21. Emisferio		22. Exágono	
23. Eptágono		24. Ectogramo	
25. Epático		26. Ostilidad	
27. Ospital		28. Emorragia	
29. Oscuro		30. Emipléjico	
31. Exápodo		32. Eptámetro	
33. Ectómetro		34. Epatitis	
35. Ostigar		36. Ospedar	
37. Emorroides		38. Ectoparásito	
39. Emiciclo		40. Exasílabo	
41. Reptiles		42. Eliocéntrico	

43. Epatología	_____	44. Ostil	_____
45. Ospitalizar	_____	46. Emoglobina	_____
47. Ósmosis	_____	48. Emirato	_____
49. Exalmirante	_____	50. Eliotropo	_____

Calificación: _____   Revisó:_____

5.4 LA H EN LAS RAÍCES HOMO, HOM, HETERO, HIPNO, HIPER, HIPO, HIP, HERR, HORR E HIDRO

REGLA

Empiezan con h las palabras compuestas con las siguientes raíces griegas o latinas:

homo, que significa *igual, semejante*.	**Ejemplo**: *homófono*.
hom, que significa *hombre*.	**Ejemplo**: *homicidio*.
hetero, que significa *diferente*.	**Ejemplo**: *heterogéneo*.
hipno, que significa *sueño*.	**Ejemplo**: *hipnosis*.
hiper, que significa *arriba, exceso de*.	**Ejemplo**: *hipersensible*.
hipo, que significa *abajo, por abajo*.	**Ejemplo**: *hipotermia*.
hip o hipo, que significa *caballo*.	**Ejemplo**: *hipismo*.
herr, que significa *hierro*.	**Ejemplo**: *herrar*.
horr, que significa *erizado, espantarse*.	**Ejemplo**: *horror*.
hidro, que significa *agua*.	**Ejemplo**: *hidroterapia*.

EJERCICIO

La mayor parte de las siguientes palabras deben llevar h (algunas no). Aquí las hemos escrito todas sin h. Vuélvelas a escribir en el espacio de la derecha, poniéndoles la h cuando consideres que deben llevarla.

EJEMPLO 1:   Idroeléctrico   Hidroeléctrico

EJEMPLO 2:   Imaginación   Imaginación

Valor: 2 puntos cada una

1. Omófono	_____	2. Ombre	_____
3. Abitación	_____	4. Ambre	_____
5. Eterodoxo	_____	6. Hipnotismo	_____
7. Iperacidez	_____	8. Erraje	_____
9. Orrible	_____	10. Idroterapia	_____

11. Omogéneo	_____	12. Omicida	_____
13. Ipodérmica	_____	14. Eterogeneidad	_____
15. Ipnotizador	_____	16. Ipérbaton	_____
17. Erramienta	_____	18. Orrendo	_____
19. Idrostático	_____	20. Omologar	_____
21. Omínido	_____	22. Ipotecar	_____
23. Eterosexual	_____	24. Ipnotizar	_____
25. Ipertenso	_____	26. Errero	_____
27. Orror	_____	28. Idropesía	_____
29. Omónimo	_____	30. Ombrada	_____
31. Idráulica	_____	32. Eterónimo	_____
33. Ipótesis	_____	34. Iperintensidad	_____
35. Ipocampo	_____	36. Orripilante	_____
37. Idrofobia	_____	38. Omosexual	_____
39. Omicidio	_____	40. Ipnosis	_____
41. Desidratar	_____	42. Ipotálamo	_____
43. Ipertrofia	_____	44. Ipopótamo	_____
45. Errar	_____	46. Idrómetro	_____
47. Omólogo	_____	48. Ombría	_____
49. Ipnótico	_____	50. Ipocentro	_____

Calificación: _____   Revisó:_____

5.5 LA <u>H</u> EN LAS INTERJECCIONES

R E G L A

Las interjecciones constituyen una clase de palabras que expresan alguna impresión súbita o un sentimiento como asombro, sorpresa, dolor, molestia o amor. También sirven para dirigirse al interlocutor o como fórmula de saludo. Las interjecciones van entre signos de admiración o exclamación (¡!). Conviene aclarar que los signos de admiración se utilizan en las frases exclamativas, aunque éstas no contengan alguna interjección. **Ejemplo**: ¡Quién lo dijera!

Siempre llevan <u>h</u> las siguientes interjecciones: *¡ah!, ¡bah!, ¡eh!, ¡hola!, ¡oh!, ¡huy!, ¡uh!, ¡hum!* La interjección *¡uf!* puede ir con <u>h</u> o sin ella (*¡uf!, ¡huf!*). Hay otras interjecciones que no llevan <u>h</u>, como *¡újule!, ¡diantre!, ¡caracoles!, ¡caramba!, ¡ay!, ¡ojalá!*

E J E R C I C I O

La mayoría de las siguientes interjecciones deben llevar h (algunas de ellas no). Aquí las hemos escrito todas sin h. Vuélvelas a escribir en el espacio de la derecha, poniéndoles la h cuando consideres que deben llevarla.

EJEMPLO 1:   ¡Ola! ¡Buenos días!   ¡Hola! ¡Buenos días!

EJEMPLO 2:   ¡Ay, mis hijos!   ¡Ay mis hijos!

Valor: 4 puntos cada una

1. ¡A, cómo hablan! _____

2. ¿Tú lo hiciste? ¡Ba! ¡No me cuentes! _____

3. ¡E! ¡No hagas eso! _____

4. ¡Ola! ¿Cómo están? _____

5. ¡O! ¡No me digas! _____

6. ¡Uy, qué miedo! _____

7. ¡U, no! ¡Así no me dan ganas de ir! _____

8. ¡Um, no sé qué decir! _____

9. ¡A, qué bonito! _____

10. ¿Se enojó? ¡Ba! ¡Que se enoje lo que quiera! _____

11. ¡E, tú! ¿Vas a ir a la fiesta? _____

12. ¡Újule! No me invitaron. _____

13. ¡O! ¡Hay enchiladas para la cena! _____

14. ¡Uy! ¡Mira cómo tiemblo! _____

15. ¡U, qué chiste! ¡Así no se vale! _____

16. ¡Ay, me duele! _____

17. ¡A, qué malo estuvo eso! _____

18. Se siente el "rey" del mundo. ¡Ba! ¡Qué ridículo! _____

19. Ya no hagas esas bromas, ¡e! _____

20. ¡Ola! ¡Bonito día! _____

21. ¡O, no! ¡Ya se fueron! _____

22. ¡Uy, cómo me duele! _____

23. ¡U, qué chillón eres! _____

24. ¡Um! ¡No me digas! _____

25. ¡A, caramba! _____

Calificación: _____   Revisó:_____

Si todavía tienes problemas con la h, te recomendamos revisar el capítulo en el que se estudian los homófonos en que interviene esta letra.

CAPÍTULO 6

LA G Y LA J

Las letras g y j, cuando van delante de las vocales e, i, tienen un comportamiento parecido a las letras c y z: **se intercambian con mucha frecuencia**.

ANTES DE	LA C = (SONIDO FUERTE)	LA Z = (SONIDO DÉBIL)	LA J = (SONIDO FUERTE)	LA G = (SONIDO DÉBIL)
A	CA	ZA	JA	GA
O	CO	ZO	JO	GO
U	CU	ZU	JU	GU

Pero antes de	Puede ser (AMBAS CON SONIDO DÉBIL)	Puede ser (AMBAS CON SONIDO FUERTE)
E	CE	GE
	ZE	JE
I	CI	GI
	ZI	JI

SONIDOS DELANTE DE LAS VOCALES					
	A	E	I	O	U
FUERTE	KA CA	KE QUE	KI QUI	KO CO	KU CU
DÉBIL	ZA	CE ZE	CI ZI	ZO	ZU
	SA	SE	SI	SO	SU
FUERTE	JA	JE GE	JI GI	JO	JU
DÉBIL	GA	GUE GÜE	GUI GÜI	GO	GU

En su sonido débil, la g no presenta muchos problemas; es en su sonido fuerte (fricativo velar sordo) cuando se puede confundir con la j. Una forma de distinguir claramente cuándo escribir una u otra letra, es conociendo la **raíz etimológica** de la palabra.

OBSERVACIÓN HISTÓRICA DE LA **R A E** SOBRE LAS LETRAS G Y J

La confluencia de g y j para representar el fonema fricativo velar sordo ante las vocales e, i ha originado la frecuente vacilación ortográfica entre estas letras, porque imperó el criterio etimológico sobre el fónico. Así, se escribieron con g aquellas palabras que la tenían en latín, como *gemelo*, *ingerir* o *gigante*, que proceden de las latinas *gemellu(m)*, *ingerere* (= comer) y *gigante(m)*, y con j aquellas que no tenían g en su origen, como *mujer*, *injerir* (= inmiscuirse) o *jeringa*, procedentes de *muliere(m)*, *inserere* o *siringa(m)* (RAE, 1999: 10).

Además de esta observación histórica, la Real Academia nos proporciona algunas orientaciones sobre la escritura de las letras g y j.

ORIENTACIONES DE LA **RAE** PARA EL USO DE LA LETRA G

Se escriben con g:

a) Las palabras en que el fonema velar sonoro precede a cualquier consonante, pertenezca o no a la misma sílaba. Ejemplos: *glacial, grifo, dogmático, impregnar, maligno, repugnancia*.

b) Las palabras que empiezan por *gest-*. Ejemplos: *gesta, gestación, gestor*.

c) Las que empiezan por el elemento compositivo *geo-* ('tierra'). Ejemplos: *geógrafo, geometría, geodesia*.

d) Las que terminan en *-gélico, -genario, -géneo, -génico, -génito, -gesimal, -gésimo* y *-gético*. Ejemplos: *angélico, sexagenario, homogéneo, fotogénico, ingenio, primogénito, cuadragesimal, vigésimo, apologético*.

e) Las que terminan en *-giénico, -ginal, -gíneo, -ginoso* (excepto *aguajinoso*). Ejemplos: *higiénico, original, virgíneo, ferruginoso*.

f) Las que terminan en *-gia, -gio, -gión, -gional, -gionario, -gioso* y *-gírico*. Ejemplos: *magia, regia, frigia, liturgia, litigio, religión, regional, legionario, prodigioso, panegírico*. Excepciones: las voces que terminan en *-plejía* o *-plejia* (*apoplejía, paraplejia...*) y *ejión*.

g) Las que terminan en *-gente* y *-gencia*. Ejemplos: *vigente, exigente, regencia*. Excepción: *majencia*.

h) Las que terminan en *-ígeno, -ígena, -ígero, -ígera*. Ejemplos: *indígena, oxígeno, alígera, belígero*.

i) Las que terminan en *-logía, -gogia* o *-gogía*. Ejemplos: *teología, demagogia, pedagogía*.

j) Las que terminan en el elemento compositivo *–algia* ('dolor'). Ejemplos: *neuralgia, gastralgia, cefalalgia*.

k) Los verbos terminados en *-igerar, -ger* y *–gir* (*morigerar, proteger, fingir*) y las correspondientes formas de su conjugación, excepto en el caso de los sonidos *ja, jo*, que nunca se pueden representar con g: *protege, fingía*, pero *proteja, finjo*. Existen algunas excepciones, como *tejer, crujir* y sus derivados (RAE, 1999: 10-11).

ORIENTACIONES DE LA **RAE** PARA EL USO DE LA LETRA J

Se escriben con *j*:

a) Las palabras derivadas de voces que tienen j ante las vocales a, o, u. Así, cajero, cajita (de caja); lisonjear (de lisonja): cojear (de cojo); ojear (de ojo); rojear, rojizo (de rojo).

b) Las voces de uso actual que terminan en -aje, -eje. Ejemplos: coraje, hereje, garaje. Excepciones: ambages, enálage, hipálage.

c) Las que acaban en -jería. Ejemplos: cerrajería, consejería, extranjería.

d) Las formas verbales de los infinitivos que termina en -jar. Ejemplos: trabaje, trabajemos (de trabajar); empuje (de empujar). También las de los pocos verbos terminados en -jer y en -jir, como cruje (de crujir); teje (de tejer).

e) Los verbos terminados en -jear, así como sus correspondientes formas verbales. Ejemplos: canjear, homenajear, cojear. Excepción: aspergear.

f) El pretérito perfecto simple y el pretérito imperfecto y futuro de subjuntivo de los verbos traer, decir y sus derivados, y de los verbos terminados en -ducir. Ejemplos: traje (de traer); dije, dijera (de decir); predijéramos (de *predecir*); *adujera, adujeren* (de *aducir*) (RAE, 1999: 11).

Pasemos ahora a los ejercicios.

6.1 PALABRAS CON GE-GI-JE-JI

REGLA

Las palabras que en su origen o raíz se escriben con g, llevarán siempre g en las combinaciones ge y gi. Sin embargo, se escribirán con j en las combinaciones ja, jo y ju (ya que la g no tiene un sonido fuerte con esas vocales). **Ejemplos**: rugir: *el león ruge, quiero que ruja.*

Las palabras que en su origen o raíz se escriben con j, se escribirán siempre con j, tanto en las combinaciones je y ji, como en las combinaciones ja, jo y ju. **Ejemplos**: lijar: *yo lo lijé, él lo lijó.*

EJERCICIO

Completa con g o con j según creas correcto, tanto las palabras origen o raíz, como sus derivados.

EJEMPLO: Mo__ar.   Ya se mo__ó.   Quiero que se mo__e.

              Mo j ar   Ya se mo j ó   Quiero que se mo j e

Valor: 4 puntos cada una

1. Ra__ar.   Ya se ra__ó.   Quiero que se ra__e.
2. A__itar.   Yo la a__ité.   Vienes muy a__itado.
3. Ur__ir.   No me ur__e.   Quiero que le ur__a.
4. Ale__ar.   Ya se ale__ó.   Quiero que se ale__e.
5. Su__erir.   Es mi su__erencia.   Estás su__estionado.
6. Enco__er.   No se enco__e.   Quiero que se enco__a.
7. Ata__ar.   Yo lo ata__é.   El lo ata__ó.
8. Ca__a.   La ca__ita.   La ca__ota.
9. Ma__o.   Es má__ico.   La ma__ia.
10. Exi__ir.   Yo lo exi__o.   El lo exi__ió.
11. Estru__ar.   Yo la estru__é.   El la estru__a.
12. Ru__ir.   El león ru__e.   Quiero que ru__a.
13. Sumer__ir.   El se sumer__e.   El se sumer__ió.
14. Arro__ar.   Yo la arro__é.   El la arro__ó.
15. Ce__a.   La ce__ita.   La ce__ota.
16. Reco__er.   Yo la reco__í.   Quiero que la reco__a.
17. Sur__ir.   Sur__e un imprevisto.   No quiero que sur__a
18. Emer__er.   Que ya emer__a.   Es una emer__encia.
19. Alo__ar.   Yo ya me alo__é.   El ya se alo__ó.
20. Aco__er.   Buena aco__ida.   Quiero que la aco__a.
21. Nava__a.   La nava__ita.   La nava__ota.
22. Sonro__a.   Yo me sonro__é.   Ella se sonro__ó.
23. Esco__er.   Yo la esco__í.   Quiero que me esco__a.
24. Te__er.   El te__ido.   Quiero que te__a.
25. Empu__ar.   Yo la empu__é.   El me empu__ó.

Calificación: _____ Revisó: _____

6.2 PALABRAS CON GEST, GEO, GIÉNICO, GINAL, GÍNEO, GINOSO, GIA, GIO, GIÓN, GIONAL, GIONARIO, GIOSO Y GÍRICO

REGLA

Se escriben con g las palabras que empiezan por gest o por geo (*tierra*).
Ejemplos: *gestoría, geología*.
Se escriben con g las palabras que terminan con giénico, ginal, gíneo y ginoso.
Ejemplos: *higiénico, original, virgíneo, ferruginoso*.
Se **exceptúa** *aguajinoso*.
Se escriben con g las palabras que terminan con gia, gio, gión, gional, gionario, gioso y gírico.
Excepciones: *bujía, herejía, lejía, ejión* y las palabras que terminan con plejia o plejía. **Ejemplos**: *magia, plagio*.

EJERCICIO

En cada una de las oraciones siguientes se incluye una de las palabras explicadas en la regla. Algunas están bien escritas y otras están mal escritas. Si consideras que están bien, déjalas como están, y pon una señal de correcto (paloma) en el espacio de la derecha. Si consideras que están mal escritas, escríbelas correctamente.

EJEMPLO 1:   Me gusta le geometría   ✔

EJEMPLO 2:   A mí la jeología.   geología

Valor: 4 puntos cada una

1. El mundo antiguo era geocéntrico. _____
2. Vamos a gestionar mi inscripción. _____
3. Esa comida no es muy hijiénica. _____
4. Le dio una apoplegía. _____
5. Tiene un candor virgíneo o virjinal. _____
6. Es un producto oleajinoso. _____
7. Eso que dices es una heregía. _____
8. Un jestor me ayudó con el trámite. _____
9. Es un estudio geopolítico. _____
10. Perteneció a la lojia masónica. _____
11. Esos terrenos están en litijio. _____
12. Ésa no es mi religión. _____
13. Vamos a estudiar jeografía. _____
14. Es un proceso en gestación. _____
15. Es una oficina rejional. _____
16. Se fue de legionario. _____
17. Es una enfermedad contajiosa. _____
18. Terminó el discurso con un panegírico. _____
19. Esa liturjia es muy novedosa. _____

20. Fue un bello jesto. _____

21. El viaje fue vertijinoso. _____

22. Voy a estudiar antropología. _____

23. Le tuve que cambiar las bugías. _____

24. Se trata de un lenguaje jesticular. _____

Calificación: _____ Revisó:_____

6.3 LA G EN LAS TERMINACIONES GÉLICO, GENARIO, GÉNEO, GÉNICO, GENIO, GÉNITO, GESIMAL, GÉSIMO, GÉTICO, GENTE, GENCIA, ÍGENO, ÍGENA, ÍGERO, ÍGERA, LOGÍA, GOGIA, GOGÍA Y ALGIA

R E G L A

Se escriben con _g_ las palabras que terminan con gélico, genario, géneo, génico, genio, génito, gesimal, gésimo y gético.
Ejemplos: *evangélico, octogenario.*
Se escriben con _g_ las palabras que terminan con gente, gencia, ígeno, ígena, ígero, ígera, logía, gogia, gogía y algia.
Ejemplos: *vigente, regencia.* **Excepción**: *majencia.*

E J E R C I C I O

En cada una de las oraciones siguientes se incluye una de las palabras explicadas en la regla. Algunas están bien escritas y otras están mal escritas. Si consideras que están bien, déjalas como están, y pon una señal de correcto (paloma) en el espacio de la derecha. Si consideras que están mal escritas, escríbelas correctamente en el espacio de la derecha.

EJEMPLO 1: Fue un discurso apologético. _____✔_____

EJEMPLO 2: Juan estudió piscolojía. psicología

Valor: 4 puntos cada una

1. Pertenece a un grupo evanjélico. _____

2. Su papá es un octogenario. _____

3. El grupo es muy homojéneo. _____

4. Lupita es fotogénica. _____

5. Juan tiene mucho ingenio. _____

6. Yo soy el primojénito en mi familia. _____

7. El sistema vigesimal se basa en el número 20. _____

8. Llegué en el cuadrajésimo lugar. _____

9. Esta bebida es enerjética. _____

10. Es la historia de Fray Angélico. _____

11. Se trata de un defecto conjénito. _____

12. La norma está aún vigente. _____

13. ¿Cuál es la definición de rejencia? _____

14. Necesita más oxíjeno. _____

15. Visitamos un pueblo indígena. _____

16. Tomamos una clase de teolojía. _____

17. El discurso es pura demagogia. _____

18. Voy a estudiar Pedagojía. _____

19. La neuralgia es un dolor continuo. _____

20. Pedro es muy exijente. _____

21. Alígera significa que tiene alas. _____

22. Belíjero significa que es belicoso. _____

23. Tengo nostalgia de mi pueblo. _____

24. La cefalaljia es un dolor de cabeza. _____

25. Ese permiso ya perdió vijencia. _____

Calificación: _____ Revisó: _____

6.4 PALABRAS CON <u>GUE</u> Y <u>GUI</u>

R E G L A

En las sílabas _gue_ y _gui_, la <u>u</u> no se pronuncia. **Ejemplos**: *guerra, guitarra*. Si queremos indicar que la <u>u</u> se debe pronunciar, le tenemos que poner una diéresis (ü) a la <u>u</u>. **Ejemplos**: *pingüino, desagüe*.

E J E R C I C I O

En cada una de las siguientes oraciones hay una o varias palabras que llevan las sílabas _gue_ o _gui_. En algunas de ellas, la <u>u</u> no se pronuncia, y en otras sí. Estas últimas deben llevar diéresis en la <u>u</u> (ü), Coloca la diéresis sobre la <u>u</u> cuando creas que deba llevarla.

Valor: 4 puntos cada una

1. A Miguel le dicen "El Guero".

2. "La Guera" tiene cara de manguera.

3. En el agujero hay mucha aguita.

4. El pinguino se come un manguito.

5. Decir "alguien" implica mucha ambiguedad.

6. Tocó en la guitarra El pájaro choguí.

7. Se hizo un reguero en el desague.

8. Es muy antiguo. Tiene mucha antiguedad.

9. El águila es un ave de mal aguero.

10. Después de la guerra nos cayó el chaguistle.

11. Le dicen "el pigui" y es muy sanguinario.

12. Le entregué una ganancia muy pingue.

13. El guiso tiene pinguicas.

14. El Señor Arguello es una sanguijuela.

15. Coloca el paraguas en el paraguero.

16. "Los Gueros" hicieron mucha arguende.

17. El muy pedigueño quiere que le pague.

18. Es muy halagueño que la halagues.

19. Me quiso arguir que eso no era un ligue.

20. Whisky en español se debe escribir "guisqui"

21. Quiero que averigues quién sigue.

22. Ahora sigue Luis "el guicho".

23. Te pido que te santigues en la Iglesia.

24. Mague se puso el liguero.

25. No se dice "guey", se dice "buey".

Calificación: _____   Revisó:_____

6.5 LA J EN LAS TERMINACIONES AJE, EJE, JERO Y JERÍA

R E G L A

Se escriben con j las palabras que terminan con aje, eje, jero y jería.
Ejemplos: *equipaje, hereje, mensajero*.
Excepciones: *ambages, ligero* (y sus derivados), *exagero* (y sus derivados) y las palabras que terminan en ígero e ígera (como vimos en una regla anterior).

E J E R C I C I O

En cada una de las oraciones siguientes se incluye una de las palabras explicadas en la regla. Algunas están bien escritas y otras están mal escritas. Si consideras que están bien, déjalas como están, y pon una señal de correcto (paloma) en el espacio de la derecha. Si consideras que están mal escritas, escríbelas correctamente.

EJEMPLO 1:   El tinajero hace tinas.   ✔

EJEMPLO 2:   Yo nunca exajero.   exagero

Valor: 4 puntos cada una

1. Es la pista de aterrizaje.   _____

2. Ya metí el carro al garage.   _____

3. No le tengas tanto coraje.   _____

4. Hay que pagar el peage en la autopista.   _____

5. Le hicieron un homenaje en la escuela.   _____

6. No he visto ninguna relogería.   _____

7. ¡No seas mage! _____

8. No sé si es majia o brugería. _____

9. Quien afirma eso es un hereje. _____

10. Voy a pasar por la cerragería. _____

11. Es un extranjero. _____

12. Al avión le falló el fuselage. _____

13. Pedro es un salvaje. _____

14. El ratón se metió en su agugero. _____

15. Cuida más tu lenguaje. _____

16. Salió de page en la obra de teatro. _____

17. Mi tío es relogero. _____

18. El proceso de enseñanza aprendizaje. _____

19. A Luis le dicen "el peje". _____

20. Hay que viajar más lijeros. _____

21. Para la fiesta me puse mi trage nuevo. _____

22. Puedo sacar dinero en el cajero automático. _____

23. Hicimos un viaje muy largo. _____

24. No ha llegado el mensagero. _____

25. Lo guardaron en la conserjería. _____

Calificación: _____   Revisó: _____

6.6 LA J EN LOS VERBOS

R E G L A

Se escriben con j las formas verbales de los infinitivos que terminan en jar, jer, jir y jear. **Ejemplos**: *alejar, se alejó, me alejé*. Se escriben con j el pretérito perfecto simple (pretérito de indicativo) y el pretérito y futuro de subjuntivo de los verbos *traer*, *decir* y sus derivados. **Ejemplos**: *yo traje, yo dije, él trajera, él dijere*.

E J E R C I C I O

En cada una de las oraciones siguientes se incluye una de las palabras explicadas en la regla. Algunas están bien escritas y otras están mal escritas. Si consideras que están bien, déjalas como están, y pon una señal de correcto (paloma) en el espacio de la derecha. Si consideras que están mal escritas, escríbelas correctamente.

EJEMPLO 1:   Yo predije esa catástrofe.   ✔

EJEMPLO 2:   Yo conduge el último tramo.   conduje

1. Es un callejero, le gusta callegear. _____

2. No vayas a forcejear muy fuerte. _____

3. A mis canarios les gusta gorgear. _____
4. Lo voy a canjear por uno más nuevo. _____
5. Lo van a homenagear en la escuela. _____
6. Por la caída empezó a cojear. _____
7. Le gusta que lo lisongeen. _____
8. Vamos a ojear por las tiendas. _____
9. Vamos a hogear el libro. _____
10. ¡No te deges! _____
11. No quiero que lijen esta mesa. _____
12. Se puso a teger un chaleco. _____
13. El piso cruje al pisarlo. _____
14. Van a enrejar la ventana. _____
15. No quiero que te aleges mucho. _____
16. No dejaba de carcagear. _____
17. Yo no les dije nuestro secreto. _____
18. Me gusta que trabages y te esfuerces. _____
19. Tiene mucho empuje. _____
20. ¿Dónde dejé mis llaves? _____
21. Yo nunca me contradige. _____
22. ¡No moges a tu hermano! _____
23. Quiero que me empujes más fuerte. _____
24. Necesito que te relages. _____
25. Yo no trage nada para la fiesta. _____

Calificación: _____   Revisó: _____

6.7 OTRAS PALABRAS CON GE-GI- JE- JI

R E G L A

Muchas de las palabras que llevan la combinación ge - gi o la combinación je - ji no siguen una regla específica. Tienes que conocerlas y aprendértelas de memoria, para poderlas escribir correctamente.

E J E R C I C I O

Completa con g o con j, según creas correcto, las siguientes palabras.

EJEMPLO 1:   El __erarca   El j erarca

EJEMPLO 2:   El án__el   El ángel

Valor: 2 puntos cada una

1. La __elatina.
2. El cui__e.
3. Es frá__il.
4. El e__ido.
5. Es un __erundio.
6. Tiene buenos __enes.

7. La __elatina.

8. El __is.

9. La __estión.

10. El __efe.

11. La __ícama.

12. Es muy á__il.

13. La re__illa.

14. Una ciru__ía.

15. Su ma__estad.

16. Llegó Ro__elio.

17. La le__islación.

18. El ma__istrado.

19. Es un __itano.

20. El Sr. San__inez.

21. Es ur__ente.

22. Es médico __eriatra.

23. Se llama __erardo.

24. La __irafa.

25. El __itomate.

26. La __iba del camello.

27. El arcán__el.

28. Es de mi __eneración.

29. La va__illa.

30. El ve__etal.

31. La ve__ez.

32. La ve__iga.

33. El vi__ía.

34. La vir__en.

35. Es __erónimo.

36. Es __eremías.

37. El cole__io.

38. La agu__eta.

39. El sar__ento.

40. Es un vino de __erez.

41. Indi__estión.

42. Menin__itis.

43. El al__ibe.

44. Las an__inas.

45. Es si__iloso.

46. El ori__en.

47. Es un __eranio.

48. La falan__e.

49. Es un __eroglífico.

50. Se llama __esús.

Calificación: _____   Revisó: _____

C A P Í T U L O 7

LA LL Y LA Y

La Real Academia denomina **dígrafos** a los signos ortográficos compuestos de dos letras pero que representan un solo fonema.

Fonemas representados con un dígrafo

a) El fonema africado palatal sordo de, por ejemplo, *chaleco*, se representa con el dígrafo *ch*.

b) El fonema lateral palatal de *llave*, con el dígrafo *ll*. Actualmente, en la mayor parte de los territorios de habla española es frecuente la identificación de este fonema con el fricativo palatal sonoro representado en la escritura por *y* (identificación conocida con el nombre de *yeísmo*).

c) El fonema vibrante múltiple de *corro*, con el dígrafo *rr*.

d) El fonema oclusivo velar sordo de queso y el fonema velar sonoro de guitarra se escriben con los grupos qu y gu (delante de las vocales e, i), respectivamente (RAE, 1999: 2).

Además de estas observaciones generales, la Real Academia nos proporciona algunas orientaciones sobre la escritura de las letras ll e y.

ORIENTACIONES DE LA **R A E** SOBRE LAS LETRAS LL E Y

El fonema vocálico *i* puede ser representado por las letras *i* e *y*. A diferencia de *i*, que sólo representa el fonema vocálico *i* de *idea* y de *cielo* o *caiga*, la letra *y* representa también el fonema palatal sonoro de *yema*.

En la pronunciación yeísta, la letra *ll*, que representa el fonema lateral palatal de llave, se articula con la misma pronunciación que la letra *y*, es decir, como el fonema palatal sonoro de *yunque*. De manera que las personas yeístas pronuncia igual *halla* y *haya*, Esto explica las dificultades que ofrece la escritura de las palabras que contienen alguna de estas letras. (RAE, 1999: 13).

ORIENTACIONES DE LA  PARA EL USO DE LA LETRA LL

Se escriben con *ll*:

a) Las palabras de uso general terminadas en *-illa* e *-illo*. Ejemplos: *mesilla, cigarrillo, costilla*.

b) La mayor parte de los verbos terminados en *-illar, -ullar* y *-ullir*. Ejemplos: *abarquillar, apabullar, bullir*. (RAE, 1999: 14).

ORIENTACIONES DE LA  PARA EL USO DE LA LETRA <u>Y</u>

Se escriben con <u>y</u>:

a) Las palabras que terminan con el sonido correspondiente a *i* precedido de una vocal con la que forma diptongo, o de dos con las que forma triptongo. Ejemplos: *ay, estoy, verdegay, Bombay, buey, ley, rey, convoy, soy, Godoy, muy, Uruguay, Garay,* etc. Hay algunas excepciones, como *saharaui* o *bonsai*.

b) La conjunción copulativa *y*. Ejemplos: *Juan y María; cielo y tierra; este y aquel*. Esta conjunción toma la forma *e* ante una palabra que empiece por el fonema vocálico correspondiente a *i* (*ciencia e historia; catedrales e iglesias*), salvo si esa *i* forma diptongo (*cobre y hierro; estratosfera y ionosfera*).

c) Las palabras que tienen el sonido palatal sonoro ante vocal, y especialmente:

1. Cuando sigue a los prefijos *ad-, dis-* y *sub-*. Ejemplos: *adyacente, disyuntivo, subyacer*.

2. Algunas formas de los verbos *caer, raer, creer, leer, poseer, proveer, sobreseer*, y de los verbos acabados en *-oír* y *-uír*. Ejemplos: *cayeran, leyendo, oyó, concluyo, atribuyera*.

3. Las palabras que contienen la sílaba *-yec-*. Ejemplos: *abyecto, proyección, inyectar*.

4. Los plurales de los nombres que terminan en *y* en singular (*rey/reyes*).

5. El gerundio del verbo *ir*: *yendo* (RAE, 1999: 13-14).

Pasemos ahora a los ejercicios.

7.1 VOCABLOS CON <u>LL</u>

R E G L A

Se escribe <u>ll</u> en los siguientes casos:

- En las palabras que llevan el vocablo <u>ill</u> más una vocal. Muchas de estas palabras son diminutivos o despectivos, como *panecillo*. **Ejemplos**: *arcilla, arrodillar, barandilla*.

- En las palabras que llevan el vocablo <u>lli</u> antecedido por una vocal. **Ejemplos**: *mellizo, escabullir, detallista*.

- En las palabras que llevan el vocablo <u>lle</u> antecedido por una vocal. **Ejemplos**: *caballero, detalle, muelle*.

E J E R C I C I O

Algunas de las palabras de abajo están bien escritas y otras están mal escritas. Si consideras que están bien escritas, déjalas como están, y pon una señal de correcto (paloma) en el espacio de la derecha. Si consideras que están mal escritas, escríbelas correctamente.

EJEMPLO 1:   Gallina   ✔

EJEMPLO 2:   Mauyido   Maullido

Valor: 2 puntos cada una

1. Brillo	2. Apeyido
3. Allende	4. Torniyo
5. Gallina	6. Colmiyo
7. Detaye	8. Acribiyar
9. Auyido	10. Ayegar
11. Banquillo	12. Hoyín
13. Campaniya	14. Muelle
15. Aniyo	16. Buyicio
17. Bayena	18. Bastiya
19. Peyizco	20. Grillo
21. Foyeto	22. Amariyo
23. Cabayito	24. Cayejero
25. Billar	26. Tuyido
27. Noviyada	28. Moyeja
29. Arcilla	30. Detayista
31. Cameyo	32. Biyete
33. Sarpuyido	34. Guerriya
35. Gayeta	36. Ardiya
37. Escabuyir	38. Desfayecer
39. Boliyo	40. Zambuyir
41. Parriyada	42. Peyejo
43. Astiyar	44. Fayido
45. Fueye	46. Briyante
47. Estayido	48. Pasillo
49. Toayero	50. Bachiyerato

Calificación: _____   Revisó:_____

7.2 LA Y EN LOS VERBOS

R E G L A

Existen muchos verbos que, aunque no tienen y en su raíz, la adquieren al conjugarse algunos de sus tiempos.

- Todos los verbos que terminan en <u>uir</u>, adquieren la y en algunos tiempos, modos y personas. **Ejemplo**: de *instruir* proviene *instruyo, instruyes, instruyen, instruyó, instruyeron, instruya, instruyamos, instruyera, instruyéramos, instruye*.

- Los verbos *ser, dar* y *estar* (y sus derivados) llevan y en la primera persona del indicativo: *soy, doy, estoy*.

- Los verbos *corroer, creer, leer, poseer, proveer* y *roer* llevan y en algunos modos, tiempos y personas: *creyó, creyeron, creyera, creyéramos, creyere, creyeran, corroyera, leyera, poseyera*.

- Los verbos *oír* y *desoír* cambian la <u>i</u> por la y en algunos de sus tiempos: *oyes, oyen, oyó, oyeron, oyera, oyéramos*.

- Los verbos *caer* (y sus derivados), *errar, haber, ir* y *raer* llevan y en algunos de sus tiempos: *cayó, cayeron, yerro, yerran, haya, hayan, voy, vaya, rayó, rayeron*.

- El verbo *traer* (y sus derivados) llevan y en el gerundio y con la terminación *ente*: *distraer, distrayendo, contrayente*. El gerundio de *ir* es *yendo*.

E J E R C I C I O

Algunas de las palabras de abajo están bien escritas y otras están mal escritas. Si consideras que están bien escritas, déjalas como están, y pon una señal de correcto (paloma) en el espacio de la derecha. Si consideras que están mal escritas, escríbelas correctamente.

EJEMPLO 1:   Construyamos   ✔

EJEMPLO 2:   Disminullera   <u>Disminuyera</u>

Valor: 2 puntos cada una

1. Destrullamos	_____	2. Creyó	_____
3. Oyesen	_____	4. Instruyeran	_____
5. Corrolleren	_____	6. Decalleran	_____
7. Trallendo	_____	8. Atribuyera	_____
9. Poselleron	_____	10. Desolléramos	_____
11. Prostitulleran	_____	12. Rolleran	_____
13. Recalleran	_____	14. Contrayente	_____
15. Conclulléramos	_____	16. Leyeran	_____
17. Vallamos	_____	18. Recluyeran	_____
19. Corrolló	_____	20. Ralleran	_____
21. Proveyéramos	_____	22. Constitullo	_____
23. Rehulléramos	_____	24. Vallan	_____
25. Retrallendo	_____	26. Olles	_____
27. Obstruyamos	_____	28. Lelléramos	_____
29. Callendo	_____	30. Retribulleran	_____

31. Yerro _____	32. Sustrayendo _____
33. Oyeron _____	34. Dilulleran _____
35. Poselleren _____	36. Decayendo _____
37. Sustituyéramos _____	38. Llerran _____
39. Instrullan _____	40. Ollera _____
41. Exclullera _____	42. Crelléramos _____
43. Hallamos _____	44. Reconstrulleran _____
45. Callera _____	46. Destituyeran _____
47. Desolleran _____	48. Obstruyeran _____
49. Proveyeran _____	50. Atribulleran _____

Calificación: _____ Revisó:_____

7.3 VOCABLOS CON Y

REGLA

Se escribe _y_ en los siguientes casos:

- En las palabras que contienen el vocablo _ayu_. **Ejemplos**: _ayunar, ayudar_.
- En las palabras que inician con el vocablo _may_. Se exceptúa _malla_ (homófono de _maya_). **Ejemplos**: _mayo, mayoreo_.
- En las palabras que contienen el vocablo _yec_. **Ejemplos**: _proyecto, inyectar_.
- En las palabras que contienen el vocablo _yer_. **Ejemplos**: _ayer, playera_.
- Se escribe _y_ después de consonante (excepto _conllevar_ y _enllantar_). **Ejemplos**: _conyugal, subyacente_.
- Se escribe _y_ al final de palabra cuando ésta termina con el sonido _i_ no acentuado (en algunas palabras sí está acentuado, como en _oí, caí, reí_). **Ejemplos**: _doy, soy, hay, carey_.
- Se escriben con _y_ los nombres de frutos y semillas. Se exceptúan _semilla_ y _avellana_. **Ejemplos**: _guayaba, chayote_.

EJERCICIO

Algunas de las palabras de abajo están bien escritas y otras están mal escritas. Si consideras que están bien escritas, déjalas como están, y pon una señal de correcto (paloma) en el espacio de la derecha. Si consideras que están mal escritas, escríbelas correctamente.

EJEMPLO 1: Ayudante ✔

EJEMPLO 2: Desallunar Desayunar

Valor: 2 puntos cada una

1. Alludar _____	2. Abyecto _____
3. Adllacente _____	4. Maya _____
5. Ayer _____	6. Doy _____
7. Conllevar _____	8. Desallunar _____

9. Ellector	_____	10. Cónyuge	_____
11. Mallate	_____	12. Desllerbar	_____
13. Soy	_____	14. Malléutica	_____
15. Fayuca	_____	16. Inllección	_____
17. Dislluntiva	_____	18. Mallonesa	_____
19. Jollería	_____	20. Monterrell	_____
21. Guallaba	_____	22. Ralluela	_____
23. Trallecto	_____	24. Enyesar	_____
25. Mayoral	_____	26. Plallera	_____
27. Voy	_____	28. Challote	_____
29. Allúdame	_____	30. Prollecto	_____
31. Subllacente	_____	32. Mallordomo	_____
33. Yerba	_____	34. Uruguall	_____
35. Chirimolla	_____	36. Desayunamos	_____
37. Proyectil	_____	38. Subllugar	_____
39. Malloreo	_____	40. Llerno	_____
41. Mamell	_____	42. Papalla	_____
43. Alluntamiento	_____	44. Trallectoria	_____
45. Superyó	_____	46. Mallúsculav	_____
47. Ollera	_____	48. Maguey	_____
49. Pitalla	_____	50. Falluquero	_____

Calificación: _____ Revisó:_____

Si todavía tienes problemas con la ll y la y, te recomendamos revisar el capítulo en el que se estudian los homófonos en que intervienen estas letras.

C A P Í T U L O   8

USO DE LAS MAYÚSCULAS

La Real Academia define la letra mayúscula como aquélla que **se escribe con mayor tamaño** y, por regla general, con forma distinta de la minúscula.

Hay que distinguir la letra mayúscula de la letra de molde o de imprenta. Esta última es la que se utiliza en los libros (como éste), y puede tener mayúsculas y minúsculas. Cuando escribas con letra de molde (imitando la letra de imprenta), también debes utilizar las mayúsculas y las minúsculas.

A veces abusamos de las mayúsculas o hacemos mal uso de ellas, como cuando escribimos palabras o frases enteras con mayúscula, para resaltarlas, siendo que a veces esto es incorrecto; o cuando escribimos con minúsculas algunas palabras que deben ir con mayúsculas.

Debemos aclarar que, cuando decimos que una palabra debe ir con mayúscula, queremos decir que es la letra inicial de la misma la que se debe escribir con letra mayúscula. Cuando sea toda la palabra (o toda la frase) la que deba ir con mayúsculas, así lo indicaremos.

Antes de proceder a los ejercicios correspondientes a las mayúsculas, recordemos algunas normas u orientaciones generales respecto a su utilización.

- En primer lugar, hay que recordar que las palabras y/o las letras que vayan con mayúscula, deben llevar el acento (tilde) que les corresponda según las normas correspondientes. **Ejemplos**: *Ángel Pérez*.

- Cuando lleve mayúscula una palabra que empiece con un dígrafo (ch, ll, qu, gu [una palabra no puede empezar con rr]) sólo se pone con mayúscula la primera letra. **Ejemplos**: *Llora mi prima Chelo*.

- La i y la j mayúscula se escriben sin puntos. **Ejemplos**: *Juan, Inés*.

La RAE indica que "el uso de la mayúscula inicial se rige por la posición que ocupa la palabra (y, en consecuencia, por la puntuación exigida en cada caso), por su condición o categoría de nombre propio y por otras circunstancias" (RAE, 1999: 19).

En los ejercicios que planteamos, estudiaremos estas tres situaciones que condicionan el uso de la mayúscula inicial.

8.1 LAS MAYÚSCULAS Y LOS SIGNOS DE PUNTUACIÓN

REGLA

La posición de la palabra en un escrito, así como los signos de puntuación, determinan, en gran medida, qué palabras se deben escribir con mayúscula inicial.

- Lleva mayúscula inicial la primera palabra de un escrito.

- Lleva mayúscula inicial la palabra que va después de un punto.

- Lleva mayúscula inicial la palabra que va después de los puntos suspensivos, siempre y cuando éstos cierren un enunciado. **Ejemplo**: *Alguien gritó... Todos se asustaron*. Si después de los puntos suspensivos va una coma o un punto y coma, la siguiente palabra va con minúscula. **Ejemplo**: *Alguien gritó..., y Luis sonrió satisfecho por su travesura*.

- Lleva mayúscula inicial la palabra que va después de un signo de interrogación (?) y después de un signo de admiración (!), siempre y cuando este signo concluya el enunciado. **Ejemplo**: *¡Hola! Ya llegué*. Si después de este signo va una coma o un punto y coma, la siguiente palabra va con minúscula. **Ejemplo**: *¿Quién gritó?, me pregunté asustado*. El punto que llevan estos signos funciona como punto y seguido.

- La palabra que va después de dos puntos (y seguido) se escribe con minúscula (*Voy a tocar tres temas: el comercio,...*); sin embargo, después de los dos puntos se escribe mayúscula inicial si esa palabra empieza una cita textual (*Juan dijo: "Vamos a comer"*). También lleva mayúscula cuando los dos puntos cierran la fórmula de encabezamiento de una carta o de un documento (dos puntos y aparte). **Ejemplo**: *Querido hermano: // Te voy a platicar...*

EJERCICIO

A continuación encontrarás cinco párrafos, cada uno de ellos con cinco oraciones, en los que no hemos escrito ninguna palabra con mayúscula. Convierte las minúsculas en mayúsculas cuando consideres que sea correcto.

Valor: 4 puntos cada una

la semana pasada, en el salón de clase, planeamos el viaje de prácticas. juan quería que fuéramos a la sierra. pedro quería que fuéramos a la playa. el profesor propuso que fuéramos a la zona desértica, a estudiar las cactáceas. nos decidimos por esto último.

el lunes, muy temprano, nos reunimos en la escuela. el profesor preguntó: "¿quién quiere irse en el camión?". "¿en qué otro vehículo podemos irnos?", preguntó pedro. "unos podemos irnos en la camioneta", dijo el profesor. "¡qué padre!", dijeron luisa y lupita.

nos fuimos, pues, en el camión y en la camioneta. como a las 11 de la mañana, nos paramos para desayunar en un restaurante de la carretera. llegamos a durango como a las 5 de la tarde. de inmediato nos instalamos en el hotel. como ya iba a oscurecer, nos dieron la tarde libre.

al día siguiente, nos levantaron a las 7 para desayunar. a las 8 ya estábamos listos para irnos a la zona del desierto. estábamos a punto de subirnos al camión, cuando de pronto..., escuchamos una voz conocida. era un antiguo compañero que se había ido a vivir a durango, y que nos quería acompañar a las prácticas. lo incorporamos con gusto.

de regreso nos divertimos mucho en el camión. cantamos, jugamos, platicamos, hicimos bromas... no se nos hizo pesado el viaje. llegamos listos para regresar a clases. por supuesto, el profesor nos recordó el reporte que teníamos que presentar.

Calificación: _____ Revisó:_____

8.2 LAS MAYÚSCULAS EN LOS NOMBRES PROPIOS

REGLA

La segunda razón por la que se escribe con mayúscula inicial una palabra es porque sea un nombre propio; es decir, se escribe con mayúscula la primera letra de los nombres propios. Por nombres propios entendemos los siguientes:

- Los nombres de persona, animal o cosa singularizada. **Ejemplos**: *Pedro, Juan*.
- Los nombres geográficos. **Ejemplos**: *América, España*. Si el artículo forma parte oficialmente del nombre, también debe ir con mayúscula inicial. **Ejemplo**: *El Salvador*. Si el nombre incluye oficialmente otro elemento, también debe ir con mayúscula inicial. **Ejemplos**: *la Ciudad de México, la Sierra Nevada*.
- Los apellidos. **Ejemplo**: *Álvarez*. Si el apellido comienza por una preposición y/o artículo, éstos se escribirán con minúscula (*Juan Pérez del Valle, Rosa de la Cruz*), a no ser que con ellos se inicie la alusión a la persona (*el señor Del Valle, la señorita De la Cruz*).
- Los nombres de constelaciones, estrellas, planetas o astros. **Ejemplos**: *En un eclipse, la Tierra oscurece a la Luna*. Sin embargo, si se habla de ellos en sentido genérico, irán con minúscula. **Ejemplos**: *se quemó con el sol, se llenó de tierra*.
- Los nombres de los signos del Zodiaco, así como los nombres que aluden a sus características principales. **Ejemplos**: *Tauro, Aries, Toro, Carnero*. Sin embargo, si se habla de ellos en sentido genérico, irán con minúscula. **Ejemplo**: *yo soy aries*.
- Los nombres de los puntos cardinales. **Ejemplo**: *la brújula señala el Norte*. Sin embargo, si se habla de ellos en sentido genérico, irán con minúscula. **Ejemplo**: *el norte de la ciudad*.
- Los nombres de festividades religiosas o civiles. **Ejemplos**: *Navidad, Día de la Independencia*.
- Los nombres de divinidades. **Ejemplos**: *Dios, Jehová, Apolo*. También los atributos divinos.

Ejemplos: *el Todopoderoso, el Mesías*.

- Los nombres de los libros sagrados. **Ejemplos**: *la Biblia, el Corán*.
- Los nombres de las órdenes religiosas. **Ejemplo**: *los Franciscanos*.
- Las marcas comerciales. **Ejemplo**: *el Chevrolet, una Coca-Cola*.

E J E R C I C I O

En las siguientes oraciones no hemos escrito ninguna palabra con mayúscula. Convierte las minúsculas en mayúsculas cuando consideres que sea correcto.

Valor: 4 puntos cada una

1. ¿en qué año se descubrió américa?

2. juan álvarez se fue a comer. lupita se quedó en la escuela.

3. anoche, la luna estaba en todo su esplendor.

4. pedro jiménez nació en el salvador.

5. en la biblioteca encontré la biblia y el corán.

6. mi signo es aries. el de luis es tauro.

7. me gusta el nuevo modelo de la ford.

8. yo nunca he ido a europa.

9. los dominicos alaban a dios con sus cantos.

10. arturo le puso blacky a su perro, porque es negro.

11. los mahometanos afirman que alá es alá y mahoma es su profeta.

12. mañana es el día de la raza.

13. ¿ya llegó luis del valle? ¿está aquí el señor del valle?

14. jesús, el mesías, nos dejó muchas enseñanzas.

15. berta y norma son muy aplicadas.

16. blanca rodríguez llevó a su gato micifuz con el veterinario.

17. pedro es muy anticuado, parece del siglo xv.

18. el sol es más grande que todos los planetas a su alrededor.

19. no quiero estar en el sol, voy a la sombra.

20. dicen que libra y géminis son signos compatibles.

21. la semana próxima se festeja la navidad.

22. ¿cuándo se festeja el día de la independencia?

23. a dios se le denomina el todopoderoso.

24. voy a tomar una pepsi-cola.

25. voy a salir de vacaciones durante la navidad.

Calificación: _____   Revisó:_____

8.3 LAS MAYÚSCULAS EN OTRAS CIRCUNSTANCIAS

REGLA

Además de las normas explicadas anteriormente, hay otras ocasiones en las que se utilizan las mayúsculas iniciales.

Van con mayúscula inicial:

- Los sobrenombres y apodos con que se designa a determinadas personas. **Ejemplo**: *el Libertador*.

- Los tratamientos, cuando sustituyen el nombre de la persona. **Ejemplos**: *llegó el Presidente, así habló el Director*. Van con minúscula cuando se les utiliza de manera genérica. **Ejemplo**: *lo nombraron director de la escuela*.

- Se escriben con mayúscula inicial las abreviaturas de los tratamientos. **Ejemplos**: *S. M.* (por *Su Majestad*), *Ud.* (por *usted*), *el Prof. López* (por *el profesor López*). Sin embargo, se escribirán con minúscula si se escriben completas, a no ser que sustituyan el nombre de la persona. (*usted, el profesor López,* pero *Su Majestad*).

- Las advocaciones de la Virgen. **Ejemplo**: *la Virgen de Guadalupe*.

- Los sustantivos y adjetivos que componen el nombre de instituciones, entidades, organismos, partidos políticos, etc. **Ejemplos**: *el Partido Revolucionario Institucional, el Museo de Bellas Artes*. Los artículos y preposiciones incluidos en estos nombres no se ponen con mayúscula.

- Los nombres, cuando significan una entidad o colectividad. **Ejemplos**: *la Universidad, el Estado, la Iglesia*. Pero se utilizará minúscula cuando se utilicen de manera genérica. **Ejemplos**: *fui a la iglesia, visité mi universidad*.

- Los nombres de las disciplinas científicas en cuanto tales. **Ejemplos**: *soy licenciado en Biología, yo estudié Filosofía*. Sin embargo, se utilizará la minúscula si se habla de ellas de manera genérica. **Ejemplos**: *me gusta la biología, no le entiendo a la filosofía*.

- Algunos nombres abstractos, cuando se consideran conceptos absolutos, pueden ir con mayúscula inicial. **Ejemplos**: *la Libertad, la Paz*. Sin embargo, se escribirán con minúscula si se habla de ellos de manera genérica. **Ejemplos**: *tiene mucha libertad, hay paz en el pueblo*.

- Los nombres de fechas o cómputos cronológicos, épocas, acontecimientos históricos, movimientos religiosos, políticos o culturales. **Ejemplos**: *la Antigüedad, el Renacimiento*.

Los nombres de los días de la semana, de los meses y de las estaciones del año se escriben con minúscula. **Ejemplos**: *los campos reverdecen en la primavera, el lunes es su día de descanso, yo cumplo años el 25 de abril*. Sin embargo, se pueden escribir con mayúscula inicial cuando se refieran a un determinado día, mes o estación del año. **Ejemplos**: *en la Primavera de 1998...; el 25 de Abril del 2005*. Esto se debe a que, en estas ocasiones, se convierten en nombre propio, al designar a un día, mes o estación en particular (no hubo otro 25 de Abril en el 2005).

EJERCICIO

En las siguientes oraciones no hemos escrito ninguna palabra con mayúscula. Convierte las minúsculas en mayúsculas cuando consideres que sea correcto.

Valor: 4 puntos cada una

1. vamos a empezar a estudiar el romanticismo.

2. la procuraduría general de justicia está a cargo del caso.

3. la filosofía es una de las disciplinas más antiguas.

4. yo cumplo años en abril.

5. la profa. lupita llegó tarde a clases.

6. este libro fue escrito en la edad media.

7. el dr. jiménez no está en el consultorio sólo está el doctor juárez.

8. acaban de inaugurar el museo de la revolución.

9. en el verano vamos a ir de vacaciones al mar.

10. mi primo chago no irá de vacaciones con nosotros.

11. el presidente de la república pronunció un discurso esta mañana.

12. el licenciado rodríguez acaba de llegar.

13. ¿a quién denominan el libertador de las américas?

14. la carta está fechada el 28 de mayo del 2005.

15. el rector de la universidad presidió la sesión.

16. a dn. luis lo nombraron rector.

17. el mtro. juárez es muy estricto.

18. todos los sábados del verano vamos a la alberca.

19. la fe, la esperanza y la caridad son virtudes teologales.

20. la libertad es el bien más preciado de la humanidad.

21. la doctora reséndiz estudió en la unam.

22. yo estudié en el instituto tecnológico superior.

23. mi hermana nació en la primavera de 1996.

24. el artículo del dr. gonzález se titula tratamiento del cáncer.

25. disfruto mucho el arte del renacimiento.

Calificación: _____   Revisó:_____

8.4 LAS MAYÚSCULAS EN PALABRAS O FRASES ENTERAS

REGLA

Se pueden escribir palabras y frases enteras con letras mayúsculas, con el fin de resaltarlas. Para hacerlo, hay que seguir estas normas:

- Pueden ir con mayúsculas los títulos de los libros, así como los títulos de sus divisiones internas: partes, capítulos, subtítulos, etc. **Ejemplo**: *PSICOLOGÍA INFANTIL*. Pero cuando se haga mención de ellos en otro escrito, se pondrá con mayúscula únicamente la primera letra de la primera palabra del mismo. **Ejemplo**: *lo leí en el libro Psicología infantil*.

- El título de un trabajo o artículo, se puede escribir todo con mayúscula. Pero cuando se haga mención del mismo en otro trabajo, se pondrá con mayúscula únicamente la primera letra de la primera palabra del mismo. **Ejemplo**: *mi trabajo se titula Los invertebrados*. Lo mismo se aplica a los títulos de libros y películas.

- Pueden ir con mayúsculas las inscripciones en los monumentos.

- Las siglas y acrónimos van con mayúsculas. **Ejemplos**: *SEP, UNAM, UPN*. Las siglas no deben ir separadas por puntos (es incorrecto escribir U.N.A.M.)

- Pueden ir con mayúsculas las cabeceras de los diarios y revistas. **Ejemplos**: EXCÉLSIOR, RE-FORMA. Pero cuando se haga mención de ellos en otros escritos, sólo va con mayúscula la primera letra del nombre. **Ejemplo**: *lo leí en Excélsior*.

- La numeración romana va con mayúsculas. Ésta se puede utilizar en diversas situaciones: para designar papas y reyes que llevaron el mismo nombre (*Pío V, Felipe II*); para numerar los tomos, volúmenes, libros, capítulos y otras divisiones (*Capítulo VI*); para nombrar los siglos (*siglo XVI*).

- En textos jurídicos y administrativos, el verbo o verbos que presentan el objetivo fundamental del documento, pueden ir con mayúsculas. **Ejemplos**: *dicho lo anterior, el susodicho EXPONE que...* En los oficios, cuando se expone el asunto del mismo al inicio del escrito, puede ir con mayúsculas. **Ejemplo**: *ASUNTO: SE SOLICITA PERMISO PARA...*

E J E R C I C I O

En las siguientes oraciones no hemos escrito ninguna palabra con mayúscula. Convierte las minúsculas en mayúsculas cuando consideres que sea correcto.

Valor: 4 puntos cada una

1. lo leí en la revista proceso.
2. capítulo i – los invertebrados.
3. este monumento fue inaugurado el 16 de septiembre del 2007.
4. este monumento perdurará hasta el siglo xxv.
5. la noticia venía en el periódico reforma.
6. al hacer su declaración, el indiciado expone que él nunca...
7. metí la reclamación en la profeco.
8. mi escuela no está incorporada a la sep, sino a la unam.
9. en la portada de la revista viene su nombre: mecánica fácil.
10. lo dijo su santidad juan xxiii.
11. la computadora se inventó en el siglo xx; el teléfono, en el siglo xix.
12. yo estudié en el cetis 59.
13. en la escuela recibimos la revista perfiles educativos.
14. trabaja en la pgr.
15. asunto: se presentan estadísticas del departamento.
16. las siglas iee significan instituto estatal electoral.
17. la profeco protege al consumidor.
18. el interesado presenta sus generales y expone lo siguiente: ...
19. yo nací en el siglo xx, pero ya estamos en el xxi.
20. tiene una beca del conacyt.
21. yo estoy suscrito al periódico el siglo de torreón.
22. asunto: se solicita autorización para construir estacionamiento.
23. el edificio data del siglo xviii.
24. mi profesor estudió en la upn.
25. fue conquistada por carlos v.

Calificación: _____   Revisó:_____

ORIENTACIONES DE LA **R A E** PARA EL USO DE ABREVIATURAS

Cualquier palabra o grupo de palabras admite su abreviación. No siempre existe una correspondencia unívoca entre abreviatura y palabra o palabras abreviadas. Frecuentemente se utiliza la misma abreviatura para diferentes palabras, de la misma manera que una palabra puede estar representada por diferentes abreviaturas.

1. Las abreviaturas tienden a escribirse con mayúscula o minúscula inicial de acuerdo con la escritura de las palabras que representan. Ejemplos: S. M. (por *Su majestad*); pág. (por *página*). Pero existen abundantes excepciones. Las abreviaturas de los tratamientos se escriben siempre con mayúscula (Ud., Prof.).

2. Por regla general, escribiremos punto detrás de las abreviaturas. Ejemplos: art. (por *atículo*), etc. (por *etcétera*). Hay también abundantes excepciones a esta regla. Así, los símbolos de los elementos químicos y de las unidades de medida se escribirán sin punto. Ejemplos: he (por *helio*), kg (por *kilogramo*).

3. El uso de una abreviatura no exime de poner tilde, siempre que en la forma reducida aparezca la letra que la lleva en la palabra representada. Ejemplos: admón. (por *administración*), cód. (por *código*).

4. Por regla general, las abreviaturas formadas por letras voladas llevan punto antes de dichas letras. Ejemplos: D.ª (por *doña*), desct.º (por *descuento*).

5. En abreviaturas formadas por varias palabras, estas pueden separarse por medio de la barra oblicua. Ejemplos: c/c (por *cuenta corriente*), d/f (por *días fecha*).

6. El femenino de las abreviaturas puede formarse añadiendo una *a*, volada o no. Ejemplos: Sr.ª o Sra. (por *señora*).

7. El plural de las abreviaturas formadas por una sola letra se puede expresar duplicando dicha letra. Ejemplos: ss. (por *siguientes*), pp. (por *páginas*). Las abreviaturas constituidas por más de una letra forman su plural añadiendo -s o -es al final. Ejemplos: vols. (por *volúmenes*), Dres. (por *doctores*).

8. Las letras que forman siglas se escriben con mayúsucla y, por regla general, sin puntos (ONU, ISBN).

9. El plural de las siglas se construye haciendo variar las palabras que las acompañan. Ejemplos: las ONG, dos TAC (RAE, 1999: 54-55).

CAPÍTULO 9

ESCRITURA DE LOS NÚMEROS

La escritura de los números presenta problemas de diversos tipos. A veces, no sabemos si un número se debe escribir con cifras o con letras (¿Ponemos 13 o trece?). Otras veces, no sabemos cómo escribir correctamente un número (¿Cómo escribes 300 con letras?). Otras veces utilizamos un número partitivo cuando debemos utilizar un número ordinal. (¿Se dice *llegó en el quinceavo lugar*, o *llegó en el decimoquinto lugar*?).

Antes de pasar a los ejercicios, es necesario clarificar algunos conceptos relacionados con este tema.

Desde el punto de vista de la ortografía (es decir, sin meternos en el campo de las matemáticas), hablaremos de tres tipos de números:

- Los **números cardinales** constituyen la serie natural de los números: *uno, dos, tres, cuatro...* Normalmente funcionan como adjetivos y van junto a un sustantivo. **Ejemplo**: *He revisado tres trabajos*.

Funcionan como sustantivos cuando hacen referencia al número mismo (*Me salió un tres*). También funcionan como sustantivos las siguientes cantidades: *un millar, un millón, un millardo, un billón, un trillón* y un *cuatrillón*. (Para mayor información, consultar la explicación de la RAE en la siguiente dirección electrónica: http://buscon.rae.es/dpdI/SrvltConsulta?lema=ordinales).

- Los **números ordinales** expresan la idea de orden o sucesión: *el primero, el segundo, el tercero...* A diferencia de los cardinales, todos los ordinales presentan variación de género y número: *primero(s), primera(s), vigésimo(s), vigésima(s)*. Generalmente funcionan como adjetivos y van junto a un sustantivo: *el primer piso, el tercer carro*. A veces funcionan como pronombres y van en lugar del nombre (*llegué el cuarto en la carrera*) y como adverbios (*primero limpia los platos*). (Para mayor información, consultar la explicación de la RAE en la siguiente dirección electrónica: http://buscon.rae.es/dpdI/SrvltConsulta?lema=ordinales).

- Los **números partitivos o fraccionarios** indican división de un entero en sus partes: *medio, un tercio, un cuarto...* Funcionan como adjetivos (*la tercera parte de los alumnos*) o como sustantivos (*un tercio de los alumnos*). (Para mayor información, consultar la explicación de la RAE en Internet: http://buscon.rae.es/dpdI/SrvltConsulta?lema=partitivos).

9.1 CÓMO ESCRIBIR LOS NÚMEROS CARDINALES

R E G L A

A los números arábigos que forman la serie natural de números se les denomina cardinales: *uno, dos, tres, cuatro...* En ocasiones, las cantidades se escriben con cifras (*100*), pero en otras ocasiones se escriben con letras (*cien*). Cuando haya que escribirlas con letras, se deben seguir estas normas:

- Los números del *cero* al *treinta* se escriben con una sola palabra.

Cero, uno, dos, tres, cuatro, cinco, seis, siete, ocho, nueve, diez
Once, doce, trece, catorce, quince, dieciséis, diecisiete, dieciocho, diecinueve, veinte
Veintiuno, veintidós, veintitrés, veinticuatro, veinticinco, veintiséis, veintisiete, veintiocho, veintinueve, treinta

- Del *treinta y uno* hasta el *noventa y nueve*, se escriben con tres palabras (con excepción de las decenas: *cuarenta, cincuenta, sesenta...*).

Treinta y uno, treinta y dos, treinta y tres, treinta y cuatro...
Cuarenta y uno, cuarenta y dos, cuarenta y tres, cuarenta y cuatro...
Cincuenta, sesenta, setenta, ochenta, noventa...

- A partir del *cien*, se escriben con dos o más palabras (con excepción de las centenas), combinando la centena con el número correspondiente. Las unidades que terminan en s (*dos, tres* y *seis*) conservan la s al convertirse en centenas (*doscientos, trescientos, seiscientos*).

Ciento uno, ciento diecinueve, ciento veintitrés, ciento treinta y cinco...
Doscientos dieciocho, doscientos sesenta y seis, doscientos noventa y cinco...
Trescientos diecisiete, trescientos veintiocho, trescientos setenta y seis...
Cuatrocientos, quinientos, seiscientos, setecientos, ochocientos, novecientos...

- A partir del *mil*, se combina el millar con el número que le sigue: *mil novecientos setenta y cinco, dos mil quinientos diecinueve, tres mil seiscientos veintitrés...*

E J E R C I C I O

En las oraciones siguientes se incluye un número. Algunos están bien escritos y otros están mal escritos. Si consideras que están bien así, déjalos como están y pon una señal de correcto (paloma) en el espacio de la derecha. Si consideras que están mal escritos, corrígelos ahí mismo y pon una señal de incorrecto (tacha).

EJEMPLO: El equipo tiene dieciséis integrantes.   ✔

El mío tiene diez y siete.   ✗

Valor: 5 puntos cada una

1. En el examen saqué diez y seis problemas bien. _____
2. Mi papá tiene treinta y cuatro años. _____
3. Nació en mil novesientos setentaitrés. _____
4. Traigo sesentaysiete pesos en la bolsa. _____
5. Este libro tiene docientas cuarenta y tres páginas. _____
6. Esta ciudad tiene ciento veintidós años de fundada. _____
7. Esta otra tiene cuatrocientos ochentaydós años. _____
8. Mi abuelito va a cumplir noventa y nueve años. _____
9. Ese edificio tiene veintynueve pisos. _____
10. Tengo ciento treintaysiete discos de música. _____
11. En esta carrera se deben cursar setentayséis materias. _____
12. Una carrera técnica tiene sólo cuarenta y nueve. _____
13. Este autor nació en mil seicientos sesentaycuatro. _____
14. El más antiguo nació en mil docientos veintinueve. _____
15. Este disco cuesta trecientos cincuenta y dos pesos. _____
16. Este otro sólo cuesta doscientos diezynueve pesos. _____
17. Te deben dar ochenta y un pesos de cambio. _____
18. El fin de semana me pagaron seis cientos veintidós pesos. _____
19. Pero ya sólo me quedan noventaynueve pesos. _____
20. Juntamos treintayocho kilos de frijol. _____

Calificación: _____ Revisó: _____

9.2 LOS NÚMEROS CARDINALES CON CIFRAS O CON LETRAS

R E G L A

¿Cuándo escribir los números cardinales con cifras y cuándo escribirlos con letras?

Se escriben con cifras	Se escriben con letras
Las cantidades concretas superiores a nueve. *Tiene 18 años.*	Los números dígitos del cero al nueve. *Traigo tres monedas.*

Los horarios. *El autobús sale a las 21:00 horas.*	Las cantidades dubitativas, no exactas o abstractas. *Faltan aproximadamente veintitrés kilómetros. Te lo he dicho mil veces.* Como no son exactas, no se deben escribir con cifras.
Los folios de las páginas. *En la página 25.*	
Los números de los años y las fechas. *Fue fundada en 1875. Hoy es 21 de Septiembre del 2006.*	Las fechas en actas, instrumentos notariales y documentos oficiales. *Dado en la ciudad de... a los veintitrés días del mes de mayo de mil novecientos noventa y nueve.*
Las cantidades que expresan unidades exactas de un sistema. *Le caben 20 litros.*	Las cantidades que expresan tiempo. *Hace veinticinco años.*
Las cantidades que expresan grados, minutos y segundos. *Un ángulo de 45 grados.*	Al nombrar una década. *En la década de los setenta.*
Los números de figuras, tablas y cuadros en un libro. *En la tabla 8.*	Los números que sirven para denominar calles y avenidas. *La calle diecinueve.*
Las cantidades que expresan precios, habitantes, apartados, versículos. *Cuesta 35 pesos. Este pueblo tiene 875 habitantes.*	La mención de los palos de las cartas y de los puntos de los dados. *Me salió un seis.*
Los porcentajes, los números de las casas, los de publicaciones periódicas, los votos de una asamblea. *El 18 %. Vivo en la calle Londres número 1245.*	Cualquier cantidad con la que empiece un párrafo o después de un punto. *Cien camiones llegaron.*
Los números de los artículos de códigos, leyes, decretos y reglamentos. *En el artículo 18, se indica que...*	Los números o cantidades puestos en boca de otras personas. *Juan dijo: "Me debes veinte pesos".*

E J E R C I C I O

En las oraciones siguientes se incluye un número cardinal, a veces con cifras y a veces con letras. Si consideras que están bien así, déjalos como están y pon una señal de correcto (paloma) en el espacio de la derecha. Si consideras que están mal, corrígelos ahí mismo y pon una señal de incorrecto (tacha).

EJEMPLO:　　Traigo tres monedas de 5 pesos.　　　✔

　　　　　　Yo traigo 4 monedas de 5 pesos.　　　✗

Valor: 5 puntos cada una

1. Mi hermano tiene veintitrés años.　　　　　_____

2. Mi hermana menor tiene 9 años.　　　　　_____

3. Salgo en el avión de las 17 horas.　　　　_____

4. Faltan aproximadamente 19 kilómetros.　　_____

5. Lo dice el autor en la página ocho.　　　　_____

6. Yo nací el ocho de mayo de 1990.　　　　_____

7. Es un barril de doscientos litros.　　　　_____

8. Hace 21 años fue el temblor en la Ciudad de México.　　_____

9. El ángulo recto tiene 90 grados.　　　　_____

10. El Rock and roll era popular en la década de los 50.　　_____

11. Esto se explica en la figura ocho del libro.   _____
12. La tienda está en la Juárez y calle 19.   _____
13. Esa mochila cuesta trescientos pesos.   _____
14. En el póquer le salió tercia de 9s.   _____
15. Esta bebida tiene un cinco por ciento de alcohol.   _____
16. 3 corredores llegaron juntos en primer lugar.   _____
17. Está señalado en el artículo cuatro del reglamento.   _____
18. Juan dijo: "Sólo traigo 40 pesos".   _____
19. Este candidato obtuvo quinientos votos.   _____
20. Se explica mejor en el apartado siete del capítulo.   _____

Calificación: _____   Revisó: _____

9.3 CÓMO ESCRIBIR LOS NÚMEROS ORDINALES Y LOS PARTITIVOS

R E G L A

Los números ordinales son los que expresan la idea de orden o sucesión. *Primero, sexto, vigésimo quinto*. Los números partitivos o fraccionarios son los que expresan la idea de división. *La mitad, un cuarto, un quinceavo*. Cuando estos números se escriban con letras, se deben seguir estas normas.

CIFRA	ORDINALES	PARTITIVOS	CIFRA	ORDINALES	PARTITIVOS
1	primero	(entero)	20	vigésimo	veinteavo
2	segundo	mitad	21	vigésimo primero	veintiunavo
3	tercero	tercio	22	vigésimo segundo	veintidosavo
4	cuarto	cuarto	23	vigésimo tercero	veintitresavo
5	quinto	quinto	24	vigésimo cuarto	veinticuatroavo
6	sexto	sexto, seisavo	25	vigésimo quinto	veinticincoavo
7	sé(p)timo	sé(p)timo	26	vigésimo sexto	veintiseisavo
8	octavo	octavo	27	vigésimo sé(p)timo	veintisieteavo
9	no(ve)no	no(ve)no	28	vigésimo octavo	veintiochoavo
10	décimo	décimo	29	vigésimo no(ve)no	veintinueveavo
11	undécimo	onceavo	30	trigésimo	treintavo
12	duodécimo	doceavo	40	cuadragésimo	cuarentavo
13	decimotercero	treceavo	50	quincuagésimo	cincuentavo
14	decimocuarto	catorceavo	60	sexagésimo	sesentavo
15	decimoquinto	quinceavo	70	septuagésimo	setentavo
16	decimosexto	dieciseisavo	80	octogésimo	ochentavo
17	decimosé(p)timo	diecisieteavo	90	nonagésimo	noventavo
18	decimoctavo	dieciochoavo	100	centésimo	centésimo
19	decimono(ve)no	diecinueveavo	1000	milésimo	milésimo

Como algunos números ordinales son iguales a los partitivos (*cuarto, quinto, sexto..., centésimo, milésimo...*) tendemos a usar siempre los partitivos en lugar de los ordinales. Es incorrecto decir *llegó en dieciseisavo lugar*. Se debe decir *llegó en decimosexto lugar*. Sin embargo, los números ordinales terminados en <u>ésimo</u> también pueden usarse como partitivos (*la veinteava parte* o *la vigésima parte*).

E J E R C I C I O

En las oraciones siguientes se incluye un número ordinal o uno partitivo. Si consideras que están bien así, déjalos como están y pon una señal de correcto (paloma) en el espacio de la derecha. Si consideras que están mal, corrígelos ahí mismo y pon una señal de incorrecto (tacha) en el espacio de la derecha.

EJEMPLO: Es el cuarto congreso.   ✔

Es el quinceavo congreso.   ✗

Valor: 5 puntos cada una

1. Llegó en cuarto lugar. _____
2. Recorrió un cuarto de milla. _____
3. Luis llegó en dieciseisavo lugar. _____
4. Pedro llegó en decimonoveno lugar. _____
5. Soy el quinceavo en la lista de clase. _____
6. Yo soy el decimoséptimo. _____
7. Asistí al dieciseisavo congreso. _____
8. Yo asistí al decimoctavo congreso. _____
9. Es el centésimo aniversario de la ciudad. _____
10. Un centavo es la centésima parte de un peso. _____
11. Divide el pastel en 16 rebanadas. Dame una decimosexta parte. _____
12. A mí dame una dieciseisava parte. _____
13. Un mes es la duodécima parte del año. _____
14. Un día es la treintava parte de un mes de 30 días. _____
15. Subí hasta el doceavo piso. _____
16. Yo subí hasta el decimocuarto piso. _____
17. En el año treintaidosavo de su reinado... _____
18. Pero en el año trigésimo quinto de su reinado... _____
19. Es el veinteavo curso que tomo. _____
20. Para mí es el vigésimo quinto. _____

Calificación: _____   Revisó: _____

9.4 LOS NÚMEROS ORDINALES Y LOS PARTITIVOS CON CIFRAS O CON LETRAS

R E G L A

Los **números ordinales** se pueden escribir con cifras o con letras.

Se escriben con cifras	Se escriben con letras
Los números de orden de los articulados de leyes, decretos, reglamentos, normas, etc. *Artículo 1º, regla 2ª...*	En general, los conceptos abstractos. *Es la quinta vez que me pides eso*.
Las cifras que indican el número de edición de un libro. *4ª edición*.	Los números de congresos, foros y reuniones. *El séptimo Congreso de Medicina Nuclear*.
Los números de los ejércitos, divisiones, regimientos, compañías, pelotones. *24ª División*.	Los números de guerras, cruzadas, etc. *La Segunda Guerra Mundial*.

En un texto de carácter expositivo, descriptivo o narrativo, los **números partitivos** por lo general se escriben con letras (*Me tocó una quinta parte*). Sin embargo, se escriben con cifras en los textos de carácter científico o matemático (*Contiene 1/5 parte de sulfuro*).

E J E R C I C I O

En las oraciones siguientes se incluye un número ordinal o uno partitivo, a veces con cifras y a veces con letras. Si consideras que están bien así, déjalos como están y pon una señal de correcto (paloma) en el espacio de la derecha. Si consideras que están mal, corrígelos ahí mismo y pon una señal de incorrecto (tacha) en el espacio de la derecha.

EJEMPLO: Me dieron una cuarta parte del pastel   ✔

A mí me dieron la 1/2 de los dulces.   ✗

Valor: 4 puntos cada una

1. Así lo señala el artículo tercero de la Constitución. _____
2. El artículo 4º se refiere a otro asunto. _____
3. Es la tercera vez que te pido ese favor. _____
4. Es la 4ª vez que te digo que no. _____
5. Yo tengo la primera edición de ese libro. _____
6. Yo tengo la 2ª edición. _____
7. Asistí al segundo Congreso de Pedagogía. _____
8. Yo asistí al 4º Congreso de Psicología. _____
9. Mandaron a ayudar al 14º Regimiento. _____
10. También venía el decimoquinto Regimiento. _____
11. A principios del siglo XX se dio la Primera Guerra Mundial. _____
12. A los pocos años, sucedió la 2ª Guerra Mundial. _____
13. Como llegamos empatados, sólo me tocó la mitad del premio. _____
14. Yo solo me comí la 1/2 del pastel. _____

15. Si 1/4 lo divides entre 1/2, ¿qué resulta?   _____
16. ¿Y si divides seis cuartos entre un medio?   _____
17. El artículo octavo del Reglamento de Becas dice que...   _____
18. En cambio, en el artículo 9º se afirma que...   _____
19. He ido 1000 veces y no he podido arreglar nada.   _____
20. Es la octava edición del libro de matemáticas.   _____
21. Hubo conferencias interesantes en el 6º Congreso.   _____
22. Un tío mío es general de la 6ª División de Infantería.   _____
23. Dice que por poco y participa en la 2ª Guerra Mundial.   _____
24. Sólo le creo 1/3 parte de lo que platica.   _____
25. Hay que vaciar un cuarto de litro en el recipiente.   _____

Calificación: _____   Revisó: _____

C A P Í T U L O   1 0

¿CÓMO SE ESCRIBEN?

Hemos tratado en esta unidad los principales problemas que se presentan para escribir correctamente en español. Dejamos para este último capítulo algunos problemas más particulares, como son los siguientes:

- El uso de la r y de la rr.
- El uso de la x.
- La manera de conjugar los verbos que terminan en ear y en iar.
- La manera de conjugar algunos verbos irregulares.
- La manera de escribir los nombres de los deportes.

10.1 USO DE LA R Y DE LA RR

R E G L A

En español, la letra r puede tener sonido fuerte (como en *cerro*) o sonido débil (como en *cero*).
Se escribe rr cuando tiene sonido fuerte y va entre dos vocales. (*Carro, guerra*).
Se escribe r cuando va después de una consonante, aunque tenga sonido fuerte. (*Alrededor, Enrique*).
Se escribe r cuando va al inicio de palabra, aunque tenga sonido fuerte. (*Rápido, Rafael*). Pero si, al unirse con otra palabra, esa r queda entre dos vocales, se convierte automáticamente en rr. (*Rector* se convierte en *vicerrector*; *rojo* se convierte en *infrarrojo*).

E J E R C I C I O

Completa con r o con rr, según creas correcto, las palabras que están incompletas.

Valor: 4 puntos cada una

1. El ca_____o es _____ojo.
2. La _____oca es dura.
3. La ba_____a es de cemento.
4. Es de color _____ojo.
5. Se llama En_____ique.
6. Él es _____afael.
7. Está muy _____ico.
8. Vamos a _____ezar.
9. Es el _____ector.
10. No, es vice_____ector.
11. Rayos infra_____ojos.
12. Viajé a _____oma.
13. Vi lucha greco_____omana.
14. Está en etapa de desa_____ollo.
15. Hay que _____estar esta cantidad.
16. Hay que contra_____estar los efectos.
17. Vamos por la ca_____etera.
18. Hay que sub_____ayar los párrafos.
19. Hay que ponerles una _____aya.
20. Hay mucha _____iqueza en este país.
21. Todos se pueden en_____iquecer.
22. Vamos a co_____er.
23. Hay que _____eco_____er todo el camino.
24. Hay que aho_____ar un poco.
25. Vamos a _____etirar dinero del banco.

Calificación: _____ Revisó: _____

10.2 USO DE LA X

REGLA

En México, la letra x se puede pronunciar de diversas maneras.

Se pronuncia con el sonido ks en la mayoría de las palabras provenientes del latín y de lenguas extranjeras. **Ejemplos**: *extraño, explicar, conexión, laxo.*

Sin embargo, en palabras provenientes del náhuatl (y de algunas otras lenguas indígenas), la x puede pronunciarse de otras maneras. La explicación histórico-cultural es que los españoles no tenían una letra para significar el sonido de algunas palabras, por lo que utilizaron la x para escribirlas. De aquí que la x pueda tener los siguientes sonidos:

- Puede tener el sonido j como en *México, Oaxaca, Xalapa y Xicoténcatl.* También tiene este sonido en otras palabras que no son de origen indígena, como en *Texas y Xavier.*
- Puede tener el sonido s como en *Xochimilco.*
- Puede tener el sonido sh como en *Uxmal* y *Xola* .

EJERCICIO

Algunas de las siguientes palabras están bien escritas (con x o sin ella, según el caso), y otras están mal escritas (con x o sin ella, según el caso). Si consideras que están bien escritas, déjalas como están y pon una señal de correcto (paloma) en el espacio de la derecha. Si crees que están mal, corrígelas ahí mismo y pon una señal de incorrecto (tacha) en el espacio de la derecha.

EJEMPLO 1:   México   ✔

EJEMPLO 2:   Sochimilco   Xochimilco

Valor: 2 puntos cada una

1. Axesorio   _____
2. Examinar   _____

3. Espectativas	_____	4. Ecsepcional	_____
5. Jicoténcatl	_____	6. Xochicalco	_____
7. Esperimento	_____	8. Miscoac	_____
9. Istapalapa	_____	10. Esclusivo	_____
11. Acción	_____	12. Meshicas	_____
13. Ushmal	_____	14. Estremo	_____
15. Asficsia	_____	16. Explicación	_____
17. Mixiote	_____	18. Acsioma	_____
19. Ecsacto	_____	20. Tascco	_____
21. Hexágono	_____	22. Accidente	_____
23. Serigrafía	_____	24. Ortodocso	_____
25. Exhibición	_____	26. Axila	_____
27. Clacson	_____	28. Excelente	_____
29. Ócsido	_____	30. Inconexo	_____
31. Oxígeno	_____	32. Escursión	_____
33. Xóchitl	_____	34. Tuspan	_____
35. Extraño	_____	36. Bocsear	_____
37. Axionista	_____	38. Xilófono	_____
39. Esquisito	_____	40. Explicar	_____
41. Esterior	_____	42. Expedición	_____
43. Xola	_____	44. Ecsótico	_____
45. Esclamación	_____	46. Ixtle	_____
47. Flexible	_____	48. Axesible	_____
49. Espulsar	_____	50. Ixtlazíhuatl	_____

Calificación: _____   Revisó: _____

10.3 ¿ME PELIÉ O ME PELEÉ? VERBOS EN EAR Y EN IAR

R E G L A

Los verbos que terminan en ear conservan la e en todas sus conjugaciones.

	presente	pretérito	futuro	copretérito
yo	planeo	planeé	planearé	planeaba
tú	planeas	planeaste	planearás	planeabas
él	planea	planeó	planeará	planeaba
nosotros	planeamos	planeamos	planearemos	planeábamos
vosotros	planeáis	planeasteis	planearéis	planeabais
ellos	planean	planearon	planearán	planeaban

Los verbos que terminan en iar conservan la i en todas sus conjugaciones.

	presente	pretérito	futuro	copretérito
yo	estudio	estudié	estudiaré	estudiaba
tú	estudias	estudiaste	estudiarás	estudiabas
él	estudia	estudió	estudiará	estudiaba
nosotros	estudiamos	estudiamos	estudiaremos	estudiábamos
vosotros	estudiáis	estudiasteis	estudiaréis	estudiabais
ellos	estudian	estudiaron	estudiarán	estudiaban

E J E R C I C I O

En las oraciones siguientes hay por lo menos un derivado de verbos terminados en <u>ear</u> o en <u>iar</u>. Algunos están bien escritos y otros están mal escritos. Si consideras que están bien así, déjalos como están y pon una señal de correcto (paloma) en el espacio de la derecha. Si piensas que están mal escritos, corrígelos en el espacio correspondiente.

EJEMPLO 1:   El camión se ladió muy feo.   <u>ladeó</u>

EJEMPLO 2:   Y Luisa se angustió mucho.   <u>✔</u>

Valor: 4 puntos cada una

1. Voy a fotocopear este libro. _____

2. Ayer me pelié con mi hermano. _____

3. El lunes telegrafié a mi papá. _____

4. Yo telefonié al mío. _____

5. Arturo boxió en las olimpíadas escolares. _____

6. Esa canción ya se chotió. _____

7. Me puse a chatiar en la computadora. _____

8. En la playa me bronceé mucho. _____

9. A mí se me estropió el traje de baño. _____

10. Mi novia se fue un mes de vacaciones, pero me cartié con ella. _____

11. Le planteé a Luis un acertijo, y no lo adivinó. _____

12. Ricardo se animó y torió una vaquilla. _____

13. Ayer negocié con mi jefe un aumento de sueldo. _____

14. Le tuve que regatiar mucho, pero lo conseguí. _____

15. Ya nos tenemos confianza, ya nos tutiamos. _____

16. En la fiesta se sortió una computadora. _____

17. Me torcí el tobillo, por eso ando cojiando. _____

18. Cuquita lidió con su hermano menor toda la semana. _____

19. Hasta que el niño pestañió y se durmió. _____

20. Me alié con mi pior enemigo. _____

21. Fue después de que me alinié en sus filas. _____

22. "Lo golpié porque él me apedrió", se excusó Luis. _____

23. Boleé mis zapatos y pasié con mi novia. _____

24. Juan me espiaba, yo ya me olfatiaba algo. _____

25. Me enfrié mucho y ya no emplié el libro. _____

Calificación: _____   Revisó: _____

10.4 ¿FORZAN O FUERZAN? ¿NEVA O NIEVA? VERBOS IRREGULARES

R E G L A

Forzar y *nevar* son verbos irregulares, es decir, que cambian su forma al conjugarlos.

Algunos verbos cambian la <u>o</u> en <u>ue</u> en algunos tiempos y modos, sobre todo cuando la <u>o</u> es tónica.

Por **ejemplo**: *forzar, contar, probar, mostrar, volar, costar, tostar, sonar, soldar, mover, poder, morder, cocer* (el verbo *coser* es regular)*, torcer, oler, volver, dormir*, etc. Estos verbos se conjugan de la siguiente manera:

	presente	pretérito	futuro	copretérito	pres. subj.
yo	fuerzo	forcé	forzaré	forzaba	fuerce
tú	fuerzas	forzaste	forzarás	forzabas	fuerces
él	fuerza	forzó	forzará	forzaba	fuerce
nosotros	forzamos	forzamos	forzaremos	forzábamos	forcemos
vosotros	forzáis	forzasteis	forzaréis	forzabais	forcéis
ellos	fuerzan	forzaron	forzarán	forzaban	fuercen
imperativo	fuerza (tú), fuercen (ustedes)				

Otros verbos cambian la <u>e</u> en <u>ie</u> en algunos tiempos y modos, sobre todo cuando la <u>e</u> es tónica. Por ejemplo: *nevar, acertar, herrar, segar, negar, sembrar, temblar, encerrar, empezar, tender, trascender, descender, mentir, requerir, inferir, sugerir, ingerir*, etc. Estos verbos se conjugan de la siguiente manera:

	presente	pretérito	futuro	copretérito	pres. subj.
yo	acierto	acerté	acertaré	acertaba	acierte
tú	aciertas	acertaste	acertarás	acertabas	aciertes
él	acierta	acertó	acertará	acertaba	acierte
nosotros	acertamos	acertamos	acertaremos	acertábamos	acertemos
vosotros	acertáis	acertasteis	acertaréis	acertabais	acertéis
ellos	aciertan	acertaron	acertarán	acertaban	acierten
imperativo	acierta (tú), acierten (ustedes)				

E J E R C I C I O

En las oraciones siguientes hay por lo menos un derivado de verbos irregulares. Algunos están bien escritos y otros están mal escritos. Si consideras que están bien así, déjalos como están y pon una señal de correcto (paloma) en el espacio de la derecha. Si consideras que están mal escritos, corrígelos en el espacio correspondiente.

EJEMPLO 1:   No quiero que siga nevando.   ✔

EJEMPLO 2:   Yo tampoco quiero que neve.   <u>nieve</u>

Valor: 4 puntos cada una

1. No hagas mucha fuerza, no lo forces. _____
2. Yo no temblo aunque la ciudad tiemble. _____
3. Quiero que sueldes bien esas dos piezas. _____
4. Si no puedes, yo las soldo. _____
5. No niegues lo que dijiste. _____
6. Deja que se cozan los frijoles, todavía les falta. _____
7. Yo ya tendí las camisas, tú tende los pantalones. _____
8. No lo tostes, no me gusta tostado. _____
9. ¿Qué me sugieres? _____
10. Yo no descendo rápido, porque me mareo. _____
11. Si lo torces más, quedará bien torcido. _____
12. Hace mucho que no neva en esta ciudad. _____
13. No me forces a decir la verdad. _____
14. Hierra bien ese mueble, ponle bien los herrajes. _____
15. Si no quiere venir, fórzalo a hacerlo. _____
16. Yo no miento; la verdad siempre trascende. _____
17. Coso la camisa mientras se cocen los frijoles. _____
18. Si hela más, se congela el lago. _____
19. Si no se tuesta bien, no lo muerdas. _____
20. Si no se tuerce bien, no lo forces. _____
21. Yo no tiemblo aunque haga mucho frío. _____
22. Si no lo sueldas bien, no te pago tu sueldo. _____
23. No nega la cruz de su parroquia. _____
24. Quiero que reforces ese nudo. _____
25. ¡Mira cómo neva! ¡Mira cuánta nieve! _____

Calificación: _____   Revisó: _____

10.5 LOS DEPORTES

R E G L A

El listado de los deportes que se practican en todo el mundo es enorme. A veces es difícil escribir el nombre de algunos, porque son originarios de otros países. Algunos nombres han sido traducidos al español; para otros, se utiliza la versión españolizada del mismo; para otros más, se utiliza el nombre en el idioma original.

En muchos países de habla hispana (como en México), los nombres de deportes que terminan en bol (*ball* en inglés) se pronuncian como palabras agudas (*futBOL, basquetBOL*)) y por eso no llevan acento. Sin embargo, en otros países (como en España y Argentina) se pronuncian como palabras graves (FÚTbol) o esdrújulas (BÁSquetbol) y llevan el acento que les corresponde. La Real Academia acepta ambas modalidades.

Sin pretender agotar la lista de posibles deportes, a continuación se presenta la manera correcta de escribir los más usuales, de acuerdo con el diccionario de la RAE.

- El futbol o fútbol o balompié; el basquetbol, básquetbol o baloncesto; el voleibol, vóleibol, balonmano o balonvolea; el beisbol o béisbol; el karate o kárate; el ping-pong o tenis de mesa; el frontenis; el piragüismo (la RAE no acepta llamarlo canotaje); el bádminton; el waterpolo.

- Asimismo, la Real Academia Española acepta utilizar las voces originales para el hockey, el rugby, el yudo o judo y el taekwondo (o taekuondo).

- Aunque la RAE no los incluye en su diccionario, también se utiliza el raquetbol, ráquetbol o racquetball (existe la Federación Mexicana de Racquetball) y el softbol o sóftbol (también existe la Federación Mexicana de Softbol).

E J E R C I C I O

En las oraciones siguientes se incluye el nombre de alguno de los deportes anotados más arriba. Algunos están bien escritos y otros están mal escritos. Si consideras que están bien así, déjalos como están y pon una señal de correcto (paloma) en el espacio de la derecha. Si consideras que están mal escritos, corrígelos ahí mismo y pon una señal de incorrecto (tacha) en el espacio de la derecha.

EJEMPLO: Estoy en el equipo de futbol.   ✔

Yo estoy en el equipo de basebol.   ✗

Valor: 4 puntos cada una

1. En mi escuela tenemos un equipo de football. _____
2. En la mía también tenemos uno de baseball. _____
3. Para entrar al equipo de básketball debes ser muy alto. _____
4. También para entrar al de volleyball. _____
5. Para jugar beisbol no tienes que ser alto. _____
6. En Cuemanco se practica el canotaje. _____
7. A mí me gusta ver el football americano en la televisión. _____
8. Yo prefiero jugar pin-pón. _____
9. Mi hermano es cinta marrón en kárate. _____
10. El mío es cinta negra en yudo. _____
11. Los taekwondoínes practican el taiquandó. _____
12. El jocky es un deporte inglés. _____
13. El rugby también. _____
14. Hay hocky sobre hielo y hockey sobre pasto. _____
15. El badmington es un deporte tranquilo. _____
16. Mis amigos juegan front-tenis en la calle. _____
17. Los equipos de básketball son de cinco personas. _____
18. Los equipos de volibol son de seis personas. _____
19. Los equipos de beisbol son de nueve personas. _____
20. Los equipos de footbol son de once personas. _____
21. El pinpón se puede jugar entre dos o cuatro personas. _____
22. El judo y el taiquandó son deportes violentos. _____
23. El baloncesto es el nombre en español del básketball. _____
24. Balonmano es el nombre en español del voleyball. _____
25. Y balompié es el nombre en español del football. _____

Calificación: _____   Revisó: _____

MAPA CONCEPTUAL DE LA UNIDAD 2

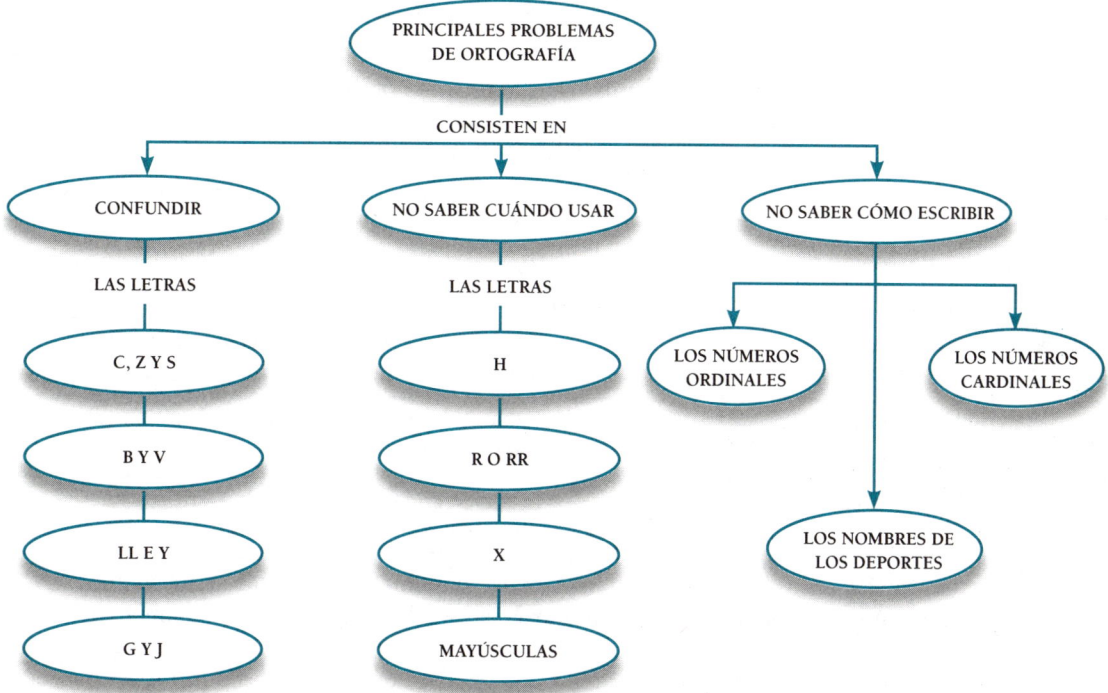

UNIDAD 3

¿Tienes problemas con los homónimos?

Los **homónimos** (y en especial los **homófonos**) causan muchos problemas al momento de escribir.

¿Alguna vez te ha pasado esto?	
"No haz terminado tu tarea."	¿Estará bien escrita la palabra *haz*? La computadora no me la rechazó.
"No la he echo todavía."	De nuevo, la computadora no me dijo nada sobre la palabra *echo*. Quiere decir que está bien escrita.
"Te voy a dar un concejo."	Aunque la palabra *concejo* no se ve bien, la computadora me la aceptó.
"No creo que halla terminado."	Tenía dudas sobre la palabra *halla*, pero parece que está bien.
"Al fin y al cavo que todavía hay tiempo."	Tampoco en la palabra *cavo* hay error. ¡Qué bien voy!

En esta unidad trabajaremos los **homónimos**; en una unidad posterior trabajaremos los **parónimos**.
¿Qué es eso de homófonos, homónimos y parónimos? ¿No son lo mismo que los sinónimos y los antónimos?
Antes de iniciar con los ejercicios correspondientes, es necesario que aclaremos los principales conceptos que estaremos utilizando. Para eso ayudará el siguiente cuadro.

tipos de palabras	características
SINÓNIMOS	Tienen el mismo significado (o parecido), pero se escriben de manera diferente. **Ejemplos**: *burro -jumento -pollino*.
ANTÓNIMOS	Tienen significados opuestos, y se escriben de manera diferente. **Ejemplos**: *dulce -salado*.
HOMÓNIMOS Los homónimos pueden ser	Son iguales en la forma (de escribirlos y/o de pronunciarlos), pero tienen significados diferentes.
a) homógrafos	Se escriben y pronuncian de la misma manera, pero tienen significados diferentes. **Ejemplos**: *vela* (de un barco) *-vela* (de cera, para iluminar).
b) homófonos	Se pronuncian de la misma manera, pero se escriben de modo diferente y tienen significados diferentes. **Ejemplos**: *cegar -segar*.
PARÓNIMOS	Se escriben de manera muy parecida (pero no igual), se pronuncian de manera muy parecida (pero no igual) y tienen significados diferentes. **Ejemplos**: *efecto -afecto*.

Explicación con juego de palabras
Se denomina **homónimas** a dos o más palabras que son iguales en la forma de escribirse y/o de pronunciarse, pero que tienen significados diferentes.
Los **homónimos** pueden ser **homógrafos** (si se escriben igual) u **homófonos** (si sólo se pronuncian igual pero se escriben de manera diferente).
Todos los **homógrafos** son **homónimos**, pero también son **homófonos**, ya que, al escribirse igual, también se pronuncian igual.
Todos los **homófonos** (se pronuncian igual) son **homónimos** (parecidos en la forma), pero no son **homógrafos** (no se escriben igual).

Una vez aclarados estos conceptos, pasemos a los ejercicios correspondientes.

C A P Í T U L O   1 1

LOS HOMÓGRAFOS

Cuando buscamos una palabra en el diccionario, encontramos con que la misma palabra puede tener diferentes significados; **los diversos significados de una palabra son homónimos y homógrafos entre sí.**

EJEMPLO: LA PALABRA CARPETA EN EL DICCIONARIO DE LA

(Del fr. *carpette*, tapete, y este del ingl. *carpet*).

1. f. Útil de escritorio que consiste en una pieza rectangular, generalmente de cartón o plástico, que, doblada por la mitad y atada con cintas, gomas o cualquier otro medio, sirve para guardar o clasificar papeles, dibujos o documentos.
2. f. Cartera grande, generalmente de piel, que sirve para escribir sobre ella y para guardar dentro papeles.
3. f. Factura o relación detallada de los valores o efectos públicos o comerciales que se presentan al cobro, al canje o a la amortización.
4. f. Manta, cortina o paño que colgaba en las puertas de las tabernas.
5. f. Cubierta de badana o de tela que se ponía sobre las mesas y arcas para aseo y limpieza.
6. f. *Arg.*, *Col.* y *Ur.* Tapete de adorno o protección que se coloca sobre algunos muebles o bandejas.
7. f. *Arg.*, *Par.* y *Ur.* Tapete verde, que cubre la mesa de juego.
8. f. coloq. *Arg.* y *Ur.* Habilidad o experiencia en el trato con los demás.
9. f. *Cuba.* Oficina de recepción de un hotel.

11.1 LOS HOMÓGRAFOS Y SU SIGNIFICADO

REGLA

Se les llama **homónimas** a dos o más palabras que son iguales en la forma, pero tienen diferente significado. Las palabras homónimas pueden ser homógrafas u homófonas.

Se les denomina **homógrafas** cuando se escriben y pronuncian exactamente de la misma manera, pero tienen significados diferentes. Por ejemplo: *vela* (de cera) y *vela* (de un barco). Otro ejemplo: *banco* (para sentarse) y *banco* (para guardar el dinero).

Si suenan igual, pero se escriben de manera diferente y tienen significados diferentes, se les denomina palabras **homófonas**. Por ejemplo: *segar* y *cegar*.

EJERCICIO

A continuación encontrarás una lista de 20 palabras. Para cada una, escribe en los espacios indicados dos significados diferentes.

EJEMPLO: Vela   Cilindro de cera con pabilo que se enciende y da luz.

Pieza de lona que impulsa con el viento a una nave.

Valor: 5 puntos cada una

1. Alce _____
2. Capital _____
3. Evita _____
4. Lengua _____
5. Banco _____
6. Mate _____
7. Muñeca _____
8. Clave _____
9. Cobre _____
10. Cita _____
11. Coma _____
12. Era _____
13. Fuerte _____
14. Gira _____
15. Importar_____
16. Morada _____
17. Nada _____
18. Vino _____
19. Cólera _____
20. Cometa _____

Calificación: _____   Revisó: _____

11.2 DESCUBRE LA PALABRA

R E G L A

Se les llama **homónimas** a dos o más palabras que son iguales en la forma, pero tienen diferente significado. Los homónimos pueden ser homógrafos u homófonos.

Se les denomina **homógrafas** cuando se escriben y pronuncian exactamente de la misma manera, pero tienen significados diferentes. Por ejemplo: *vela* (de cera) y *vela* (de un barco). Otro ejemplo: *banco* (para sentarse) y *banco* (para guardar el dinero).

E J E R C I C I O

En este ejercicio, tienes que encontrar la palabra cuyos significados te indicamos.

EJEMPLO: ¿Cuál es la palabra que significa tanto *masa gaseosa en combustión*, como *mamífero rumiante propio de América Meridional*? La respuesta es **llama**.

Valor: 5 puntos cada una

1. Palabra que significa tanto sacerdote, como remedio para una enfermedad. _____.

2. Palabra que significa tanto mandato, como concierto o buena disposición de las cosas entre sí. _____.

3. Palabra que significa una parte de la cara, como la parte delantera de una cosa, a diferencia de sus lados. _____.

4. Palabra que significa tanto terreno inclinado, como asunto que está por terminarse o resolverse. _____.

5. Palabra que significa tanto máquina para elevar el agua, como artefacto explosivo. _____.

6. Palabra que significa tanto un color, como una bebida aromática que se toma caliente. _____.

7. Palabra que significa tanto que una cosa no es barata, como la parte anterior de la cabeza humana. _____.

8. Palabra que significa tanto un adverbio comparativo, como el hecho de que yo tomo algún alimento _____.

9. Palabra que significa tanto hoja delgada que sirve para escribir, como parte de una obra dramática que ha de representar cada actor. _____.

10. Palabra que significa tanto embrollo, enredo o confusión, como una porción de ropas atadas. _____.

11. Palabra que significa tanto puro, simple o insignificante, como un pez teleósteo marino que llega a tener un metro de largo. _____.

12. Palabra que significa tanto uva seca, como la orden de entrar o introducir algo a algún lugar. _____.

13. Palabra que significa tanto algo relativo al sol, como una porción de terreno en la que se edificó o edificará algo. _____.

14. Palabra que significa tanto estado o condición de una persona o de un pueblo, como casualidad o encadenamiento fortuito de sucesos. _____.

15. Palabra que significa tanto vestido completo de una persona, como el tiempo pasado del verbo traer. _____.

16. Palabra que significa tanto roncha o moretón que se levanta por efecto de un golpe, como la persona encargada de hacer cumplir una sentencia. _____.

17. Palabra que significa tanto cada una de las piezas que cubren el cuerpo de las aves, como instrumento para escribir. _____.

18. Palabra que significa tanto trabajo corporal o mental, como las operaciones que realiza el novillero con el toro. _____.

19. Palabra que significa tanto la marca o señal que algo deja en otra cosa al presionar sobre ella, como el efecto o sensación de que algo o alguien causa en el ánimo. _____.

20. Palabra que significa tanto la pieza de papel en que se manda una carta, como la preposición que indica que algo está encima de otra cosa. _____.

Calificación: _____   Revisó: _____

CAPÍTULO 12

HOMÓFONOS EN LOS QUE INTERVIENEN LA C, LA Z Y LA S

Más que los homógrafos, **son los homófonos los que presentan dificultad para su correcta escritura**, ya que suenan igual pero se escriben de manera diferente.

En particular, los homófonos en los que intervienen la c, la z y la s nos pueden plantear problemas, ya que son tres los sonidos que se pueden confundir. En este capítulo estudiaremos algunos de estos homófonos.

12.1 ABRAZAR, ABRASAR; BAZAR, BASAR; LAZO, LASO

R E G L A

Se les llama **homófonas** a dos o más palabras que suenan igual, pero que se escriben de manera diferente y tienen significados diferentes.

Abrazar significa estrechar o ceñir con los brazos. (*Te voy a abrazar de cariño.*) Sus parientes o derivados van con z o con c	**Abrasar** significa quemar, calentar demasiado, reducir a brasa. (*Esa carne se va a abrasar, ya sácala.*) Sus parientes o derivados siempre van con s.
Bazar es un mercado público o tienda en la que se venden productos de diversos tipos. (*Lo compré en un bazar.*)	**Basar** significa asentar algo sobre una base. (*Para la discusión, me voy a basar en este libro.*) Sus parientes o derivados siempre van con s.

Lazo es una atadura o nudo de cintas o hilos. También es el presente del verbo *lazar*. (*Le echó un lazo al perro.*)	**Laso** significa flojo, cansado. (*Anda muy laso, no tiene ganas de nada.*)

E J E R C I C I O

En las oraciones siguientes se utiliza alguna de las palabras indicadas en la regla. Algunas están escritas correctamente, y otras no. Si consideras que están bien escritas, déjalas como están y pon una señal de correcto (paloma) en el espacio de la derecha. Si crees que están mal, escríbelas correctamente en el espacio de la derecha.

EJEMPLO 1:   Esta camisa la compré en ese bazar.   ✔

EJEMPLO 2:   Es mejor que aquel otro basar.   <u>bazar</u>

Valor: 4 puntos cada una

1. ¿En qué te bazas para afirmar eso? _____

2. No seas tímido, déjate abrasar por los que te quieren. _____

3. En ese basar venden muchas curiosidades. _____

4. Atrapé la vaca con un laso. _____

5. Si te quedas mucho tiempo al sol, te vas a abrasar. _____

6. Después de hacer ejercicio, me siento muy laso. _____

7. Un abraso es una muestra de cariño. _____

8. Esta casa está bien basada, tiene buenos cimientos. _____

9. En Internet encontré un bazar electrónico. _____

10. Si no quieres que esa carne se abrase, sácala del asador. _____

11. Estar lazo significa estar cansado, agotado. _____

12. A los niños no les gusta que sus mamás los abracen en público. _____

13. Este lazo es para el perro. _____

14. Las bases de la columna son firmes. _____

15. Mi primo es muy tímido, nunca abraza a nadie. _____

16. Yo soy buen cocinero, nunca se me abraza la comida. _____

17. En un basar no venden computadoras. _____

18. Un estudiante laso no pone mucha atención. _____

19. Sin baces suficientes, no podemos proceder. _____

20. Sin un laso, no podrás detener esa vaca. _____

21. Es su cumpleaños, dale un abrazo. _____

22. Este bazar es diferente de los demás. _____

23. El juego de fut los dejó a todos completamente lasos. _____

24. Se distrajo hablando por teléfono, y la comida se abrazó. _____

25. El lazo amarillo es para la perrita café. _____

Calificación: _____   Revisó: _____

12.2 ASECHAR, ACECHAR; CONSEJO, CONCEJO; CEGAR, SEGAR

R E G L A

Se les llama **homófonas** a dos o más palabras que suenan igual, pero que se escriben de manera diferente y tienen significados diferentes.

Asechar significa poner o armar asechanzas, engaños o artificios para hacer daño a alguien. (*En la política son muy comunes las asechanzas.*) Sus parientes o derivados van con s̲.	**Acechar** significa observar, aguardar cautelosamente con algún propósito. (*Están al acecho.*) Sus parientes o derivados van con c̲.
El **consejo** es un órgano colegiado. También es una opinión, parecer o dictamen que se da o toma para hacer o no hacer algo. (*Sigue mi consejo.*)	El **concejo** es el ayuntamiento o el municipio, o la reunión celebrada por quienes lo integran. (*El Concejo tuvo su reunión mensual.*)
Cegar significa quitar la vista a alguien, dejarlo ciego. (*No te ciegues ante estos argumentos.*) Sus parientes o derivados van con c̲.	**Segar** significa cortar mieses o hierba con la hoz, la guadaña o cualquier máquina que sirva para este propósito. (*Ya es tiempo de segar.*) Sus parientes o derivados van con s̲.

E J E R C I C I O

En las oraciones siguientes se utiliza alguna de las palabras indicadas en la regla. Algunas están escritas correctamente, y otras no. Si consideras que están bien escritas, déjalas como están y pon una señal de correcto (paloma) en el espacio de la derecha. Si crees que están mal, escríbelas correctamente en el espacio de la derecha.

EJEMPLO 1:   Ya van a segar estos campos.   ✔

EJEMPLO 2:   Los otros, los cegarán después.   segarán

Valor: 4 puntos cada una

1. El lobo acecha para matar corderos.   _____
2. Te voy a dar un buen concejo.   _____
3. La Biblia nos previene de las asechanzas del demonio.   _____
4. El jardinero segó las malas hierbas.   _____
5. El Concejo Municipal está en sesión.   _____
6. No te siegues ante la verdad, enfréntala.   _____
7. La envidia es la principal causa de las asechanzas.   _____
8. El ladrón asecha en la oscuridad.   _____
9. Siempre sigue el consejo de los mayores.   _____
10. Ver directamente un eclipse te puede cegar. _____
11. Ante las acechanzas del mal, hay que ser precavidos.   _____
12. Ya es la temporada de ciega.   _____
13. No hubo quórum suficiente en la sesión del Concejo.   _____

14. Por el accidente, quedó medio siego. _____

15. En política, siempre debes cuidarte de posibles acechanzas. _____

16. Si no sabes, mejor no andes dando concejos. _____

17. Los buitres asechan en busca de comida. _____

18. Asechanza equivale a decir artimaña. _____

19. Te ayudaremos a cegar el campo. _____

20. El Consejo está integrado por varios regidores. _____

21. Hay que ser ciegos para no ver ese letrero. _____

22. Los bandidos acechan para poner una emboscada. _____

23. Las malas compañías dan malos consejos. _____

24. Tiene una máquina cegadora muy moderna. _____

25. Las decisiones importantes se toman en el Consejo. _____

Calificación: _____   Revisó: _____

12.3 CAZAR, CASAR; COCER, COSER; CAZO, CASO

R E G L A

Se les llama **homófonas** a dos o más palabras que suenan igual, pero que se escriben de manera diferente y tienen significados diferentes.

Cazar significa ir de cacería. (*Voy a cazar conejos.*) Sus parientes o derivados van con z o con c.	**Casar** significa contraer matrimonio. (*Se va a casar el domingo*). Sus parientes o derivados siempre van con s.
Cocer significa cocinar algo. (*Va a cocer los frijoles.*) Sus parientes o derivados van con z o con c.	**Coser** significa unir con hilo. (*Va a coser la camisa.*) Sus parientes o derivados siempre van con s.
Cazo es un recipiente o utensilio de cocina. (*Utilizaré ese cazo para los frijoles.*)	**Caso** es un suceso, acontecimiento o asunto. (*Hoy tratarán mi caso.*)

E J E R C I C I O

En cada una de las oraciones siguientes se utiliza alguna de las palabras indicadas en la regla. Algunas están escritas correctamente, y otras no. Si consideras que están bien escritas, déjalas como están y pon una señal de correcto (paloma) en el espacio de la derecha. Si crees que están mal, escríbelas correctamente en el espacio de la derecha.

EJEMPLO 1:   Van a la sierra a cazar venados.   ✔

EJEMPLO 2:   Luisa se va a cazar con Pedro.   casar

Valor: 4 puntos cada una

1. Lupe y Arturo se van a cazar.   _____
2. Voy a cozer esta camisa, que se me rasgó.   _____
3. Juan no está aquí, se fue a casar al monte.   _____
4. Este cazo de barro es el más viejo de mi cocina.   _____
5. Este arroz ya se cosió.   _____
6. Mi papá me dijo que, si le cocía este pantalón, me llevaría al cine. _____
7. Ricardo se casó el mes pasado, y no nos invitó a la boda.   _____
8. Tú nunca me haces cazo no escuchas lo que digo.   _____
9. Estos plátanos cozidos te quedaron muy sabrosos.   _____
10. El cazo de los frijoles se cayó y se rompió.   _____
11. El pasatiempo de Pedro es casar ardillas.   _____
12. Si no me haces caso te golpearé la cabeza con este caso.   _____ , _____
13. Mi mamá no quería que me casara con mi novio.   _____
14. Hazme cazo y no compres en esta tienda.   _____
15. Este parche quedó mal cocido, se nota la costura.   _____
16. A ver si ahora sí cazas un venado.   _____
17. Ya estudiaron mi cazo en el comité de becas.   _____
18. Mi mamá me enseñó a coser frijoles de la olla.   _____
19. Mi abuelita me enseñó a cozer y tejer.   _____
20. Berta quiere tanto a Luis, que seguro se va a casar con él.   _____
21. No tiene cazo seguir hablando de esto.   _____
22. Este caso es el mismo que utilizaba mi abuelita en su cocina.   _____
23. No insistas en casar animales; mejor compra la carne en la carnicería. _____
24. Limpia bien el cazo antes de volverlo a usar.   _____
25. Todavía están crudos; hay que coserlos un poco más.   _____ .

Calificación: _____   Revisó: _____

12.4 CAUCE, CAUSE; ENCAUZAR, ENCAUSAR; ZUMO, SUMO

REGLA

Se les llama **homófonas** a dos o más palabras que suenan igual, pero que se escriben de manera diferente y tienen significados diferentes.

Cauce es el lecho de los ríos y los arroyos. (*El río sigue su cauce.*)	**Cause** es el subjuntivo del verbo *causar*, producir un efecto. (*No quiero que te cause daño.*)
Encauzar significa abrir un cauce, o encaminar o dirigir por buen camino un asunto, una discusión, una persona. (*Tienes que encauzar esta discusión.*) Sus parientes o derivados van con z o con c.	**Encausar** significa formar causa a alguien, proceder contra él judicialmente. (*Lo van a encausar por ese delito.*) Sus parientes o derivados siempre van con s.

Zumo es el líquido que se saca de las hierbas, flores o frutas, al exprimirlas. (*El zumo de la naranja hace arder los ojos.*)

Sumo significa supremo, altísimo, muy grande, enorme. (*Llegó el sumo sacerdote.*) También es el presente del verbo *sumar* y del verbo *sumir*. También es un arte marcial de origen japonés.

E J E R C I C I O

En las oraciones siguientes se utiliza alguna de las palabras indicadas en la regla. Algunas están escritas correctamente, y otras no. Si consideras que están bien escritas, déjalas como están y pon una señal de correcto (paloma) en el espacio de la derecha. Si crees que están mal, escríbelas correctamente en el espacio de la derecha.

EJEMPLO 1: Este asunto va por buen cauce. ✔

EJEMPLO 2: El río se salió de cause. <u>cauce</u>

Valor: 4 puntos cada una

1. Llovió tanto, que el río se salió de cause. _____
2. Te ayudaré con zumo placer. _____
3. No importa qué sea lo que cauce esta enfermedad, hay que curarla. _____
4. Dicen que el sumo de la hierbabuena puede ayudar para eso. _____
5. Los padres deben encausar a sus hijos por el buen camino. _____
6. Si sumo ocho más ocho, me dan dieciséis. _____
7. El cauze de este río es muy sinuoso. _____
8. Si lo descubren, lo van a encauzar y lo pueden meter a la cárcel. _____
9. Después de tantos problemas, todo volvió a su cause normal. _____
10. Con el zumo del limón puedes hacer una rica limonada. _____
11. Creo que este motor es el que cauza ese ruido. _____
12. No es tan viejo, a lo zumo tiene 45 años. _____
13. Dicen que las cárceles ayudan a encausar a los delincuentes. _____
14. Después de que los han encausado y condenado en los tribunales. _____
15. Espero que lo que te voy a decir no te cause risa. _____
16. Con el zumo de la sábila se curan muchas enfermedades. _____
17. Antes de castigarlo, lo deben encauzar y encontrarlo culpable. _____
18. En vez de castigarlos, hay que tratar de encausar a los que actúan mal. _____
19. Cuando el río se sale de cauce todos los campos se inundan. _____
20. Esos luchadores de sumo están muy gordos. _____
21. No sé qué cauce tanta conmoción allá abajo en la calle. _____
22. Después de encauzarlo, determinaron que era culpable. _____
23. Con el zumo de las uvas se produce el vino. _____
24. Ojalá que el ayudarme no te cauce ningún problema. _____
25. Quiero que encauses bien la discusión, para llegar rápido a algunas conclusiones. _____

Calificación: _____ Revisó: _____

12.5 CIENTO, SIENTO; CIEN, SIEN; CENSOR, SENSOR; INCIPIENTE, INSIPIENTE

REGLA

Se les llama **homófonas** a dos o más palabras que suenan igual, pero que se escriben de manera diferente y tienen significados diferentes.

Ciento es un conjunto de cien cosas. (*Trae un ciento de hojas.*)	**Siento** es el presente del verbo *sentir*. (*No siento nada.*)
Cien es un número. (*Traigo cien pesos.*)	**Sien** es cada una de las partes laterales de la cara, entre la frente, la oreja y la mejilla. (*Traigo un dolor en la sien.*)
El **censor** es la persona que censura o la persona que está a cargo del censo. (*El censor de la academia es muy estricto.*)	El **sensor** es un dispositivo que detecta una determinada acción externa (temperatura, presión, etc.) y la trasmite adecuadamente. (*Este sensor nos avisará si entra alguien a la casa.*)
Incipiente significa que apenas empieza. (*Es un maestro incipiente.*)	**Insipiente** significa falto de sabiduría, juicio o ciencia. (*Es una persona insipiente, ignorante.*)

EJERCICIO

En las oraciones siguientes se utiliza alguna de las palabras indicadas en la regla. Algunas están escritas correctamente, y otras no. Si consideras que están bien escritas, déjalas como están y pon una señal de correcto (paloma) en el espacio de la derecha. Si crees que están mal, escríbelas correctamente en el espacio de la derecha.

EJEMPLO 1:   Lo siento mucho, no te puedo ayudar.   ✔

EJEMPLO 2:   Pues yo también lo ciento mucho.   <u>siento</u>

Valor: 4 puntos cada una

1. Se suicidó con un tiro en la cien.   _____
2. En la fiesta había más de un siento de estudiantes.   _____
3. Lupe es una cocinera insipiente, no sabe hacer frijoles de la olla.   _____
4. Este censor detecta el movimiento de una mosca.   _____
5. No me ciento bien, creo que estoy enfermo.   _____
6. Una persona incipiente es como un burro o jumento.   _____
7. Vale más pájaro en mano que un siento volando.   _____
8. El censor no permitió proyectar esa película.   _____
9. Este acertijo no lo resuelven las personas incipientes, con pocos conocimientos.   _____
10. Juan es muy exagerado, dice que ha tenido más de sien novias.   _____
11. Ésta es la silla en la que siempre me siento.   _____
12. El juego está insipiente, acaba de empezar.   _____
13. Me salió una espinilla en la cien izquierda.   _____
14. Los sensores ya levantaron el padrón de esta colonia.   _____

15. Mándame un siento de tarjetas y un millas de hojas.   _____

16. El censor de la temperatura se descompuso.   _____

17. Se pintó rayas negras en ambas cienes, parecía un piel roja.   _____

18. No ciento la mano, la tengo dormida.   _____

19. Este libro trae orientaciones para el escritor incipiente.   _____

20. Traigo un gran dolor de cabeza en la cien derecha.   _____

21. Un pueblo sin democracia es un pueblo incipiente, ignorante.   _____

22. Estos sensores de movimiento son muy modernos.   _____

23. Siento mucho que tú no hayas podido asistir.   _____

24. Parece que traigo sien agujas clavadas en la sien.   _____, _____.

25. El sensor es el que censura.   _____

Calificación: _____   Revisó: _____

C A P Í T U L O 1 3

HOMÓFONOS EN LOS QUE INTERVIENEN LA <u>B</u> Y LA <u>V</u>

El sonido <u>b</u> también puede plantear algunos problemas, ya que cuando escuchamos una palabra no sabemos si es con <u>b</u> o con <u>v</u>. Si no escribimos la palabra correctamente, podríamos estar usando un homófono con un significado diferente

13.1 ABOCAR, AVOCAR; ACERBO, ACERVO; REBELAR, REVELAR

R E G L A

Se les llama **homófonas** a dos o más palabras que suenan igual, pero que se escriben de manera diferente y tienen significados diferentes.

Abocar significa verter el contenido de un cántaro o costal en otro, para lo cual se aproximan las bocas de ambos. Se utiliza para indicar que varias personas se juntan para dedicarse a algo o tratar un negocio. También significa desembocar, ir a parar, comenzar a entrar en un canal o en un puerto. (*Se abocaron a organizar el congreso.*) Sus parientes o derivados van con <u>b</u>.	**Avocar** significa atraer a sí la resolución de un asunto o causa cuya decisión correspondería a un órgano inferior. Se refiere sobre todo a autoridades judiciales o de gobierno. (*La Procuraduría General se avocó el caso de ese narcotraficante.*) Sus parientes o derivados van con <u>v</u>.

Acerbo significa áspero al gusto, cruel, riguroso. (*Este guiso quedó muy acerbo.*)	**Acervo** es un conjunto o montón de cosas pequeñas, así como un conjunto de bienes morales o culturales acumulados por tradición o herencia. Es el haber que pertenece en común a varias personas, como socios, coherederos o acreedores. (*El acervo cultural de este país es enorme.*)
Rebelar significa sublevar, levantar a alguien haciendo que falte a la obediencia debida, oponer resistencia. (*Los del sur se rebelaron contra los del norte.*) Sus parientes o derivados van con <u>b</u>.	**Revelar** significa quitar el velo, descubrir o manifestar lo ignorado o secreto. En fotografía, significa hacer visible la imagen impresa en la placa o película fotográfica. (*Voy a mandar revelar las fotografías de las vacaciones.*) Sus parientes o derivados van con <u>v</u>.

E J E R C I C I O

En las oraciones siguientes se utiliza alguna de las palabras indicadas en la regla. Algunas están escritas correctamente, y otras no. Si consideras que están bien escritas, déjalas como están y pon una señal de correcto (paloma) en el espacio de la derecha. Si crees que están mal, escríbelas correctamente en el espacio de la derecha.

EJEMPLO 1:   Nunca te rebeles contra tus profesores.   ✔

EJEMPLO 2:   Yo nunca me revelo contra ellos.   <u>rebelo</u>

Valor: 4 puntos cada una

1. Voy a avocarme a preparar los exámenes. _____
2. La revelión empezó hace unos días. _____
3. Pedro tiene un gran acervo de libros. _____
4. Un tribunal superior se avocó este caso. _____
5. Tu secreto ya fue rebelado. _____
6. Esta limonada quedó muy acerba. _____
7. Los secretos siempre serán rebelados. _____
8. Juan dice que es un rebelde sin causa. _____
9. El acerbo de esta biblioteca es enorme. _____
10. Nos abocaremos a organizar el viaje de prácticas. _____
11. Tiene un sabor acervo. _____
12. ¿Ya mandaste revelar las fotos? _____
13. Pon el costal junto a ese acervo de naranjas. _____
14. Hay que avocarse a preparar la exposición. _____
15. Este postre quedó más acerbo que el otro. _____
16. Arturo es muy revelde con sus padres. _____
17. Sólo un tribunal superior se puede abocar un caso. _____
18. La Procuraduría se avocó el caso más importante. _____
19. Estas fotografías quedaron mal rebeladas. _____
20. Europa posee un gran acervo cultural. _____

21. Todos los de tercero se abocaron a organizar la graduación.   _____

22. Su hija se rebeló y la desobedeció.   _____

23. No está sabroso, quedó acervo.   _____

24. La Procuraduría General se avoca los casos de orden federal.   _____

25. En el último capítulo se revela el secreto.   _____

Calificación: _____   Revisó: _____

13.2 BASTA, VASTA, ¡BASTA!

R E G L A

Se les llama **homófonas** a dos o más palabras que suenan igual, pero que se escriben de manera diferente y tienen significados diferentes.

Basta o **basto**	Significa grosero, tosco, ordinario, burdo, sin pulir. (*La madera está basta.*).El *basto* es también uno de los palos de la baraja española. (*Tengo el as de bastos.*)
Vasta o **vasto**	Significa muy grande, muy extenso, dilatado. (*Es un vasto territorio.*)
¡Basta!	Es una interjección, siempre va entre signos de admiración, y significa que ya es bastante, suficiente. El verbo *bastar* significa ser suficiente, tener en abundancia. (*¡Basta! No sigas.*)

E J E R C I C I O

En las oraciones que siguen, hace falta una de las palabras señaladas en la regla. Completa cada oración con la palabra que le haga falta, de acuerdo con el sentido de la oración.

EJEMPLO: Es una meseta muy _____.

Es una meseta muy vasta.

Valor: 4 puntos cada una

1. La madera está muy _____, hay que pulirla.

2. El Estado de Coahuila tiene un territorio muy _____.

3. ¡_____! ¡Ya cállense!

4. Él solo se _____, es autosuficiente.

5. Es un trozo de madera muy _____, muy grande.

6. No _____ con haber terminado la carrera.

7. Tu madre es muy _____ cuando nos invita a comer.

8. Con que me lo digas una vez, ya _____.

9. Es un lago muy _____, muy extenso.

10. ¡Dejen de pelear! ¡Ya _____!

11. La estatua está todavía muy _____, hay que terminarla.

12. No _____ con pulirla, hay que pintarla también.

13. _____ con que vayamos tres de nosotros.

14. Es una persona muy _____, no tiene muchos estudios.

15. Es una persona muy _____, muy generosa.

16. _____ con que le pidas un favor, y te lo hace inmediatamente.

17. ¡_____! ¡No sigas!

18. Esa mesa está todavía muy _____, me enterré una astilla.

19. Me salió el ocho y el nueve de _____.

20. Nos sirvió una comida muy _____, muy abundante.

21. No _____ con que me pidas perdón.

22. Con una cucharada de azúcar _____.

23. No entiendes, eres muy _____.

24. Es un manantial muy _____, sale agua en abundancia.

25. ¡Es suficiente! ¡Ya _____!

Calificación: _____   Revisó: _____

13.3 BELLO, VELLO; BARÓN, VARÓN; BOTAR, VOTAR; BIENES, VIENES

R E G L A

Se les llama **homófonas** a dos o más palabras que suenan igual, pero que se escriben de manera diferente y tienen significados diferentes.

Bello significa hermoso. (*Es un lugar muy bello.*)	**Vello** es el pelo más corto y más suave que el de la cabeza, que sale en algunas partes del cuerpo. (*Me arrancó un vello del brazo.*)
Barón es un título de dignidad. (*Dice que es el barón de Cuatrociénegas.*)	**Varón** significa un ser humano del sexo masculino (*Es un varón muy educado.*)
Botar significa hacer saltar una pelota o un balón. (*Vamos a botar la pelota.*) Sus parientes o derivados siempre van con <u>b</u>.	**Votar** significa emitir un sufragio, un voto. (*Hay que votar por la planilla azul.*) Sus parientes o derivados siempre van con <u>v</u>.
Bienes significa el patrimonio, hacienda o caudal de una persona. (*Tiene muchos bienes.*)	**Vienes** es el presente del verbo *venir*. (*Tú siempre vienes acompañado.*) Sus parientes o derivados siempre van con <u>v</u>.

E J E R C I C I O

En las oraciones siguientes se utiliza alguna de las palabras indicadas en la regla. Algunas están escritas correctamente, y otras no. Si consideras que están bien escritas, déjalas como están y pon una señal de correcto (paloma) en el espacio de la derecha. Si crees que están mal, escríbelas correctamente en el espacio de la derecha.

EJEMPLO 1:   Mañana voy a votar por el presidente.   ✔

EJEMPLO 2:   Yo voy a botar por mi partido.   <u>votar</u>

Valor: 4 puntos cada una

1. A la fiesta llegó el Varón de Montecarlo. _____
2. Es un poema muy vello. _____
3. Luis no sabe votar la pelota. _____
4. Tienes los vellos muy largos. _____
5. ¿De dónde bienes? _____
6. No dejes votar la pelota, pégale. _____
7. Venecia es el lugar más bello que he visitado. _____
8. Este año son las botaciones para gobernador. _____
9. Heredó de su papá muchos vienes. _____
10. Juan todavía no sabe por quién botar. _____
11. Es mi familia hubo un conde y un barón. _____
12. Es muy adinerado, tiene muchos bienes. _____
13. Luisa piensa que su novio es muy vello. _____
14. Atrapó la pelota de un bote-pronto. _____
15. Ya llegaron el Barón y la Condesa. _____
16. ¿Vienes de la escuela? _____
17. Juan no tiene vellos, es lampiño. _____
18. El año próximo botaremos para elegir presidente. _____
19. El vello ayuda a proteger los brazos del sol. _____
20. Es la película de la bella y la bestia. _____
21. Su familia tiene muchos vienes. _____
22. Para botar bien la pelota hay que tener manos grandes. _____
23. ¿Bienes o te quedas? _____
24. Los bellos de tus brazos parecen de terciopelo. _____
25. ¿Ya sabes por cuál partido vas a votar? _____

Calificación: _____   Revisó: _____

13.4 CABO, CAVO; GRABE, GRAVE; SABIA, SAVIA

R E G L A

Se les llama **homófonas** a dos o más palabras que suenan igual, pero que se escriben de manera diferente y tienen significados diferentes.

Cabo es cada uno de los extremos de algo. (*Toma ese cabo y hazle un nudo.*) Se utiliza mucho la expresión *al cabo*. También significa un rango militar, inferior al sargento.	**Cavo** es el presente del verbo *cavar*. También significa cueva o madriguera. Como adjetivo, significa cóncavo. (*Voy a cavar un hoyo en el jardín.*) Sus parientes o derivados siempre van con v.

Grabe proviene del verbo *grabar*, que significa labrar una figura en algún objeto, o captar y almacenar imágenes y sonidos por medio de un disco, una cinta magnético u otro procedimiento, de manera que se puedan reproducir. (*Ya grabé las canciones que me gustan.*) Sus parientes o derivados siempre van con <u>b</u>.	**Grave** significa enfermo, pesado, circunspecto, de importancia. (*Éste es un asunto muy grave*).
Sabia se refiere a una persona con mucha sabiduría y conocimiento. (*Es una persona muy sabia.*)	**Savia** es el líquido que circula por los vasos de algunas plantas. (*Cortó la flor y se ensució con la savia.*)

EJERCICIO

En las oraciones siguientes se utiliza alguna de las palabras indicadas en la regla. Algunas están escritas correctamente, y otras no. Si consideras que están bien escritas, déjalas como están y pon una señal de correcto (paloma) en el espacio de la derecha. Si crees que están mal, escríbelas correctamente en el espacio de la derecha.

EJEMPLO 1:   Están muy graves, muy enfermos.   ✔

EJEMPLO 2:   Luisa también está muy grabe.   <u>grave</u>

Valor: 4 puntos cada una

1. Al fin y al cavo, ni lo quería.   _____

2. La maestra Conchita es muy savia.   _____

3. Voy a gravar mis iniciales en este anillo.   _____

4. Hay que cabar un hoyo para poner la basura.   _____

5. Mi perrita se puso muy grabe y se murió.   _____

6. Una cuerda tiene dos cabos.   _____

7. Me gusta mucho andar con gente sabia.   _____

8. Gravaron sus iniciales en ese árbol.   _____

9. Si no cavo rápido este hoyo, me regañan.   _____

10. La sabia de algunas plantas es medicinal.   _____

11. Juan está grabemente enfermo.   _____

12. Las personas savias suelen ser muy reservadas.   _____

13. El cavo y el sargento llegaron temprano.   _____

14. Voy a gravar otras canciones.   _____

15. El Director es una persona grave y circunspecta.   _____

16. Se necesita pala y pico para cabar rápido.   _____

17. La savia de estas plantas es muy pegajosa.   _____

18. Le dieron una placa con su nombre gravado.   _____

19. La savia es de color blanco.   _____

20. Amarra ese cabo al poste.   _____

21. La Biblia tiene enseñanzas muy sabias.   _____

22. Cava más rápido, para terminar pronto.   _____

23. ¿Quieres que te grabe esta canción?   _____

24. Machaca bien la planta para que salga la sabia.   _____

25. Mi abuelita estaba grabe, pero ya se alivió.   _____

Calificación: _____   Revisó: _____

C A P Í T U L O   1 4

HOMÓFONOS EN LOS QUE INTERVIENE LA H

La h, por ser una letra que no se pronuncia, nos puede jugar bromas pesadas al momento de escribir. Hay veces que no sabemos si una palabra va sin h (*a*), si lleva h al principio (*ha*) o si la lleva al final (¡*ah*!). En cada caso, la palabra tiene un significado diferente.

14.1 HA, ¡AH!, A

R E G L A

Se les llama **homófonas** a dos o más palabras que suenan igual, pero que se escriben de manera diferente y tienen significados diferentes.

Ha	Es del verbo *haber*, y va siempre junto a un participio pasado. (*No ha hecho nada.*)
¡Ah!	Es una interjección y siempre va entre signos de admiración. (*¡Ah, mira!*)
A	Es una preposición. Indica una dirección o una intención. (*Va a su casa.*)

E J E R C I C I O

En las oraciones siguientes hace falta una de las palabras señaladas en la regla. Completa cada oración con la palabra que le haga falta, de acuerdo con el sentido de la oración.

EJEMPLO: El maestro va _____ empezar la clase.

El maestro va <u>a</u> empezar la clase.

Valor: 4 puntos cada una

1. Aún no _____ empezado la clase.

2. Entonces vamos _____ platicar.

3. ¡_____ qué tarde se está haciendo!

4. Vamos _____ jugar carreras.

5. _____ que no me ganas.

6. Él te _____ ganado varias veces.

7. ¡_____ cómo eres mentiroso!

8. Aprende _____ aceptar tus deficiencias.

9. El maestro no _____ llegado todavía.

10. Juan no _____ hecho su tarea.

11. ¡_____ qué flojo!

12. _____ que tú tampoco la has hecho.

13. ¿Cuánto apuestas _____ que sí?

14. Te voy _____ ganar.

15. Él nunca te _____ ganado.

16. Es que nunca te _____ apostado.

17. No vayas _____ perder.

18. ¡_____ qué desconfiado eres!

19. Mejor me voy _____ jugar _____ otro lado.

20. El nunca _____ jugado _____ las canicas.

21. Voy _____ ver si yo tengo canicas.

22. ¡_____, mira, sí tengo!

23. Vamos _____ empezar.

24. Si él nunca _____ jugado, seguro que va _____ perder.

25. Te voy _____ apostar _____ que voy _____ ganar.

Calificación: _____ Revisó: _____

14.2 HE, ¡EH!, E

R E G L A

Se les llama **homófonas** a dos o más palabras que suenan igual, pero que se escriben de manera diferente y tienen significados distintos.

He	Es del verbo *haber*, y va siempre junto a un participio pasado. (*No he hecho nada.*)
¡Eh!	Es una interjección y siempre va entre signos de admiración. (*¡Eh, espera!*)
E	Es una conjunción copulativa, que sustituye a la y antes de una palabra que inicia con el sonido i. (*Juan es listo e inteligente.*)

E J E R C I C I O

En las oraciones siguientes hace falta una de las palabras señaladas en la regla. Completa cada oración con la palabra faltante, de acuerdo con el sentido de la oración.

EJEMPLO: Yo no le _____ dicho nada al maestro.

Yo no le <u>he</u> dicho nada al maestro.

Valor: 4 puntos cada una

1. Aún no _____ terminado la tarea.

2. Es la tarea de física _____ ingeniería.

3. ¡_____ no seas tan matado!

4. Es que nunca _____ faltado a la escuela.

5. No te asustes _____ inténtalo.

6. Pero no me regañes, ¡_____!

7. Yo nunca te _____ regañado.

8. A cada rato me regañas _____ insultas.

9. No lo tomes a mal, ¡_____!

10. ¿Cuándo te _____ insultado?

11. ¡_____ te la creíste!

12. ¡_____, tú! Ven para acá.

13. Juan es justo _____ imparcial.

14. Yo siempre _____ confiado en él.

15. ¿Te _____ fallado alguna vez?

16. ¡_____¡ No seas creído.

17. A veces eres necio _____ inaguantable.

18. Así me siento listo _____ importante.

19. Es porque _____ llegado a ser alguien.

20. Y además eres modesto, ¡_____!

21. No quiero ser lento _____ indiferente.

22. ¡_____, tú! ¡Escucha lo que te digo!

23. Eres muy niño _____ inmaduro.

24. Es que yo no _____ vivido lo suficiente.

25. Pues ya es tiempo de que crezcas, ¡_____!

Calificación: _____   Revisó: _____

14.3 HAS, HAZ, AS

R E G L A

Se les llama **homófonas** a dos o más palabras que suenan igual, pero que se escriben de manera diferente y tienen significados distintos.

Has	Es del verbo *haber*, y va siempre junto a un participio pasado. (*No has hecho nada*).
Haz	Es el imperativo del verbo *hacer*. (*Haz ahora tu tarea*). También es un manojo o porción atada de mieses. (*Trae ese haz de mieses a la casa*).
As	Es la carta de la baraja que lleva el número uno; también significa campeón. (*Tengo el as de corazones*).

┌─ **E J E R C I C I O** ─────────────────────────────────

En las oraciones siguientes hace falta una de las palabras señaladas en la regla. Completa cada oración con la palabra faltante, de acuerdo con el sentido de la oración.

EJEMPLO: Aún no _____ hecho tu tarea.

Aún no <u>has</u> hecho tu tarea.

└──

Valor: 4 puntos cada una

1. Aún no _____ empezado el trabajo.

2. _____ ya el trabajo.

3. ¿ _____ hecho problemas de matemáticas?

4. _____ estos problemas de matemáticas.

5. Yo soy un _____ en matemáticas.

6. Tú le _____ ganado varios veces.

7. A pesar de que él dice que es un _____.

8. ¿Quién tiene el _____ de tréboles?

9. Tú no _____ terminado todavía.

10. _____ lo que te falta para terminar.

11. Aún no _____ arreglado tu cuarto.

12. _____ tu cama antes de irte.

13. ¿Qué me _____ dicho?

14. _____ de cuenta que no te dije nada.

15. Tú nunca le _____ ganado.

16. Es que nunca le _____ apostado.

17. Pero yo soy un _____ en este juego.

18. El _____ es el de las barajas.

19. _____ cara de que tú no fuiste.

20. Tú nunca _____ jugado a las canicas.

21. Pero quiero llegar a ser un _____.

23. _____ un póquer de ases.

22. Yo tengo el _____ de corazones y el _____ de diamantes.

24. Si nunca _____ jugado, seguro que vas a perder.

25. Él es un _____ en eso.

Calificación: _____   Revisó: _____

14.4 HAY, ¡AY!, AHÍ

R E G L A

Se les llama **homófonas** a dos o más palabras que suenan igual, pero que se escriben de manera diferente y tienen significados distintos.

Hay	Es del verbo *haber.* (*No hay nada*).
¡Ay!	Es una interjección y siempre va entre signos de admiración. (*¡Ay de mí!*).
Ahí	Es un adverbio de lugar. Indica un lugar y responde a la pregunta ¿*dónde*? (*Ahí está*).

┌─ **E J E R C I C I O** ─────────────────────────────────

En las oraciones siguientes hace falta una de las palabras señaladas en la regla. Completa cada oración con la palabra faltante, de acuerdo con el sentido de la oración.

EJEMPLO: El reloj está _____, donde te dije.

El reloj está <u>ahí</u>, donde te dije.

└──

Valor: 4 puntos cada una

1. Ya te dije que aquí no ———— nada.

2. Pero es que yo la puse ————.

3. ¡———— de ti si no lo encuentro!

4. ¿Qué ———— de comer hoy?

5. ———— chilaquiles con queso.

6. Están ————, en la mesa.

7. Ya no ———— nada qué decir.

8. ¡———— mi muela! Me duele mucho.

9. ———— está tu medicina. Tómatela.

10. No ———— servilletas. ¿Dónde están?

11. Están ————, en la despensa.

12. No exageres, ———— que ser comprensivos.

13. ¡———— mis hijos!, es el grito de La Llorona.

14. Aquí ———— un gran misterio.

15. Precisamente ———— está el atractivo.

16. Si no llegas a tiempo, ¡———— de ti!

17. No dejes ———— tus patines.

18. ———— mucho que hacer en la casa.

19. ¡———— de Luis, si no me ayuda con Matemáticas!

20. ¿Qué ———— en esa caja?

21. ¿Dónde ———— más lápices?

22. ————, en ese cajón.

23. ———— ya busqué y no ———— nada.

24. Entonces busca ————, en el librero.

25. ¡Hasta luego! ¡———— nos vemos!

Calificación: _____   Revisó: _____

14.5 HALLA, HAYA, ALLÁ, AYA; AYES, HALLES

R E G L A

Se les llama **homófonas** a dos o más palabras que suenan igual, pero que se escriben de manera diferente y tienen significados distintos.

Halla	Es del verbo *hallar*, encontrar. (*No halla nada, no encuentra nada.*)
Haya	Es del verbo *haber*, y siempre va junto con un participio pasado. (*Haya leído, haya visto.*)
Allá	Es un adverbio de lugar. Indica un lugar, y responde a la pregunta *¿dónde?* (*Está allá.*)
Aya	Es el femenino de *ayo*, que significa sirviente (o sirvienta) a cargo del cuidado de un niño. (*El aya está cuidando al niño.*)
Ayes	Es el plural de *¡ay!*, gemido, interjección de dolor o sorpresa. (*Los ayes de los heridos.*)
Halles	Es del verbo *hallar*, *encontrar*. (*Ojalá halles lo que buscas.*)

E J E R C I C I O

En las oraciones siguientes, hace falta una de las palabras señaladas en la regla. Completa cada oración con la palabra faltante, de acuerdo con el sentido de la oración. Utiliza un color rojo. Fíjate en el ejemplo.

EJEMPLO: ¡Ojalá lo _____ terminado!

              ¡Ojalá lo <u>haya</u> terminado!

Valor: 4 puntos cada una

1. Iré a cenar cuando _____ terminado.

2. Dice que no _____ el libro.

3. Dile que lo dejé _____.

4. Dile al _____ que me ayude a buscarlo.

5. Ojalá que tú _____ pronto el libro.

6. No vayas a echar _____ de dolor. Quédate callado.

7. Cuando _____ estudiado, regresaré.

8. El que no busca no _____ nada.

9. Muévete para _____.

10. El _____ ya le dio de cenar al niño.

11. Lo que te _____ dicho, no es cierto.

12. Si lo _____, será de él.

13. El ruido viene de _____.

14. Es el _____, que está en la cocina.

15. Cuando _____ terminado mi tarea, los alcanzaré.

16. Ojalá tú _____ pronto una cura para tu enfermedad.

17. Si _____ el trabajo, se lo entregará a la maestra.

18. No lo ha buscado _____.

19. No sé quién lo _____ dicho.

20. "_____ en la fuente, había un chorrito…"

21. El que _____ hecho esto, que se ponga de pie.

22. Ya vamos para _____; no nos tardamos.

23. Él siempre _____ lo que pierde.

24. Se puede salir el que ya _____ terminado.

25. Mira, _____ está la camioneta de Luis.

Calificación: _____   Revisó: _____

14.6 HECHO Y ECHO

R E G L A

Se les llama **homófonas** a dos o más palabras que suenan igual, pero que se escriben de manera diferente y tienen significados distintos

del verbo hacer	del verbo echar
Un **hecho**, este **hecho**, yo he **hecho**, quedó **deshecho**, se escriben con <u>h</u> porque vienen del verbo **hacer**.	Yo **echo**, él **echó**, es un **desecho**, se escriben sin <u>h</u> porque vienen del verbo **echar**, que significa *aventar*, *empujar*, *colocar*.

EJERCICIO

En las oraciones siguientes se utilizan derivados de los verbos *hacer* y *echar*. Algunos están escritos correctamente, y otros no. Si consideras que están bien escritos, déjalos como están y pon una señal de correcto (paloma) en el espacio de la derecha. Si crees que están mal, escríbelos correctamente en el espacio de la derecha.

EJEMPLO 1:   ¿Qué has hecho últimamente?   ✔

EJEMPLO 2:   No lo heches en saco roto   eches

Valor: 4 puntos cada una

1. No he hecho nada malo. _____

2. Yo lo hecho a la basura. _____

3. Ella tiene echa la comida. _____

4. Ella hecha el azúcar en el bote. _____

5. Lo echo, hecho está. _____, _____

6. Ya lo echaste a perder. _____

7. Te dije que ya estaba hecho. _____

8. Te dije que él lo había echo. _____

9. Te dije que él lo había echado. _____

10. Vamos a hecharnos unos tacos. _____

11. Si no lo has echo, mejor mi hables. _____

12. Yo he hecho muchos trabajos de esos. _____

13. Todos los días hecho al perro a la calle. _____

14. Él siempre hecha la casa por la ventana. _____

15. Ya está hecha la casa. _____

16. Si siguen hablando, los echaré de la clase. _____

17. Ayúdame a hecharlo fuera _____

18. Quedó todo desecho. _____

19. Quedó convertido en desecho. _____

20. No lo vayas a desechar. _____

21. Si queda mal, habrá que desacerla. _____

22. Si queda mal, habrá que deshecharla. _____

23. No heches en saco roto lo que te dije. _____

24. Luego le hechó tres cucharadas de azúcar. _____

25. Así quedó echo el flan. _____

Calificación: _____   Revisó: _____

CAPÍTULO 15

HOMÓFONOS EN LOS QUE INTERVIENEN LA <u>LL</u> Y LA <u>Y</u>

La <u>ll</u> y la <u>y</u> tienen el mismo sonido, por eso se nos confunden al momento de escribirlas. Si escribo *Juan está muy cayado* o si digo que *me duele un cayo*, la computadora no me va a corregir, porque estoy utilizando palabras homófonas que existen en español; sin embargo, tienen un significado muy diferente del que yo les quiero dar.

15.1 CAYADO, CALLADO; CAYÓ, CALLÓ; CAYO, CALLO

REGLA

Se les llama **homófonas** a dos o más palabras que suenan igual, pero que se escriben de manera diferente y tienen significados diferentes.

Cayado es el bastón del pastor. (*Con su cayado guía a las ovejas.*)	**Callado** significa silencioso. (*Está muy callado.*)
Cayó es el pasado del verbo *caer.* (*Se cayó.*)	**Calló** es el pasado del verbo *callar.* (*Se calló.*)
Cayo es un peñasco en medio del mar. (*En el Pacífico hay muchos cayos.*)	**Callo** es del verbo *callar.* (*Mejor me callo.*) También significa dureza de la piel, producida por el roce. (*Me pisaron un callo.*)

EJERCICIO

Completa con <u>y</u> o con <u>ll</u>, según creas correcto, las palabras que están incompletas.

Valor: 4 puntos cada una

1. ¿Por qué estás tan ca _____ ado?
2. Es que me duele un ca _____ o.
3. Yo mejor me ca _____ o.
4. Vamos en lancha hasta ese ca _____ o.
5. No se te olvide traer tu ca _____ ado.
6. No me vayas a pisar el ca _____ o.
7. No grites, estáte ca _____ ado.
8. ¿Cómo quieres que me ca _____ e, si ya me pisó un ca _____ o?
9. Ese pastor no trae su ca _____ ado.
10. Se ca_____ó y gritó de dolor.
11. Sí, pero creo que ya se ca _____ ó, está muy ca _____ ado.
12. ¡Cá _____ ate, no grites!

13. Ya me ca _____ é, y ya me voy a la ca _____ e.

14. En los mares mexicanos hay muchos ca _____ os.

15. Si no te ca _____ as, te ca _____ o.

16. Ya me salieron ca _____ os en la mano.

17. Se ca _____ ó desde la azotea.

18. Ese pastor está muy ca _____ ado.

19. Es que se le perdió su ca _____ ado.

20. Fue cuando se ca _____ ó por la barranca.

21. Gritó porque alguien le pisó un ca _____ o.

22. Yo no grito, mejor me ca _____ o.

23. Se ca _____ ó y gritó, pero luego se ca _____ ó.

24. De tanto usar el ca _____ ado se le hizo un ca _____ o en la mano.

25. Luis siempre ha sido muy ca _____ ado.

Calificación: _____   Revisó: _____

15.2 MAYA, MALLA; HUYA, HULLA; PUYA, PULLA

R E G L A

Se les llama **homófonas** a dos o más palabras que suenan igual, pero que se escriben de manera diferente y tienen significados diferentes.

Maya es un antiguo pueblo indígena de México. (*La cultura Maya.*)	**Malla** es un tejido de cuadros, semejante a una red. (*Se puso la malla.*)
Huya es del verbo *huir*. (*No huyas, cobarde.*)	**Hulla** es carbón de piedra. (*La hulla prende bien.*)
Puya es la punta de acero de la vara del picador de toros. También significa púa. (*Se cortó con la puya.*)	**Pulla** significa una expresión picante o hiriente. (*Le echaron pullas.*)

E J E R C I C I O

Completa con y o con ll, según creas correcto, las palabras que están incompletas.

Valor: 4 puntos cada una

1. Cuando dijo eso, le echaron muchas pu_____as.

2. Chichén Itzá es una pirámide de la cultura Ma_____a.

3. Si algo sucede, quiero que hu_____as inmediatamente.

4. Si no hay carbón vegetal, utilizaremos hu_____a.

5. A ese toro lo hirieron demasiado con la pu_____a.

6. Lupita se puso sus ma_____as y se ve muy bien.

7. ¿Es cierto que es descendiente de los ma_____as?

8. Sí, pero no le eches pu_____as por eso.

9. Si te acercas más al venado, es probable que hu_____a.

10. Lo podemos atrapar con esta ma_____a.

11. Se le rasgó el pantalón con esa pu_____a.

12. Y luego todos le echaron pu_____as.

13. Es una zona arqueológica ma_____a.

14. Si vas, lleva pantalones, no ma_____as.

15. Una ma_____a es como una coladera.

16. Dicen que los ma_____as ya las usaban.

17. Sí, y también utilizaban la hu_____a o carbón de piedra.

18. La pu_____a debe ser de acero para que resista.

19. A los que llegan tarde les echan pu_____as.

20. No grito, porque no quiero que hu_____a.

21. La cerca está hecha con ma_____a de alambre.

22. Es para que nadie hu_____a de aquí.

23. Al que hu_____a le echarán pu_____as.

24. Los ma_____as tenían conocimientos astronómicos.

25. Al picador se le rompió la pu_____a.

Calificación: _____   Revisó: _____

15.3 VAYA, VALLA, BAYA; RAYA, RALLA

REGLA

Se les llama **homófonas** a dos o más palabras que suenan igual, pero que se escriben de manera diferente y tienen significados diferentes.

Vaya	Es del verbo *ir*. (*Vaya a buscar lo que le pedí.*)
Valla	Es un sustantivo y significa vallado, una cerca hecha con varas. (*Es una valla muy alta.*)
Baya	Es un fruto carnoso como la uva. (*Las bayas están sabrosas.*)
Raya	Es una línea larga y delgada. (*Pintó su raya.*)
Ralla	Es del verbo *rallar*, que significa reducir a polvo una cosa. (*Ralla el queso.*)

EJERCICIO

Completa con _y_ o con _ll_, según creas correcto, las palabras que están incompletas.

Valor: 4 puntos cada una

1. Él no quiere que yo va_____a al cine.

2. Pintó su ra_____a y ya no nos quiere ver.

3. Mi mamá me puso a ra_____ar el queso.

4. Una frontera es una ra_____a imaginaria.

5. Saltó la va_____a que está al otro lado de la casa.

6. La saltó porque fue a cortar ba_____as.

7. Los títulos de los libros deben ir subra_____dos.

8. Cómprame un vaso con zanahorias ra_____das.

9. Ahora une los puntos con una ra_____a.

10. Esa va_____a está muy chica; cualquiera la puede saltar.

11. Pero no te va_____as a cortar con las ramas.

12. Si me corto, ya no voy por ba_____as.

13. El ra_____o cayó muy cerca de aquí.

14. Luego le eché tantita cebolla r_____ada.

15. ¡Va_____a que te quedó sabrosa la sopa!

16. De postre tenemos ba_____as en almíbar.

17. ¿Quieres que te va_____a a traer más?

18. Sí, pero no te va_____as a tardar.

19. Esta ra_____a me salió muy chueca.

20. Esos niños me ra_____aron el carro.

21. ¡Va_____a con Dios, mi hijo!

22. La pelota cayó detrás de esa va_____a.

23. Va_____a usted por ella.

24. De pasada, te traes una ba_____as.

25. No pises esa ra_____a que está recién pintada.

Calificación: _____   Revisó: _____

15.4 OTROS HOMÓFONOS

R E G L A

Se les llama **homófonas** a dos o más palabras que suenan igual, pero que se escriben de manera diferente y tienen significados diferentes.

E J E R C I C I O

A continuación te presentamos una serie de 25 parejas de palabras homófonas. Tienes que escribir el significado de cada una de ellas en los espacios indicados para eso. Para hacer esto, puedes consultar el diccionario.

Valor: 4 puntos cada una

arrollo		arroyo	
asada		azada	

asnos	haznos
bacante	vacante
bacilo	vacilo
bidente	vidente
bracero	brasero
cecear	sesear
consiente	consciente
habrían	abrían
hasta	asta
hatajo	atajo
herrar	errar
hizo	izo
hojear	ojear
hola	ola
honda	onda
hoya	olla
pollo	poyo
rasa	raza
rehusar	reusar
rivera	ribera
sueco	zueco
sumo	zumo
tubo	tuvo

Calificación: _____   Revisó: _____

MAPA CONCEPTUAL DE LA UNIDAD 3

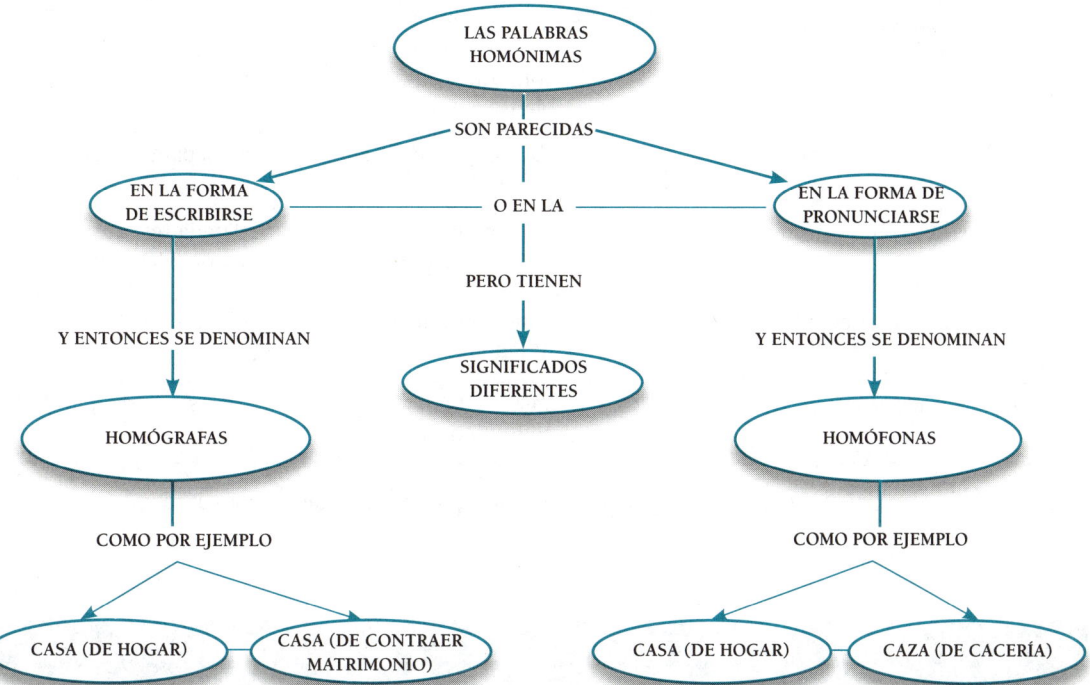

UNIDAD 4

¿No sabes si van juntas o separadas?

Algunos autores consideran que existe otro tipo de homófonos, que se da cuando una palabra, por un lado, y dos o más palabras, por el otro, tienen el mismo sonido. Por ejemplo, la palabra asimismo puede tener el siguiente homófono: a sí mismo. En los dos casos el sonido es igual, aunque la primera es una sola palabra y la segunda expresión consta de tres palabras.

¿Alguna vez te ha pasado esto?	
"A cabo de terminar la tarea."	¿La expresión *a cabo* irá junta o separada? La computadora no me la rechazó, así que debe estar bien.
"El libro lo puse a parte."	¿Y la expresión *a parte*? La puse separada y parece que está bien.
"Vamos avanzando poco apoco."	Si la expresión *apoco* fuera separada (en dos palabras), la computadora me lo habría hecho notar.
"No fui al cine si no a la fiesta."	¡Qué bien me está quedando! Parece que no llevo ningún error.
"Juan abandonó supuesto de trabajo."	Ya terminé... y sin ningún error señalado por la computadora.

Si te ha pasado algo de esto, te conviene hacer los ejercicios que se presentan en esta unidad.

CAPÍTULO 16

PALABRAS QUE EMPIEZAN CON LA LETRA A

En este capítulo haremos algunos ejercicios sobre palabras que pueden ser homófonas con otras expresiones de dos o más palabras.
La letra <u>a</u> es la primera de nuestro abecedario; es muy versátil, ya que tiene muchos usos.

ORIENTACIONES DE LA **RAE** LA LETRA A EN EL DICCIONARIO DE LA RAE

(Del lat. *ad*).
Primera letra del abecedario español y del orden latino internacional, que representa un fonema vocálico abierto y central.
1. prep. Precede a determinados complementos verbales, como el complemento indirecto y el complemento directo cuando este es de persona determinada o está de algún modo personificado. *Legó su fortuna a los pobres. Respeta a los ancianos. El gato persigue a un ratón.*

2. prep. Precede al infinitivo regido por un verbo que indica el comienzo, aprendizaje, intento, logro, mantenimiento o finalidad de la acción. *Empezar a correr. Enseñar a leer. Disponerse a escapar.*

3. prep. Precede al complemento de nombres y verbos de percepción y sensación, para precisar la sensación correspondiente. *Sabor a miel. Huele a chamusquina.*

4. prep. Precede al complemento nominal o verbal que es régimen de ciertos verbos. *Condenar a muerte. Jugar a las cartas.*

5. prep. Precede al complemento de algunos adjetivos. *Suave al tacto. Propenso a las enfermedades.*

6. prep. Indica la dirección que lleva o el término a que se encamina alguien o algo. *Voy a Roma, a palacio. Estos libros van dirigidos a tu padre.* Se utiliza en frases elípticas impersonales. *¡A la cárcel! ¡A comer!*

7. prep. Precisa el lugar o tiempo en que sucede algo. *Le cogieron a la puerta. Firmaré a la noche.*

8. prep. Indica la situación de alguien o algo. *A la derecha del director. A oriente. A occidente.*

9. prep. Designa el intervalo de lugar o de tiempo que media entre una cosa y otra. *De calle a calle. De once a doce del día.*

10. prep. Denota el modo de la acción. *A pie. A caballo. A mano. A golpes.*

11. prep. Precede a la designación del precio de las cosas. *A veinte reales la vara. A cincuenta la fanega.*

12. prep. Indica distribución o cuenta proporcional. *Dos a dos. A tres por ciento.*

13. prep. Ante infinitivo, en expresiones de sentido condicional, equivale a la conjunción si con indicativo o subjuntivo. *A decir verdad. A saber yo que había de venir.*

14. prep. *ante.* A la vista.

15. prep. *con.* Quien a hierro mata, a hierro muere.

16. prep. *hacia.* Se fue a ellos como un león.

17. prep. *hasta.* Pasó el río con el agua a la cintura.

18. prep. *junto a.* A la orilla del mar.

19. prep. *para.* A beneficio del público.

20. prep. *por.* A instancias mías.

21. prep. *según.* A fuero de Aragón. A lo que parece. A la moda.

22. prep. Da principio a muchas locuciones adverbiales. *A bulto. A oscuras. A tientas. A regañadientes. A todo correr.*

23. prep. Precede a la conjunción que en fórmulas interrogativas con una idea implícita de apuesta o desafío. *¡A que no te atreves! ¿A que no lo sabes?*

Debido a todos los usos que tiene la preposición a, es común encontrarla en combinación con otras palabras; dichas combinaciones pueden ser homófonas de otras palabras que se escriben juntas. Ejemplos: no es lo mismo acabo que a cabo; no es lo mismo acallar que a callar; no es lo mismo alas que a las; no es lo mismo apoco que a poco, etcétera.

En este capítulo estudiaremos una serie de palabras y expresiones homófonas que empiezan con la letra <u>a</u>. En el capítulo siguiente estudiaremos palabras y expresiones que inician con otras letras.

16.1 ACABO, ACALLAR, ACOSTAR, ACOGER, ACORTAR, ACERCA

REGLA

Algunas expresiones requieren el uso de palabras compuestas, mientras que en otras expresiones se utilizan esas mismas palabras, pero separadas; en cada caso, tienen significados diferentes.

van juntas		van separadas	
Acabo	Termino, concluyo. (*Acabo de cenar.*)	**A cabo** **Al cabo**	Hasta el final. (*Se llevó a cabo la reunión.*)
Acallar	Hacer que alguien se calle. (*La maestra acalló a los alumnos.*)	**A callar**	Imperativo. (*La maestra dijo: ¡A callar todos!*)
Acostar	Tenderse en la cama. (*Me voy a acostar.*)	**A costar**	Indica el precio de algo. (*Esto va a costar diez pesos.*)
Acoger	Recibir con benevolencia. (*Te van a acoger muy bien.*)	A coger	A tomar algo con las manos. (*Anímate a coger esa víbora.*)
Acortar	Disminuir la longitud, duración o cantidad de algo. (*Por este atajo podemos acortar camino.*)	**A cortar**	A separar o dividir algo en dos o más partes, con un instrumento cortante. (*Vamos a cortar el pastel.*)
Acerca de	Respecto a. (*Platiquemos acerca de eso.*)	**A cerca de**	A aproximadamente... (*Regañó a cerca de 20 alumnos.*)

EJERCICIO

En las siguientes oraciones hay alguna de las palabras arriba indicadas. Algunas de ellas están bien escritas (juntas o separadas, según el caso), y otras están mal escritas (juntas o separadas, según el caso). Si consideras que están bien escritas, déjalas como están y pon una señal de correcto (paloma) en el espacio de la derecha. Si crees que están mal, escríbelas correctamente en el espacio de la derecha.

EJEMPLO 1:   Acabo de llegar.   ✔

EJEMPLO 2:   Yo a cabo de salir.   <u>acabo</u>

Valor: 5 puntos cada una

1. A cabo de regresar de la escuela.   _____

2. No pueden a callar las voces de la multitud.   _____

3. Mejor se fueron acostar.   _____

4. Si nos vamos por acá, podemos acortar camino.   _____

5. ¿Cuánto te va acostar el chistecito?   _____

6. Al fin y alcabo no quería ir.   _____

7. Platícame acerca de tu viaje.   _____

8. Prefiero platicar a cerca de los exámenes.   _____

9. La pintura está fresca; no lo vayas acoger.   _____

10. No te vayas acortar con el cuchillo.   _____
11. Siempre debes a coger bien a los amigos.   _____
12. No puedo a callar este ruido ensordecedor.   _____
13. Ya me voy acallar para que puedas trabajar.   _____
14. El festival se llevó acabo el mes pasado.   _____
15. Así mismo, se llevó a cabo la reunión del comité organizador. _____
16. No te vayas acortar con ese cuchillo.   _____
17. No vayas acoger estos dulces.   _____
18. Fuimos a cerca de seis sitios diferentes.   _____
19. Voy a cortar el pastel.   _____
20. Ya me voy a costar.   _____

Calificación: _____   Revisó: _____

16.2 ABASTO, ABORDO, ABORDAR, ADONDE, AFÍN, A GUSTO

R E G L A

Algunas expresiones requieren el uso de palabras compuestas, mientras que en otras expresiones se utilizan esas mismas palabras, pero separadas; en cada caso, tienen significados diferentes.

van juntas		van separadas	
Abasto	Provisión de víveres. *Dar abasto* significa proveer suficientemente. (*No nos vamos a dar abasto.*)	A basto	No existe, es incorrecto.
Abordo	Subo a un medio de transporte. (*Yo abordo el barco.*) Viene del verbo *abordar.*	A bordo	Estar arriba del medio de transporte. (*Juan ya está a bordo del tren.*)
Abordar	Subir a un medio de transporte. (*Ya vamos a abordar.*)	A bordar	A adornar con bordados una tela. (*Lupe va a bordar este mantel.*)
Adonde Adónde	Adverbio que denota movimiento. (*Voy adonde me mandaron.*) En preguntas y exclamaciones lleva acento.	A donde	Adverbio que denota movimiento. (*Voy a donde me mandaron.*) La RAE acepta las dos formas, juntas o separadas.
		Donde Dónde	Adverbio que no denota movimiento. (*La tienda donde compramos el traje.*) En preguntas y exclamaciones lleva acento.
Afín	Próximo, contiguo, semejante. (*Lupe es muy afín a Berta.*)	A fin	Con el fin de. (*A fin de terminar a tiempo...*).

Agusto	No existe, es incorrecto.	A gusto	Según conviene, agrada o es necesario. (*Así estamos a gusto.*)

E J E R C I C I O

En las siguientes oraciones hay alguna de las palabras arriba indicadas. Algunas están bien escritas (juntas o separadas, según el caso), y otras están mal escritas (juntas o separadas, según el caso). Si consideras que están bien escritas, déjalas como están y pon una señal de correcto (paloma) en el espacio de la derecha. Si crees que están mal, escríbelas correctamente.

EJEMPLO 1:   ¿Adónde vas?   ✔

EJEMPLO 2:   Yo estoy agusto.   a gusto

Valor: 5 puntos cada una

1. Hago lo que me pide para que se sienta a gusto.   _____

2. Dijeron que ya tenemos que a bordar.   _____

3. Si no a bordo ya, me deja el tren.   _____

4. Ya llegué a donde me mandaron.   _____

5. Juan no se sintió agusto en la fiesta.   _____

6. Plantaron los árboles afín de que jugaran los niños.   _____

7. La maestra no se dio a basto para corregir tantos exámenes.   _____

8. Dice Cuquita que va abordar esa servilleta.   _____

9. Luis ya se subió al barco, ya está abordo.   _____

10. ¿A dónde vas a ir de vacaciones?   _____

11. Cuando a bordo un barco, me mareo.   _____

12. No nos dimos abasto con tantos niños que llegaron.   _____

13. ¿A dónde fuiste ayer?   _____

14. Vamos abordar esta camisa.   _____

15. Ya están todos abordo del tren.   _____

16. Vamos a ir al mercado de a bastos.   _____

17. ¿Adónde fueron a pasear?   _____

18. Se ve que Juan es muy a fin a Pedro.   _____

19. Hay que a bordar rápido, que ya sale el barco.   _____

20. Yo no me siento agusto en el barco.   _____

Calificación: _____   Revisó: _____

16.3 ACLAMAR, AFIRMAR, AGRAVAR, ANEGAR, ANOTAR, APAGAR

REGLA

Algunas expresiones requieren el uso de palabras compuestas, mientras que en otras expresiones se utilizan esas mismas palabras, pero separadas; en cada caso, tienen significados diferentes.

van juntas		van separadas	
Aclamar	Dar voces en honor y aplauso de alguien. (*Salió el presidente y lo aclamaron.*)	**A clamar**	A llamar, a quejarse, a dar voces lastimosas pidiendo ayuda, a exigir. (*Vamos a clamar a ver si alguien escucha.*)
Afirmar	Poner firme, dar firmeza, asegurar o dar por cierto algo. (*No hay que afirmar cosas a la ligera.*)	**A firmar**	A poner su nombre, a rubricar. (*Voy a firmar el documento.*)
Agravar	Hacer algo más grave o molesto de lo que era, aumentar el peso de algo. (*Si no te cuidas, te vas a agravar.*)	**A gravar**	A cargar, a pesar sobre algo o alguien, a imponer un gravamen. (*El Gobierno nos va a gravar con más impuestos.*)
Anegar	Inundar, llenarse de agua. (*Mi casa se va a anegar con las lluvias.*)	**A negar**	A decir que no, que algo no existe o no es como alguien cree o afirma. (*No vayas a negar que esto es cierto.*)
Anotar	Escribir, poner notas en un escrito, una cuenta o un libro. (*Debo anotar estas ideas en mi cuaderno.*)	**A notar**	A señalar algo para que se conozca o advierta, a reparar, a observar, a advertir. (*No creo que lo vayan a notar.*)
Apagar	Extinguir el fuego o la luz, interrumpir el funcionamiento de un aparato. (*Apaga la luz cuando te vayas.*)	**A pagar**	A dar lo que se debe, a satisfacer el delito por medio de la pena correspondiente. (*Voy a pagar mis deudas.*)

EJERCICIO

En las siguientes oraciones hay alguna de las palabras arriba indicadas. Algunas están bien escritas (juntas o separadas, según el caso), y otras están mal escritas (juntas o separadas, según el caso). Si consideras que están bien escritas, déjalas como están y pon una señal de correcto (paloma) en el espacio de la derecha. Si crees que están mal, escríbelas correctamente.

EJEMPLO 1:   Van a clamar en el desierto.   ✔

EJEMPLO 2:   Van a clamar a su ídolo.   a aclamar

Valor: 5 puntos cada una

1. Tenemos que ir afirmar la lista de asistencia.   _____

2. Voy a notar tu teléfono para hablarte más tarde.   _____

3. Fue ha clamado por la multitud.   _____

4. La tormenta amenaza con anegar todos los sembradíos.   _____

5. Parece que Luis se va a agravar, no ha mejorado.   _____

6. No han podido a pagar ese incendio. _____

7. Tenemos que afirmar nuestras convicciones. _____

8. Nadie va anotar que no estás bien peinado. _____

9. De nuevo nos van agravar con más impuestos. _____

10. No se te olvide apagar la computadora. _____

11. El camino se va a negar con la lluvia. _____

12. Todos quieren aclamar a su artista preferido. _____

13. Vamos a firmar ese poste antes de que se caiga. _____

14. Con esta crisis se va a gravar la pobreza. _____

15. Pasen a pagar su colegiatura antes de salir de vacaciones. _____

16. Voy anegar todo lo que digan de mí. _____

17. En clase debes anotar todo lo que dice el profesor. _____

18. No se te olvide pasar a firmar antes de irte. _____

19. Van a volver agravar la gasolina. _____

20. Voy apagar el recibo de la luz. _____

Calificación: _____   Revisó: _____

16.4 ALAS, ALADO, ALREDEDOR, ALLEGAR, ANTEMANO, APENAS

R E G L A

Algunas expresiones requieren el uso de palabras compuestas, mientras que en otras expresiones se utilizan esas mismas palabras, pero separadas; en cada caso, tienen significados diferentes.

van juntas		van separadas	
Alas	Apéndices de algunos animales que utilizan para volar. (*Las alas del cisne son muy grandes.*)	**A las**	Artículo femenino plural. (*A las cinco de la tarde.*)
Alado	Que tiene alas. (*El cuervo es un animal alado.*)	**Al lado**	Junto a. (*El libro está al lado del radio.*)
Alrededor	Rodeando algo. (*Las abejas vuelan alrededor de la flor.*)	**Al rededor** / **En rededor**	Aunque se acepta escribirlas separadas, es preferible ponerlas juntas, en una palabra. Sinónimo de alrededor. (*En rededor de la casa...*)
Allegar	Recoger, juntar, reunir, agrupar. (*Pudo allegar muchas riquezas.*)	**A llegar**	A alcanzar el final de un desplazamiento. (*Ya vamos a llegar.*)

Antemano	Con anticipación. (*Prepararon todo de antemano.*)		**Ante mano**	No existe, es incorrecto.
Apenas	Difícilmente, escasamente. (*Apenas pude llegar a tiempo.*)		**A penas**	Con dolor y sufrimiento. (*A duras penas subió las escaleras*).

E J E R C I C I O

En las siguientes oraciones hay alguna de las palabras arriba indicadas. Algunas están bien escritas (juntas o separadas, según el caso), y otras están mal escritas (juntas o separadas, según el caso). Si consideras que están bien escritas, déjalas como están y pon una señal de correcto (paloma) en el espacio de la derecha. Si crees que están mal, escríbelas correctamente en el espacio de la derecha.

EJEMPLO 1:   Viajé alrededor del mundo.   ✔

EJEMPLO 2:   Me avisaron de ante mano.   antemano

Valor: 5 puntos cada una

1. La gallina es un animal al lado. _____
2. Ya mero vamos allegar. _____
3. Llegué alas cinco de la tarde. _____
4. A penas me alcanza para la comida. _____
5. Al rededor de la escuela hay muchos árboles. _____
6. No es sano dedicarse a llegar riquezas. _____
7. Lo puse alado de esa silla. _____
8. De antemano te digo que yo no iré a ese lugar. _____
9. Regreso alas cinco de la tarde. _____
10. Dejé el libro alado de la computadora. _____
11. Tenía todo preparado de ante mano. _____
12. No voy a llegar primero, pero sí voy allegar. _____ _____
13. Alrededor de él zumbaban las abejas. _____
14. A penas llegamos y empezó la clase. _____
15. Me gustaría ser un animal alado. _____
16. Apenas, con gran dolor, pudo subir las escaleras. _____
17. Hay que preparar todo de ante mano. _____
18. Ya vamos allegar al final del camino. _____
19. Al rededor del pueblo hay muchos sembradíos. _____
20. No le pegues a las a las del avión. _____ _____

Calificación: _____   Revisó: _____

16.5 A PESAR, APARTE, APUNTO, APUESTO, APELAR, APROBAR

REGLA

Algunas expresiones requieren el uso de palabras compuestas, mientras que en otras expresiones se utilizan esas mismas palabras, pero separadas; en cada caso, tienen significados diferentes.

van juntas		van separadas	
Apesar	No existe, es incorrecto.	**A pesar**	Contra la voluntad o gusto de alguien. (*A pesar de que me regañaron...*)
Aparte	Lejos, en otro lugar, separado. (*Ese libro lo dejé aparte.*)	**A parte**	A algunos, no a todos. (*Invitó sólo a parte del grupo.*)
Apunto	Anoto, escribo. (*En este cuaderno apunto mis ideas.*)	**A punto**	A tiempo, oportunamente, en seguida. (*El agua está a punto de hervir.*)
Apuesto	Tiempo presente del verbo apostar. (*Te apuesto cinco pesos.*)	**Ha puesto**	Ha colocado, ha ubicado en un lugar. (*Juan no ha puesto su ropa en su lugar.*)
Apelar	Recurrir a un juez o tribunal superior para que revoque o anule una sentencia. (*Vamos a apelar.*)	**A pelar**	A arrancar o quitar el pelo, las plumas o la piel. (*En este salón no te van a pelar bien.*)
Aprobar	Dar por bueno o suficiente algo o a alguien. (*El papá no va a aprobar la boda.*)	**A probar**	A hacer un experimento, examinar algo, gustar una comida. (*Ven a probar este pastel.*)

EJERCICIO

En las siguientes oraciones hay alguna de las palabras arriba indicadas. Algunas están bien escritas (juntas o separadas, según el caso), y otras están mal escritas (juntas o separadas, según el caso). Si consideras que están bien escritas, déjalas como están y pon una señal de correcto (paloma) en el espacio de la derecha. Si crees que están mal, escríbelas correctamente.

EJEMPLO 1:   No voy, a pesar de que tengo ganas.   ✔

EJEMPLO 2:   Yo sí voy, apesar de que tengo flojera.   a pesar

Valor: 5 puntos cada una

1. Apesar de lo que digan, no iré a la escuela. _____
2. En este cuaderno apunto mis ideas. _____
3. Te ha puesto cinco pesos a que llego antes que tú. _____
4. Vamos apelar esta naranja para comerla. _____
5. Ese examen está difícil, no lo voy a probar. _____
6. A pesar de que se los había prohibido. _____
7. Aquí debes escribir un punto y a parte. _____
8. Juan está apunto de terminar la tarea. _____

9. Dice que le a puesto mucha dedicación. _____

10. Arturo no a puesto sus libros en el librero. _____

11. Si no te gustó la decisión, puedes a pelar al Comité. _____

12. Vamos aprobar esa sandía, parece deliciosa. _____

13. Ése es un caso a parte. _____

14. Vamos a probar el pastel que hizo Judit. _____

15. A pesar de no tener dinero, fuimos al viaje. _____

16. Voy apelar la naranja para poderla comer. _____

17. En este cuaderno a punto mis ideas. _____

18. Te acompaño al centro, apesar de que no tengo ganas de ir. _____

19. Voy a invitar sólo aparte del grupo. _____

20. Después de aprobar el examen, vamos aprobar unos postres. _____

Calificación: _____ Revisó: _____

16.6 APODAR, APALEAR, ASALTAR, ASENTAR, ASIGNAR, APREMIAR

REGLA

Algunas expresiones requieren el uso de palabras compuestas, mientras que en otras expresiones se utilizan esas mismas palabras, pero separadas; en cada caso, tienen significados diferentes.

van juntas		van separadas	
Apodar	Poner o decir apodos. (*¿Cómo lo vamos a apodar?*)	**A podar**	A cortar o quitar las ramas superfluas de los árboles. (*Van a podar este árbol.*)
Apalear	Dar golpes con un palo, sacudir ropa o alfombras con un palo. (*Lo van a apalear.*)	**A palear**	A trabajar con pala. (*Vamos a palear esa nieve.*)
Asaltar	Acometer repentinamente, por sorpresa, impetuosamente. (*Lo asaltaron el otro día.*)	**A saltar**	A brincar, a salvar de un salto un espacio o una distancia. (*Vamos a saltar la cuerda.*)
Asentar	Poner o colocar algo de modo que permanezca firma. Colocar a alguien en determinado lugar o asiento. (*Procedieron a asentar la columna.*)	**A sentar**	A poner o colocar a alguien en una silla, dar por supuesto o por cierto algo. (*¿Dónde me voy a sentar?*)
Asignar	Señalar, fijar, nombrar, designar, señalar lo que corresponde a alguien. (*Nos van a asignar ese lugar.*)	**A signar**	A hacer, poner o imprimir el signo, a poner la firma. (*Vamos a signar el documento.*)

Apremiar	Apresurar, dar prisa, compeler a alguien para que haga prontamente algo. (*No te dejes apremiar.*)	**A premiar**	A dar un premio, a remunerar, galardonar los méritos y servicios de alguien. (*Te van a premiar por tu escrito.*)

E J E R C I C I O

En las siguientes oraciones hay alguna de las palabras arriba indicadas. Algunas están bien escritas (juntas o separadas, según el caso), y otras están mal escritas (juntas o separadas, según el caso). Si consideras que están bien escritas, déjalas como están y pon una señal de correcto (paloma) en el espacio de la derecha. Si crees que están mal, escríbelas correctamente.

EJEMPLO 1: Te van a apodar "El gato". ✔

EJEMPLO 2: A mi me van a podar "El ratón". a apodar

Valor: 5 puntos cada una

1. Si jugamos contra ese equipo, nos van a palear. _____

2. El año pasado nos dieron una buena paleada. _____

3. Vamos apodar esos árboles. _____

4. Vamos asentarnos en esa banca del parque. _____

5. En la película planean ir a saltar un banco. _____

6. ¿Ya sabes qué tema te van a signar? _____

7. A Luis lo apodan "El güero". _____

8. Ahora van apremiar los mejores documentales. _____

9. Ayudemos apalear los escombros que quedaron. _____

10. ¿Dónde nos vamos asentar en el cine? _____

11. Debemos pasar asignar el acta antes de retirarnos. _____

12. ¿Cuál es tu a podo? _____

13. Cuando el tiempo apremia, hay que hacer las cosas rápidamente. _____

14. Vamos asaltar esos obstáculos. _____

15. Tienen que a sentar bien esas tablas para que no se caigan. _____

16. Aún no me han ha signado un lugar para sentarme. _____

17. A Juan le gusta a podar a todos sus compañeros. _____

18. Es importante apremiar los logros obtenidos. _____

19. Los agarraron cuando iban a asaltar la tienda. _____

20. Lo detuvieron por apalear a un compañero. _____

Calificación: _____   Revisó: _____

16.7 APOCO, ARRESTAR, ASIMISMO, ATENDER, ATRAVESAR, A VECES

REGLA

Algunas expresiones requieren el uso de palabras compuestas, mientras que en otras expresiones se utilizan esas mismas palabras, pero separadas; en cada caso, tienen significados diferentes.

van juntas		van separadas	
Apoco	Tiempo presente del verbo *apocar*. (*Ante ellos me apoco.*)	**A poco**	A breve término, en un corto espacio de tiempo. (*Terminamos poco a poco, ¿a poco ya llegaste?*)
Arrestar	Retener a alguien y privarlo de su libertad. (*La policía lo viene a arrestar.*)	**A restar**	A sacar el residuo de algo, a rebajar o cercenar algo. (*Vamos a restar esta cantidad.*)
Asimismo	También, de la misma manera. (*Asimismo, me gustan las matemáticas.*)	**Así mismo** **A sí mismo**	Aunque se acepta escribirlas separadas, es preferible ponerlas juntas, en una palabra. Reflexivo. (*Se dijo a sí mismo...*)
Atender	Poner atención, esperar, cuidar de alguien o de algo. (*Voy a atender este asunto.*)	**A tender**	A desdoblar, extender, tirar o colgar algo. (*Vamos a tender la ropa.*)
Atravesar	Pasar a través de. (*Atravesó la estancia.*)	**A través**	Por en medio de. (*Pasó a través del aro.*)
Aveces	Presente de subjuntivo del verbo avezar: acostumbrar. (*No quiero que te aveces a fumar.*)	**A veces**	En algunas ocasiones. (*A veces llego tarde a la escuela.*)

EJERCICIO

En las siguientes oraciones hay alguna de las palabras arriba indicadas. Algunas están bien escritas (juntas o separadas, según el caso), y otras están mal escritas (juntas o separadas, según el caso). Si consideras que están bien escritas, déjalas como están y pon una señal de correcto (paloma) en el espacio de la derecha. Si crees que están mal, escríbelas correctamente.

EJEMPLO 1:   Asimismo, iremos al cine.   ✔

EJEMPLO 2:   ¿Apoco iremos al teatro?   asimismo

Valor: 5 puntos cada una

1. ¿Apoco llegaste a tiempo a la clase?   _____

2. Aveces canta y a veces no.   _____   _____

3. Así mismo, me gusta la música clásica.   _____

4. Sal atender estos pantalones, para que se sequen.   _____

5. Si te ven, te van a restar.   _____

6. Atravesó con paso firme la habitación.   _____

7. Así mismo, llegó tranquilo al comedor.   _____

8. A veces estudio y aveces descanso. _____ _____

9. Siempre se preguntaba así mismo: ¿Qué será de mi vida? _____

10. Hagamos esto poco apoco. _____

11. Ve a tender a esas personas que entraron a la tienda. _____

12. Luego procedes arrestar esa cantidad para sacar el total. _____

13. Llegaron al pueblo através del bosque. _____

14. Debes atender a los clientes. _____

15. Ya saben quién es el ladrón y lo van a restar. _____

16. Pasó rápidamente através de la multitud. _____

17. Yo nunca me a poco ante las adversidades. _____

18. Se dijo asimismo: "Ahora o nunca". _____

19. Aveces no salen las cosas como queremos. _____

20. Poco a poco terminaremos la tarea. _____

Calificación: _____ Revisó: _____

C A P Í T U L O   1 7

OTRAS PALABRAS Y EXPRESIONES HOMÓFONAS

Además de las que empiezan con a, existen muchas otras palabras que son homófonas con expresiones de dos o más palabras. En este capítulo estudiaremos algunas de ellas.

17.1 CONFORMA, CONQUE, CONTRAGOLPE, CONTRAATAQUE, DEMÁS, ADEMÁS

R E G L A

Algunas expresiones requieren el uso de palabras compuestas, mientras que en otras expresiones se utilizan esas mismas palabras, pero separadas; en cada caso, tienen significados diferentes.

van juntas		van separadas	
Conforma	Del verbo *conformar*, dar forma a algo, reducir o convenir. (*Se conforma con poco.*)	**Con forma**	Que tiene forma de algo. (*Compré una vela con forma de oso.*)
Conque	Conjunción que enuncia una consecuencia de lo que acaba de decirse, exclamación, condición. (*¡Conque terminaste!*)	**Con que**	Con lo que... (*La camisa con que te vestiste ayer.*)

Contragolpe	Golpe dado en respuesta a otro. Reacción ofensiva contra el avance del equipo contrario. (*En el contragolpe metieron un gol.*)	**Contra golpe**	Contra un ataque, impacto, porrazo. (*Contra golpe dado por sorpresa no es posible defenderse.*)
Contraataque	Reacción ofensiva contra el avance del enemigo, de un rival o del equipo contrario. (*Las tropas contraatacaron.*)	**Contra ataque**	Contra un golpe, impacto, invasión. (*Las tropas reaccionaron contra el ataque del adversario.*)
Demás	Otras personas o cosas. (*Los demás no vinieron.*)	**De más**	De sobra, en demasía. (*Estos manteles están de más.*)
Además	A más de esto o aquello, también. (*Además, vamos a ir al cine.*)	**A demás**	No existe, es incorrecto.

EJERCICIO

En las siguientes oraciones hay alguna de las palabras arriba indicadas. Algunas están bien escritas (juntas o separadas, según el caso), y otras están mal escritas (juntas o separadas, según el caso). Si consideras que están bien escritas, déjalas como están y pon una señal de correcto (paloma) en el espacio de la derecha. Si crees que están mal, escríbelas correctamente en el espacio de la derecha.

EJEMPLO 1:   Trae acá los demás libros.   ✔

EJEMPLO 2:   También trae los de más cuadernos.   <u>demás</u>

Valor: 5 puntos cada una

1. Pedro no se con forma con nada.   _____
2. Ya llegó Lupe. Los demás no han llegado.   _____
3. A demás de Pedro, llegaron Luis y Juan.   _____
4. Al meter el gol, se replegaron para buscar el contra golpe.   _____
5. Conque pasemos el examen aprobamos la materia.   _____
6. A demás de todo lo que ya te ayudé, ¿quieres que haga tu tarea?   _____
7. Las naciones poderosas siempre reaccionan con un contra ataque.   _____
8. Tengo un borrador conforma de oso.   _____
9. El programa se llama Contra golpe a la violencia.   _____
10. ¡Con que saliste con Cuquita!   _____
11. Está demás insistir. No te va a hacer caso   _____
12. Tengo una lámpara conforma de avión.   _____
13. Ante la invasión, reaccionaron con un contra ataque. _____
14. ¿Conqué programa hiciste ese trabajo?   _____
15. El equipo apostó al contragolpe y perdió 2 – 0.   _____
16. No te debes con formar con un ocho, procura el diez. _____
17. Además de la pizza quiero un refresco.   _____
18. Al sentirse atacados, reaccionaron con un contraataque.   _____
19. Es conveniente tener siempre comida demás.   _____
20. ¿Conqué cámara tomaste estas fotos?   _____

Calificación: _____   Revisó: _____

17.2 DEPARTE, DE VERAS, DONDEQUIERA, ADONDEQUIERA, ENSEGUIDA, ENFRENTE, EN MEDIO

REGLA

Algunas expresiones requieren el uso de palabras compuestas, mientras que en otras expresiones se utilizan esas mismas palabras, pero separadas; en cada caso, tienen significados diferentes.

van juntas		van separadas	
Departe	Presente del verbo *departir*, que significa hablar, conversar. (*Ve y departe con los invitados.*)	**De parte**	A nombre de, a favor de alguien o de algo. (*Yo estoy de parte de la no violencia.*)
Deveras	No existe, es incorrecto.	**De veras**	Con verdad, con formalidad, eficacia o empeño. (*De veras que ya hice mi tarea.*)
Dondequiera	En cualquier parte. (*Deja sus cosas dondequiera.*) No denota movimiento.	**Donde quiera**	Donde desee. (*Juan vivirá donde quiera vivir.*)
Adondequiera	Adverbio que denota movimiento. (*Voy adondequiera, soy libre.*)	**Adonde quiera**	Adonde desee. (*Puede ir adonde quiera ir.*)
Enseguida	Inmediatamente después en el tiempo o en el espacio. (*Llegó Juan y enseguida llegó Pedro.*)	**En seguida**	Aunque se acepta escribirlas separadas, es preferible ponerlas juntas, en una palabra. (*Lo traigo en seguida.*)
Enfrente	La parte opuesta, el punto que mira a otro o que está delante de otro. (*La tienda está enfrente del hotel.*)	**En frente**	Aunque se acepta escribirlas separadas, es preferible ponerlas juntas, en una palabra. (*Juan se paró en frente de la maestra.*)
Enmedio	No existe, es incorrecto.	**En medio**	En lugar o tiempo igualmente distante de los extremos. Entre dos o más personas o cosas. (*Lo encontré en medio del salón.*)

EJERCICIO

En las siguientes oraciones hay alguna de las palabras arriba indicadas. Algunas están bien escritas (juntas o separadas, según el caso), y otras están mal escritas (juntas o separadas, según el caso). Si consideras que están bien escritas, déjalas como están y pon una señal de correcto (paloma) en el espacio de la derecha. Si crees que están mal, escríbelas correctamente en el espacio de la derecha.

EJEMPLO 1: Vengo de parte de mi tío Luis.   ✔

EJEMPLO 2: Yo vengo departe de mi tío Pedro.   de parte

Valor: 5 puntos cada una

1. La tienda que buscas está allá en frente. _____
2. Llegó Arturo y en seguida llegó Cuquita. _____
3. Ve y de parte con los demás invitados a la fiesta. _____
4. Deveras que yo no fui, te lo juro. _____
5. Colocaron la mesa enmedio del salón. _____
6. Yo te acompaño a donde quiera que vayas. _____
7. Me estacioné enfrente de la peluquería. _____
8. Déjalo que lo ponga dondequiera colocarlo. _____
9. En seguida bajo, no me tardo. _____
10. En medio del patio estaba la maestra. _____
11. ¿Deveras viste un OVNI? ¡Cuéntame! _____
12. En la tienda de en frente venden unos dulces deliciosos. _____
13. Llegó una persona que viene departe del director de la escuela. _____
14. Se salió enmedio de la conferencia. _____
15. Iremos de vacaciones a dondequiera mi papá. _____
16. De veras que me divertí en las vacaciones. _____
17. Hicieron una manifestación en frente de la Secretaría. _____
18. Corrige este trabajo enseguida. _____
19. Me tuve que bajar del carro enmedio de la lluvia. _____
20. Hablo departe de don Ricardo. ¿Está Juan? _____

Calificación: _____   Revisó: _____

17.3 ENCADENA, ENCINTA, ENCLAVE, ENDEUDA, ENTORNO, ENTREDICHO

REGLA

Algunas expresiones requieren el uso de palabras compuestas, mientras que en otras expresiones se utilizan esas mismas palabras, pero separadas; en cada caso, tienen significados diferentes.

van juntas		van separadas	
Encadena	Presente del verbo *encadenar*, que significa poner cadenas. (*El verdugo encadena al prisionero.*)	En cadena	Procesos enlazados o que se efectúan en trasmisión o sucesión continuadas. (*Es una reacción en cadena.*)
Encinta	Dicho de una mujer, que está preñada. (*Mi prima está encinta.*).	En cinta	En tejido largo y estrecho, en tira de papel o celuloide. (*La caja está envuelta en cinta amarilla.*)

Enclave	Territorio incluido en otro con diferentes características políticas, administrativas o geográficas. (*Se apoderaron del enclave enemigo.*) También es el presente de subjuntivo del verbo enclavar, sujetar con clavos.	**En clave**	En código de signos convenidos para la trasmisión de mensajes secretos o privados. (*Este mensaje está en clave.*)
Endeuda	Presente del verbo *endeudar*, que significa adquirir deudas. (*Mi primo se endeuda porque no sabe hacer negocios.*)	**En deuda**	Tener una obligación moral o monetaria con alguien. (*Estoy en deuda contigo.*)
Entorno	Ambiente. (*El entorno tenía un aspecto tétrico.*)	**En torno**	Alrededor de. (*Se sentaron en torno a la mesa.*)
Entredicho	Prohibición de hacer o decir algo. (*Está en entredicho.*)	**Entre dicho**	Entre ocurrencias chistosas y oportunas. (*Entre dicho y dicho dice algo coherente.*)

E J E R C I C I O

En las siguientes oraciones hay alguna de las palabras arriba indicadas. Algunas están bien escritas (juntas o separadas, según el caso), y otras están mal escritas (juntas o separadas, según el caso). Si consideras que están bien escritas, déjalas como están y pon una señal de correcto (paloma) en el espacio de la derecha. Si crees que están mal, escríbelas correctamente.

EJEMPLO 1: Las estaciones trasmiten en cadena. ✔

EJEMPLO 2: Las de acá no están encadena. en cadena

Valor: 5 puntos cada una

1. Lo tengo grabado encinta. _____
2. En torno de la maestra se agolparon los niños. _____
3. Todas las estaciones trasmitirán la final encadena. _____
4. No entiendo el mensaje, está enclave. _____
5. Entredicho y hecho hay mucho trecho, dice el refrán. _____
6. Mi prima está en cinta. _____
7. Gracias por tu ayuda, estoy endeuda contigo. _____
8. El entorno era bellísimo: lleno de árboles y flores _____
9. Es un escapista; si alguien lo en cadena, se libera fácilmente. _____
10. No dejes que en clave muy fuerte esa madera. _____
11. La credibilidad de muchos políticos está en entredicho. _____
12. Una mujer encinta tiene una belleza especial. _____
13. El que juega y apuesta, siempre se en deuda _____
14. Entorno a ella, jugaban ocho niños. _____

15. En este momento, todas las estaciones están encadena. _____

16. Durante la guerra, todos los mensajes se trasmiten en clave. _____

17. Actualmente, el conductismo está en entre dicho. _____

18. Una mujer en cinta debe consultar regularmente al ginecólogo. _____

19. No me debes nada, no estás endeuda. _____

20. Nos sentamos entorno a la mesa. _____

Calificación: _____   Revisó: _____

17.4 HACER, HABER, MENOSPRECIO, NOMÁS, NADA MÁS

R E G L A

Algunas expresiones requieren el uso de palabras compuestas, mientras que en otras expresiones se utilizan esas mismas palabras, pero separadas; en cada caso, tienen significados diferentes.

van juntas		van separadas	
Hacer	Producir, fabricar, ejecutar, realizar. (*Vamos a hacer una casa.*)	**A ser**	Estar, existir, suceder, acontecer. (*Vamos a ser los padrinos.*)
Haber	Tener, poseer, ser necesario. (*Tengo en mi haber 500 pesos.*)	**A ver**	A mirar, observar. (*Vamos a ver si viene a tiempo; a ver quién gana.*)
Menosprecio	Desprecio, desdén. (*Le mostró menosprecio.*)	**Menos precio**	Se utiliza *menor precio*. (*Este carro es de menor precio.*)
Nomás	Solamente, apenas, precisamente, nada más. (*Nomás tres tiros le dio.*)	**No más**	Basta, es suficiente. (*No más postre para mí.*)
Nadamás	No existe, es incorrecto.	**Nada más**	Únicamente, basta, es suficiente. (*No quiero nada más.*)

E J E R C I C I O

En las siguientes oraciones hay alguna de las palabras arriba indicadas. Algunas están bien escritas (juntas o separadas, según el caso), y otras están mal escritas (juntas o separadas, según el caso). Si consideras que están bien escritas, déjalas como están y pon una señal de correcto (paloma) en el espacio de la derecha. Si crees que están mal, escríbelas correctamente.

EJEMPLO 1:   A ver quién llega primero.   ✔

EJEMPLO 2:   Haber quién llega al último.   a ver

Valor: 5 puntos cada una

1. Cuando termine la carrera, voy hacer abogado. _____

2. Nadamás piensas en tu novia, así no vas a pasar el examen. _____

3. ¿Que quieres llegar hacer de grande? _____

4. Quien tiene baja la autoestima siente menos precio por sí mismo. _____

5. Nomás nos organizó y se fue a descansar. _____

6. Haber si sacas 10 en el examen. _____

7. Vamos a ser un papalote. _____

8. Luis siente menos precio por Roberto. _____

9. Él es el jefe, nadamás y nada menos. _____

10. Haber si me alcanzas. _____

11. No más regresaron y se pusieron a ver la tele. _____

12. Nada más quieren jugar esos videojuegos. _____

13. Si me lo dejas en menosprecio, te lo compro. _____

14. Vamos hacer los primeros en llegar. _____

15. Sí te voy a ayudar, nomás deja que termine este trabajo. _____

16. Tengo 100 pesos en mi a ver. _____

17. No más postre para mí. Estoy satisfecho. _____

18. Vamos haber quién llega primero. _____

19. Mostró un gran menosprecio en sus palabras. _____

20. Nadamás déjame terminar aquí y te ayudo. _____

Calificación: _____   Revisó: _____

17.5 ÓSEA, SINFÍN, SINO, SOBRETODO, SINVERGÜENZA

REGLA

Algunas expresiones requieren el uso de palabras compuestas, mientras que en otras expresiones se utilizan esas mismas palabras, pero separadas; en cada caso, tienen significados diferentes.

van juntas		van separadas	
Ósea	De hueso, perteneciente o relativa al hueso. (*Es una materia ósea.*) Lleva acento por ser esdrújula.	O sea	Es decir, dicho de otra manera. (*No voy, o sea que me quedo.*) No lleva acento por tratarse de dos monosílabos.
Sinfín	Infinidad, gran número de cosas o personas. (*Vino un sinfín de personas.*) Lleva acento por ser aguda en <u>n</u>.	Sin fin	Sin final, sin término. (*Es una historia sin fin.*) No lleva acento por tratarse de dos monosílabos.
Sino	Conjunción adversativa. (*No es esto, sino lo otro*). El destino, la suerte. (*Es mi sino olvidarme de ti.*)	Si no	Condicional negativa. (*Si no quieres, no vengas.*)

Sobretodo	Prenda de vestir. (*Se puso el sobretodo y salió*)	**Sobre todo**	Especialmente. (*Sobre todo, me gusta la física.*)
Sinvergüenza	Pícaro, bribón, ilegal, inmoral. (*Es un sinvergüenza.*)	**Sin vergüenza**	No mostrar o manifestar vergüenza. (*Habla sin vergüenza.*)

EJERCICIO

En las siguientes oraciones hay alguna de las palabras arriba indicadas. Algunas están bien escritas (juntas o separadas, según el caso), y otras están mal escritas (juntas o separadas, según el caso). Si consideras que están bien escritas, déjalas como están y pon una señal de correcto (paloma) en el espacio de la derecha. Si crees que están mal, escríbelas correctamente.

EJEMPLO 1:   Juan tiene un sinfín de lápices.   ✔

EJEMPLO 2:   Luis tiene un sin fin de plumas.   sinfín

Valor: 5 puntos cada una

1. Hay mucha gente sinvergüenza y abusiva.   _____

2. A mí me gusta sobretodo la música moderna.   _____

3. Es una banda sin fin, siempre está dando vueltas.   _____

4. Ese licenciado es un sin vergüenza.   _____

5. Es un fósil de materia ósea.   _____

6. Sino llegas a tiempo, no te dejarán entrar a la clase.   _____

7. Lupita tiene un sin fin de amigos.   _____

8. No quiero ir al cine, si no al teatro.   _____

9. No quiero ir al cine, si no me acompañas.   _____

10. Es inverosímil, osea, que es difícil de creer.   _____

11. Es un sobre todo antiguo, era de mi abuelito.   _____

12. Tengo un sin fin de discos modernos.   _____

13. A mí me gustan sobretodo los días soleados.   _____

14. Debes aprender a hablar en público sin vergüenza.   _____

15. Es el jefe, o sea, el que manda.   _____

16. No me gusta el teatro, si no el cine.   _____

17. Es una canción sinfín, nunca termina.   _____

18. Es un rufián y un sin vergüenza.   _____

19. Como estaba lloviendo, se puso el sobre todo antes de salir.   _____

20. Llegué primero, ósea que quedé en primer lugar.   _____

Calificación: _____   Revisó: _____

17.6 SINSABOR, SUPUESTO, PORTAL, TAMBIÉN, TAMPOCO

REGLA

Algunas expresiones requieren el uso de palabras compuestas, mientras que en otras expresiones se utilizan esas mismas palabras, pero separadas; en cada caso, tienen significados diferentes.

van juntas		van separadas	
Sinsabor	Pesar, disgusto, desazón moral. (*Conoció el sinsabor de la derrota.*)	**Sin sabor**	Que no tiene sabor, que no sabe a nada. (*Es un postre sin sabor.*)
Supuesto	Suposición, hipótesis. (*Lo daban por supuesto.*)	**Su puesto**	Su lugar. (*Dejó su puesto antes de tiempo.*)
Portal	Primera pieza de la casa, por donde se entra a las demás. (*Lo dejé en el portal.*)	**Por tal**	Por determinada causa, razón o motivo. (*Por tal razón no iré a la fiesta.*)
También	Tanto, así. Adverbio que se utiliza para indicar la igualdad, semejanza, conformidad o relación de una cosa con otra ya nombrada. (*También yo fui a la fiesta.*)	**Tan bien**	El adverbio *tan* encarece en proporción relativa el significado del adverbio *bien*. Se utiliza junto con la conjunción *que* o con el adverbio *como*. (*Lo hizo tan bien que le dieron un premio.*)
Tampoco	Adverbio que se utiliza para negar algo después de haberse negado otra cosa. (*Tampoco Juan fue a la fiesta.*)	**Tan poco**	El adverbio *tan* encarece en proporción relativa el significado del adverbio *poco*. Se utiliza junto con la conjunción *que* o con el adverbio *como*. (*Comí tan poco que me quedé con hambre.*)

EJERCICIO

En las siguientes oraciones hay alguna de las palabras arriba indicadas. Algunas están bien escritas (juntas o separadas, según el caso), y otras están mal escritas (juntas o separadas, según el caso). Si consideras que están bien escritas, déjalas como están y pon una señal de correcto (paloma) en el espacio de la derecha. Si crees que están mal, escríbelas correctamente.

EJEMPLO 1: Juan no ha llegado, tampoco María.　　　✔

EJEMPLO 2: Tan poco ha llegado Arturo.　　　tampoco

Valor: 5 puntos cada una

1. Tan poco Ricardo llegó a tiempo a la clase.　　　_____

2. Portal motivo me dejaron castigado.　　　_____

3. Por su puesto que hoy no va a cantar.　　　_____

4. Yo no canto también como mi hermana.　　　_____

5. Es un alimento insípido, sinsabor.　　　_____

6. El portal de mi casa es de madera.　　　_____

7. Gané, pero me quedó un sinsabor.　　　_____

8. Luis tan bien fue al viaje de prácticas.　　　_____

9. Yo tan poco creo que existan los OVNIS. _____

10. Ha vivido puros sin sabores en esta vida. _____

11. Por supuesto que sí voy a ir a la fiesta. _____

12. Yo también quiero un pedazo de ese pastel. _____

13. ¡Tanto qué hacer y tampoco tiempo que tenemos! _____

14. Llegó tarde. Portal motivo lo regañaron. _____

15. Por supuesto que lo corrieron de supuesto. _____ _____

16. Luis aprobó. Tanbién Juan aprobó. _____

17. Mi equipo tampoco pudo ganar la semana pasada. _____

18. Dijo mentiras. Por tal razón ya no le creen. _____

19. Ese su puesto es falso, y te lo voy a comprobar. _____

20. El agua es un elemento sin olor, sin color y sin sabor. _____

Calificación: _____   Revisó: _____

MAPA CONCEPTUAL DE LA UNIDAD 4

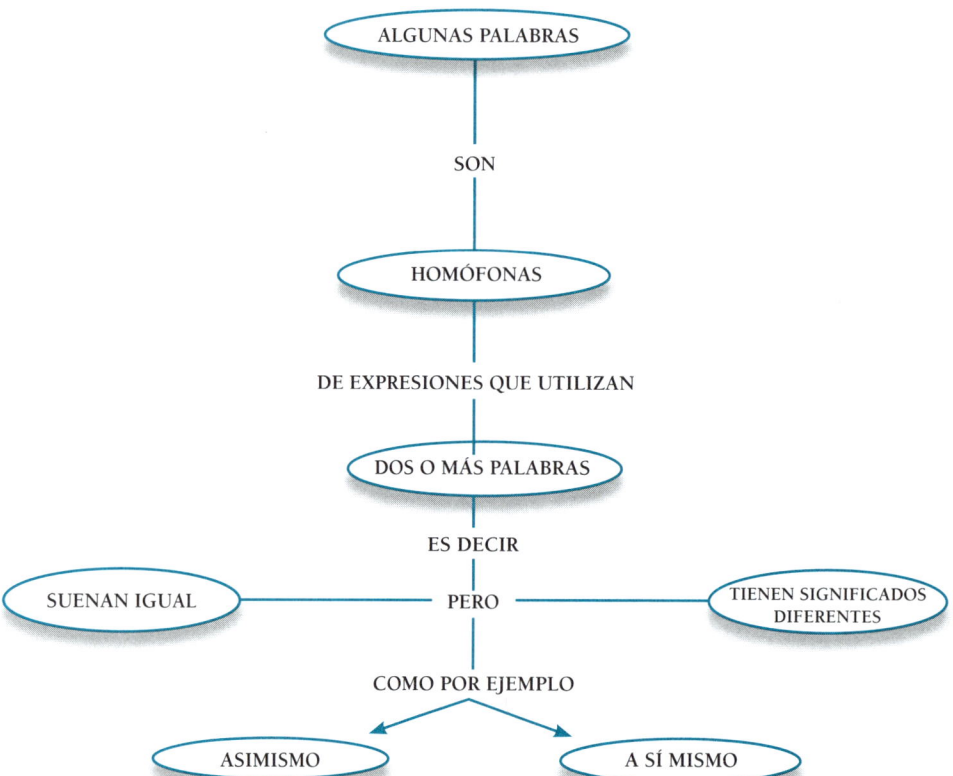

ALGUNAS PALABRAS

SON

HOMÓFONAS

DE EXPRESIONES QUE UTILIZAN

DOS O MÁS PALABRAS

ES DECIR

SUENAN IGUAL — PERO — TIENEN SIGNIFICADOS DIFERENTES

COMO POR EJEMPLO

ASIMISMO   A SÍ MISMO

UNIDAD 5

¿Tienes problemas con los parónimos?

En español existen muchas palabras que son muy parecidas entre sí. A veces, son tan parecidas que se escriben y pronuncian igual (**homógrafas**) o se pronuncian igual, aunque se escriban de manera diferente (**homófonas**).

En ocasiones, aunque las palabras sean muy parecidas entre sí, ni se escriben igual ni se pronuncian de la misma manera, y tienen significados diferentes. Por **ejemplo**, una *adición* es una suma, pero una *adicción* es un hábito a una droga. Es el caso de las palabras **parónimas**, que estudiaremos en esta unidad.

¿Alguna vez te ha pasado esto?	
"Juan es un indolente."	¿Estará bien? ¿No será más bien *insolente*? No sé.
"Hubo una coalición en la esquina. Los carros quedaron deshechos."	¿Será *coalición* o *colisión*? La computadora no me indicó nada.
"Ese asunto no me compite a mí."	Supongo que la palabra *compite* está bien escrita.
"Está en un peligro eminente."	¿O será *inminente*?
"Tiene grandes perjuicios en contra de los ricos."	Creo que está bien escrito. Ya terminé, y sin ningún error; por lo menos sin ningún error señalado por la computadora.

Si te ha pasado algo de esto, te conviene hacer los ejercicios que se presentan en esta unidad.

CAPÍTULO 18

PARÓNIMOS QUE EMPIEZAN CON A

En el español existe un gran número de palabras parónimas. En este capítulo empezaremos estudiando aquéllas que empiezan con la letra a.

18.1 ADICIÓN, ADICCIÓN; ADOPTAR, ADAPTAR; ACTITUD, APTITUD

REGLA

Se les llama **parónimas** a dos o más palabras que se escriben de manera muy parecida (pero no igual), se pronuncian de manera muy parecida (pero no igual) y tienen significados diferentes.

Una **adición** es una suma, es la acción y efecto de añadir y agregar. (*En adición a todo lo anterior...*)	La **adicción** es el hábito de quien se deja dominar por el uso de alguna droga tóxica, o por la afición desmedida a ciertos juegos. (*Tiene adicción al tabaco.*)
Adoptar significa recibir como hijo, con todos los requisitos que establecen las leyes, al que no lo es naturalmente. También significa recibir y hacer propios pareceres, métodos, doctrinas, ideologías o modas que han sido creados por otras personas o comunidades. (*Luis es hijo adoptivo.*) De *adoptar* proviene *adopción*.	**Adaptar** significa acomodar o ajustar algo a otra cosa. (*Le hizo una adaptación, y con eso quedó perfecto.*) De *adaptar* proviene *adaptación*.
La **actitud** es la postura del cuerpo humano, especialmente cuando es determinada por los movimientos del ánimo. Es la disposición de ánimo manifestada de algún modo. (*Tiene una actitud beligerante.*)	La **aptitud** es la capacidad para operar competentemente en una determinada actividad, para el buen desempeño de un negocio, de una industria, de un arte. (*Arturo tiene aptitud para la pintura.*)

E J E R C I C I O

En las oraciones siguientes se utiliza alguna de las palabras indicadas en la regla. Algunas están escritas correctamente, y otras no. Si consideras que están bien escritas, déjalas como están y pon una señal de correcto (paloma) en el espacio de la derecha. Si crees que están mal, escríbelas correctamente.

EJEMPLO 1:   El fumar es una adicción.   ✔

EJEMPLO 2:   Sí, es una adición al tabaco.   adicción

Valor: 4 puntos cada una

1. Como no pueden tener hijos, van a adaptar uno.   _____
2. La adisión es lo mismo que la suma.   _____
3. Ante los problemas, hay que asumir una aptitud positiva.   _____
4. Para que quepa ahí, lo tenemos que adoptar y acomodar.   _____
5. Ese amor por el fútbol ya es una adicción.   _____
6. En el test me detectaron aptitud para las matemáticas.   _____
7. Cuando murieron sus padres, lo dieron en adopción.   _____
8. No me gusta tu actitud tan negativa.   _____
9. Si sumas 8 más 8, hiciste una adición.   _____
10. Yo no tengo mucha actitud para los trabajos manuales.   _____
11. Este aparato no es original, sino adaptado.   _____
12. La adición al licor se llama alcoholismo.   _____
13. Una aptitud positiva es esencial para triunfar en la vida.   _____
14. Es una casa-cuna y casa de adopsión.   _____
15. Tenga más aptitud para física que para historia.   _____
16. A esta casa se le hicieron varias adiciones.   _____

17. Nos tenemos que adoptar a la cancha de arcilla   _____

18. Con esa aptitud negativa no lograrás nada.   _____

19. Es más sana la adixión al deporte que la adisión al tabaco.   _____

20. No es su hijo natural, sino que lo adoptaron.   _____

21. La camisa no te queda bien, te la tendré que adaptar.   _____

22. El resultado de esta adisión es incorrecto.   _____

23. Si tienes actitudes y habilidades, te saldrá bien el trabajo.   _____

24. Los deportistas no deben tener ninguna adicción.   _____

25. Sólo las familias solventes pueden recibir hijos en adopción.   _____

Calificación: _____   Revisó: _____

18.2 ABERTURA, OBERTURA; AFLICCIÓN, AFICIÓN; ARREAR, ARRIAR

R E G L A

Se les llama **parónimas** a dos o más palabras que se escriben de manera muy parecida (pero no igual), se pronuncian de manera muy parecida (pero no igual) y tienen significados diferentes.

Abertura es la acción de abrir algo; es una boca, hendidura, grieta o agujero. (*Después del temblor, quedó una abertura muy grande en ese campo.*) Es sinónimo de *apertura*.	La **obertura** es una pieza de música instrumental con que se da principio a una ópera, oratorio u otra composición lírica. (*La obertura estuvo tan bonita como la obra principal.*)
Aflicción significa tristeza, angustia o pesadumbre moral o sufrimiento físico. (*Después de la muerte de su padre, quedó lleno de aflicción.*)	**Afición** significa inclinación o amor a alguien o a algo. También se utiliza para indicar el conjunto de personas que asisten asiduamente a determinados espectáculos o sienten vivo interés por ellos. (*La afición de las Chivas está en toda la República.*)
Arrear es estimular a las bestias para que echen a andar, o para que sigan caminando, o para que aviven el paso. (*Hay arrear a los burros para que caminen más aprisa.*)	**Arriar** es bajar las velas o las banderas que están en lo alto. (*Si llueve, hay que arriar la bandera.*)

E J E R C I C I O

En las oraciones siguientes se utiliza alguna de las palabras indicadas en la regla. Algunas están escritas correctamente, y otras no. Si consideras que están bien escritas, déjalas como están y pon una señal de correcto (paloma) en el espacio de la derecha. Si crees que están mal, escríbelas correctamente.

EJEMPLO 1:   ¿Cuál obertura tocó la orquesta?   ✔

EJEMPLO 2:   Tocó una abertura de Tchaikovsky.   obertura

Valor: 4 puntos cada una

1. Tendremos que soportar esta afición y tristeza. _____
2. Hay que arriar los bueyes para que trabajen. _____
3. Trata de pasarla por esa obertura. _____
4. Don Lucio es un experto arriando mulas. _____
5. Hay que arriar la bandera. _____
6. La obertura fue con instrumentos de viento. _____
7. Es afisionado a las Chivas. _____
8. Cuando pasen las fiestas, hay que arriar la bandera. _____
9. Está muy gordo, no cabe por esa abertura. _____
10. Su aflixión por la muerte de su papá es muy grande. _____
11. Estos burros sólo caminan si los arreas fuerte. _____
12. Su afición por las Chivas es muy grande. _____
13. Una abertura es una obra musical corta. _____
14. El bote arreó las velas al entrar al puerto. _____
15. La abertura quedó muy grande, hay que achicarla. _____
16. Tiene afición por el básquet. _____
17. Tienes que regular la obertura de la cámara. _____
18. Una muerte en la familia produce gran aflición. _____
19. La apertura del evento será a las 11:00 horas. _____
20. A algunos estudiantes hay que arriarlos para que trabajen. _____
21. Tocará de solista en la obertura. _____
22. Se cayeron las llaves por esa obertura. _____
23. Está triste, siente gran aflicción. _____
24. Tiene afisión por los juegos de mesa. _____
25. Izar y arrear significan subir y bajar la bandera. _____

Calificación: _____ Revisó: _____

18.3 ALUDIR, ELUDIR; APRENDER, APREHENDER; AZAR, AZAHAR

REGLA

Se les llama **parónimas** a dos o más palabras que se escriben de manera muy parecida (pero no igual), se pronuncian de manera muy parecida (pero no igual) y tienen significados diferentes.

Aludir significa mencionar o hacer referencia a alguien o a algo. (*No quiero aludir a los ausentes.*) De *aludir* proviene *alusión*.	**Eludir** significa evitar una dificultad u obligación, esquivar el encuentro con una persona. (*No debes eludir tus obligaciones.*) De *eludir* proviene *elusión*.

Aprender significa adquirir conocimiento por el estudio o la experiencia. (*Nunca terminamos de aprender.*) De *aprender* proviene *aprendizaje*.	**Aprehender** significa coger, asir, prender algo o a alguien. (*Van a aprehender a unos ladrones.*) De *aprehender* proviene *aprehensión* o *aprensión*.
El **azar** es una casualidad, un caso fortuito, una desgracia, la suerte en los juegos. (*Sacaremos los nombres al azar.*)	El **azahar** es una flor blanca, como la del naranjo y el limonero. (*Huele a azahar.*)

E J E R C I C I O

En las oraciones siguientes se utiliza alguna de las palabras indicadas en la regla. Algunas están escritas correctamente, y otras no. Si consideras que están bien escritas, déjalas como están y pon una señal de correcto (paloma) en el espacio de la derecha. Si crees que están mal, escríbelas correctamente.

EJEMPLO 1:   No puedes eludir esta obligación.   ✔

EJEMPLO 2:   Yo puedo aludir lo que quiera.   _eludir_

Valor: 4 puntos cada una

1. Los números siempre caen al azahar.   _____

2. Es de mala educación eludir a los ausentes.   _____

3. Te tienes que aprender esto de memoria.   _____

4. Vamos a jugar juegos de azar.   _____

5. Debes eludir a los vicios en tu discurso.   _____

6. Los cobardes acostumbran aludir el peligro.   _____

7. Aprendieron al ladrón.   _____

8. El azahar es la flor del limonero.   _____

9. Se aprehendieron muy bien los poemas.   _____

10. En tu discurso, debes aludir a la Constitución.   _____

11. No me lo voy a aprehender para el viernes.   _____

12. Mi número salió al azahar.   _____

13. La flor de azahar es blanca.   _____

14. Los flojos tienden a eludir sus obligaciones.   _____

15. Lo aprehendieron cuando robaba una joyería.   _____

16. La iglesia olía a azares.   _____

17. Para exponer el tema, no te lo tienes que aprehender de memoria.   _____

18. En el trabajo, debes hacer alución a este autor.   _____

19. Tengo que aprehenderme esta poesía.   _____

20. Por azahar me lo encontré en la calle.   _____

21. Nunca debemos aludir a los ausentes.   _____

22. Nunca debemos aludir nuestras responsabilidades.   _____

23. Le levantaron una orden de aprensión.   _____

24. Le regaló un ramo de azahares.   _____

25. Tuviste un buen aprendizaje.   _____

Calificación: _____   Revisó: _____

18.4 ASCENDENTE, ASCENDIENTE; ASCÉTICO, ACÉTICO, ESCÉPTICO; ACCEDER, EXCEDER

R E G L A

Se les llama **parónimas** a dos o más palabras que se escriben de manera muy parecida (pero no igual), se pronuncian de manera muy parecida (pero no igual) y tienen significados diferentes.

Ascendente es algo que asciende, que va de subida. (*Tomó una curva ascendente y derrapó.*)	**Ascendiente** es el padre, madre o abuelos de los que desciende una persona. También significa predomino moral o influencia. (*Es de ascendientes franceses.*)
Ascético se dice de una persona que se dedica a la práctica y el ejercicio de la perfección espiritual. (*Ese santo era un ascético.*)	**Acético** es lo perteneciente o relativo al vinagre y sus derivados. (*El ácido acético*).
	Escéptico se dice de una persona que no cree o pretende no creer algo. (*Juan es un escéptico.*)
Acceder significa entrar en un lugar, consentir en lo que alguien quiere, ceder en el propio parecer. (*Jamás voy a acceder a lo que me pide.*) De *acceder* proviene *acceso* y *accesión*.	**Exceder** significa rebasar, sobrepasar, ir más allá de un límite. (*No debes exceder los límites de velocidad.*) De *exceder* proviene *exceso* y *excesivo*.

E J E R C I C I O

En las oraciones siguientes se utiliza alguna de las palabras indicadas en la regla. Algunas están escritas correctamente, y otras no. Si consideras que están bien escritas, déjalas como están y pon una señal de correcto (paloma) en el espacio de la derecha. Si crees que están mal, escríbelas correctamente.

EJEMPLO 1:   La lista va en orden ascendente.   ✔

EJEMPLO 2:   Sus ascendentes son franceses.   <u>ascendientes</u>

Valor: 4 puntos cada una

1. La tabla va en orden acendente.   _____

2. El anhídrido ascético es un compuesto químico.   _____

3. Hay mucha poesía religiosa y acética.   _____

4. Para poder exceder a la beca, tengo que estudiar mucho.   _____

5. Su tío tiene mucho ascendente sobre él.   _____

6. Dormir 15 horas es exesivo.   _____

7. Santo Tomás era muy ecéptico.   _____

8. No se debe hacer un esfuerzo accesivo.   _____

9. Fórmense en orden ascendiente.   _____

10. ¡Ah cómo eres ascéptico! No crees nada de lo que digo. _____

11. Este compuesto tiene mucho ácido ascético. _____

12. Por ese pasillo podemos acceder al auditorio. _____

13. Sus ascendentes son de Europa. _____

14. Tienes que exceder a lo que te piden. _____

15. Los incrédulos son escépticos. _____

16. La prudencia implica no excederse en sus acciones. _____

17. Es una curva ascendente, hacia arriba. _____

18. Hay que ser prudentes y no llegar a exesos. _____

19. San Antonio fue un ascético del siglo III. _____

20. Si no llegamos a tiempo, no podremos exceder al salón. _____

21. Ellos son mis ascendientes directos. _____

22. El vinagre contiene ácido acético. _____

23. No hay que ser ni muy crédulos ni muy excépticos. _____

24. No hay que tomar con acceso. _____

25. La economía sigue un ritmo ascendente. _____

Calificación: _____   Revisó: _____

18.5 ABSOLVER, ABSORBER; ABSCESO, ACCESO; ASERTO, ACIERTO

R E G L A

Se les llama **parónimas** a dos o más palabras que se escriben de manera muy parecida (pero no igual), se pronuncian de manera muy parecida (pero no igual) y tienen significados diferentes.

Absolver significa dar por libre de algún cargo u obligación. También significa perdonar a un penitente sus pecados en la confesión. (*Me fui a confesar y me absolvieron de mis pecados*). De *absolver* proviene *absolución*.	**Absorber** significa recibir o aspirar materias externas. También es lo mismo que sorber: beber aspirando o atraer hacia adentro algunas cosas, aunque no sean líquidas. (*El popote sirve para absorber el agua*). De *absorber* proviene *absorción*.
Un **absceso** es una acumulación de pus en los tejidos orgánicos internos o externos. (*Por no curarse a tiempo, le salió un absceso*).	Un **acceso** es una entrada o paso, la acción de llegar o acercarse a algo. En medicina, es la repetición de un estado morboso. (*Le dio un acceso de tos*).
Un **aserto** es la afirmación de la certeza de algo. (*Decir que dos más dos son cuatro es un aserto*). De *aserto* proviene *asertivo*.	**Acierto** es la acción y efecto de acertar, de atinar, de dar en el punto al que se dirige algo. (*Tuve diez aciertos en el examen*). De *acierto* proviene *certero*.

EJERCICIO

En las oraciones siguientes se utiliza alguna de las palabras indicadas en la regla. Algunas están escritas correctamente, y otras no. Si consideras que están bien escritas, déjalas como están y pon una señal de correcto (paloma) en el espacio de la derecha. Si crees que están mal, escríbelas correctamente.

EJEMPLO 1:   Si no te arrepientes, no te pueden absolver.   ✔

EJEMPLO 2:   ¿Quién me va a absolber?   absolver

Valor: 4 puntos cada una

1. El axeso al rancho es de terracería.   _____

2. En tu discurso debes ser acertivo.   _____

3. Sólo si arrepientes, te pueden absorber.   _____

4. Le curaron el absceso y sanó rápidamente.   _____

5. Lo que hicieron los doctores fue un asierto.   _____

6. Hay que absolber despacio para no atragantarse.   _____

7. Éste es el acceso al teatro.   _____

8. Después de la operación le quedó un acceso.   _____

9. Con ocho asertos, saqué 9 en el examen.   _____

10. La confesión es para absolver los pecados.   _____

11. Juan es muy certero, asierta mucho.   _____

12. Es una rampa de acceso para minusválidos.   _____

13. Procura no hacer ruido al absorber.   _____

14. Eso no es un aserto, es algo falso.   _____

15. Por esta calle no hay acceso al teatro.   _____

16. No vayas a absolver ese líquido, es dañino.   _____

17. Ese abseso tiene mucha pus.   _____

18. Un aserto es una afirmación de la certeza de algo.   _____

19. El juez puede absolber una sentencia.   _____

20. Cambiar los muebles fue un asierto.   _____

21. No se permite el absceso a personas uniformadas.   _____

22. Absorver significa lo mismo que sorber.   _____

23. Ser asertivo significa tener muchos acertos.   _____

24. En la confesión se absuelven los pecados.   _____

25. Le salió un acceso en la herida.   _____

Calificación: _____   Revisó: _____

PARÓNIMOS QUE EMPIEZAN CON C

En este capítulo ejercitaremos algunos parónimos que empiezan con la letra c.

19.1 CARIDAD, CAVIDAD, CALIDAD; CARABELA, CALAVERA; CASUAL, CAUSAL

R E G L A

Se les llama **parónimas** a dos o más palabras que se escriben de manera muy parecida (pero no igual), se pronuncian de manera muy parecida (pero no igual) y tienen significados diferentes.

La **caridad** es una virtud, equivalente al amor y opuesta a la envidia. (*Esa viejita me pidió una caridad.*)	Una **cavidad** es un espacio hueco dentro de un cuerpo cualquiera. (*La araña se escondió en esa cavidad.*)
La **calidad** es la propiedad o conjunto de propiedades inherentes a algo, que permiten juzgar su valor. (*Es de buena calidad.*)	
Una **carabela** es una embarcación ligera, larga, estrecha y a velas. (*Colón llegó con sus tres carabelas.*)	La **calavera** es el conjunto de los huesos de la cabeza, mientras permanecen unidos, pero despojados de la carne y de la piel. (*El símbolo de la pandilla es una calavera.*)
El adjetivo **casual** significa que algo sucede por casualidad. También se dice de la ropa no formal. (*Fue un encuentro casual.*) De *casual* proviene *casualidad.*	El adjetivo **causal** indica que algo se refiere a la causa. Indica también la razón o motivo de algo. (*El adulterio es causal de divorcio.*) De *causal* proviene *causalidad.*

E J E R C I C I O

En las oraciones siguientes se utiliza alguna de las palabras indicadas en la regla. Algunas están escritas correctamente, y otras no. Si consideras que están bien escritas, déjalas como están y pon una señal de correcto (paloma) en el espacio de la derecha. Si crees que están mal, escríbelas correctamente.

EJEMPLO 1:   Le di una limosna por caridad.   ✔

EJEMPLO 2:   La cavidad es el amor a Dios.   caridad

Valor: 4 puntos cada una

1. La caridad empieza por sí mismo.   _____
2. Una calavera es un velero antiguo.   _____
3. Por causalidad encontré el libro que estaba buscando.   _____
4. En esta empresa tienen un programa de cavidad total.   _____
5. Hay que rellenar esa caridad.   _____

6. Encontraron una calavera en ese terreno baldío.   _____

7. Esta bacteria es el agente casual de la enfermedad.   _____

8. No tengo ropa causal para la fiesta.   _____

9. ¡Ayúdame, por cavidad!   _____

10. Las carabelas son embarcaciones antiguas, de museo.   _____

11. A la fiesta hay que ir con ropa causal.   _____

12. La calidad se mide por la atención al cliente.   _____

13. Esa cavidad es la madriguera del zorro.   _____

14. El símbolo de los piratas era una carabela.   _____

15. Copiar en los exámenes es casual de expulsión.   _____

16. En el hospital tienen una calavera.   _____

17. En el Cristianismo, la cavidad es la principal virtud.   _____

18. Los comerciantes viajaban en calaveras.   _____

19. Juan sí quiso decir eso, no fue algo casual.   _____

20. Haz las cosas bien, con calidad.   _____

21. La serpiente se escondió en esa caridad.   _____

22. En México, las carabelas son poesías sobre la muerte.   _____

23. La pobreza es una causal del crimen y la corrupción.   _____

24. En la feria te puedes subir a la calavera de Peter Pan.   _____

25. En la noche de brujas, se ven muchas calaveras.   _____

Calificación: _____   Revisó: _____

19.2 CÉLULA, CÉDULA; CESTO, SEXTO; CESIÓN, SESIÓN, SECCIÓN

REGLA

Se les llama **parónimas** a dos o más palabras que se escriben de manera muy parecida (pero no igual), se pronuncian de manera muy parecida (pero no igual) y tienen significados diferentes.

La **célula** es la unidad fundamental de los organismos vivos. También se refiere a un grupo reducido de personas que funcionan de manera independiente dentro de una organización. (*Detectamos células cancerosas.*)	La **cédula** es un papel escrito o para escribir en él algo. También es un documento en que se reconoce una deuda u obligación. (*Al titularte, obtienes tu cédula profesional.*)
Un **cesto** es una cesta grande, más alta que ancha, tejida con mimbres, juncos o cañas, que sirve para llevar ropa, frutas u otros objetos. (*Pon la ropa sucia en el cesto.*)	**Sexto** es el número ordinal o partitivo que sigue inmediatamente al quinto. (*Es el sexto examen que presentamos.*)

La **cesión** es la renuncia de una posesión, acción o derecho, que alguien hace a favor de otra persona. (*Es un acto de cesión de derechos.*) Cesión proviene de *ceder*.

Una **sección** es cada una de las partes en que se divide un objeto. Es también el acto de separar un cuerpo sólido en partes. (*No estudié esa sección del libro.*)

Una **sesión** es un espacio de tiempo ocupado por una actividad. (*Es la tercera sesión del comité.*) También es la acción y efecto de sentarse.

EJERCICIO

En las oraciones siguientes se utiliza alguna de las palabras indicadas en la regla. Algunas están escritas correctamente, y otras no. Si consideras que están bien escritas, déjalas como están y pon una señal de correcto (paloma) en el espacio de la derecha. Si crees que están mal, escríbelas correctamente.

EJEMPLO 1:   Ya firmé la cesión de derechos.   ✔

EJEMPLO 2:   Yo no he firmado la sección.   cesión

Valor: 4 puntos cada una

1. Éste es el sesto para la ropa sucia. _____

2. En esta sección van los libros de filosofía. _____

3. Esas cédulas son cancerígenas. _____

4. Juan llegó en cexto lugar. _____

5. Se trató tu caso en la cesión del comité. _____

6. Están pidiendo la célula de identidad. _____

7. Echa esos papeles en el cesto de basura. _____

8. En este documento se establece la sesión de derechos. _____

9. Antiguamente, los reyes expedían células y decretos. _____

10. La oficina está en el sexto piso. _____

11. Ésta es la cesión de no fumar. _____

12. Las células del cuerpo humano son maravillosas. _____

13. Una nasa es como un sesto para atrapar peces. _____

14. Estoy en tercer año, sexión A. _____

15. Es una guía para llenar la cédula de información. _____

16. Es la sesta vez que te lo repito. _____

17. En una franquicia se da una sesión de concesiones. _____

18. Ya tengo el título pero me falta la cédula profesional. _____

19. Voy a jugar balonsesto. _____

20. Es una carta-sesión de la propiedad de los derechos de autor. _____

21. Con el microscopio se pueden ver las cédulas. _____

22. Ganaron el campeonato por cexta vez consecutiva. _____

23. Ésta es la sección de computadoras. _____

24. Para entrar al club, debes llenar esta célula de registro.   _____

25. El gato se duerme en ese cesto   _____

Calificación: _____   Revisó: _____

19.3 COLISIÓN, COALICIÓN; COLORACIÓN, COLOCACIÓN; COMPRESIÓN, COMPRENSIÓN

R E G L A

Se les llama **parónimas** a dos o más palabras que se escriben de manera muy parecida (pero no igual), se pronuncian de manera muy parecida (pero no igual) y tienen significados diferentes.

Una **colisión** es un choque de dos cuerpos. (*Los carros quedaron destruidos después de la colisión.*)	Una **coalición** es una confederación, liga o unión entre personas u organismos. (*Estos dos partidos formaron una coalición.*)
La **coloración** es la acción y efecto de colorar, de dar color a algo. (*Aún no queda la coloración exacta.*) Proviene de *colorear*.	La **colocación** es la acción y efecto de colocar algo, de ponerlo en un sitio. (*Ésa no es la colocación correcta.*) Proviene de *colocar*.
Compresión es la acción y efecto de comprimir algo. (*Este programa realiza una compresión de los archivos.*) Proviene de *comprimir*.	**Comprensión** es la acción de comprender, la capacidad para entender las cosas. (*Lo logramos, gracias a su comprensión.*) Proviene de *comprender*.

E J E R C I C I O

En las oraciones siguientes se utiliza alguna de las palabras indicadas en la regla. Algunas están escritas correctamente, y otras no. Si consideras que están bien escritas, déjalas como están y pon una señal de correcto (paloma) en el espacio de la derecha. Si crees que están mal, escríbelas correctamente.

EJEMPLO 1:   Hubo una colisión en la esquina.   ✔

EJEMPLO 2:   Yo no escuché ninguna coalisión.   colisión

Valor: 4 puntos cada una

1. La colocación de la piel es determinada por los pigmentos.   _____
2. En cómputo, hay un programa para la compreción de archivos.   _____
3. Una coalisión entre planetas es casi imposible.   _____
4. Las personas amables muestran comprención hacia los demás.   _____
5. La colocasión no está en el orden correcto.   _____
6. Los sindicatos formaron una coalisión para la huelga.   _____
7. En la fotografía se ve una colorasión fluorescente.   _____
8. No sé cómo hacer la compresión de archivos y documentos.   _____
9. Hubo una colición entre dos aviones.   _____
10. La compresión va más allá del simple entender.   _____
11. Es una agencia de empleo, de coloraciones en la empresa.   _____
12. Hay una coalición de ciudadanos por el medio ambiente.   _____

13. Se cambió la coloración del cabello. _____

14. El motor está bajo de comprensión. _____

15. En este taller arreglan carros después de una colisión. _____

16. Es una prueba de comprensión lectora. _____

17. Va a ser la fecha para la colocación de valores. _____

18. Los consumidores formaron una colisión contra esa tienda. _____

19. Con el WINZIP logré la compreción de imágenes. _____

20. La colocación de la llama depende del material que se quema. _____

21. Antes de sacar a la venta un carro, le hacen pruebas de coalición. _____

22. La comprención y el respeto por la cultura son condiciones para la paz. _____

23. Es un examen de colocasión, de ubicación. _____

24. Una empresa implica una coalisión de intereses. _____

25. Para utilizar esta herramienta, necesitas un motor de comprensión. _____

Calificación: _____   Revisó: _____

19.4 COMPETE, COMPITE; CONTESTO, CONTEXTO; COTEJAR, CORTEJAR

R E G L A

Se les llama **parónimas** a dos o más palabras que se escriben de manera muy parecida (pero no igual), se pronuncian de manera muy parecida (pero no igual) y tienen significados diferentes.

Compete proviene del verbo *competer*, que significa pertenecer, tocar o incumbir a alguien. (*Ese asunto no me compete.*)	**Compite** proviene del verbo *competir*, que significa contender dos o más personas con el fin de aspirar a una misma cosa. (*Juan compite por el primer lugar.*)
Contesto proviene del verbo *contestar*, que significa responder a lo que se pregunta, se habla o se escribe. (*Siempre contesto las preguntas que me hacen.*)	El **contexto** es el entorno (lingüístico, físico o de situación) en el cual se considera un hecho. (*No hay que sacarlo de contexto.*)
Cotejar significa confrontar algo con otra u otras cosas, compararlas teniéndolas a la vista. (*Voy a cotejar esta cita bibliográfica.*)	**Cortejar** significa galantear, asistir, acompañar a alguien, contribuyendo a lo que sea de su agrado. (*Juan corteja a Lupe.*)

E J E R C I C I O

En las oraciones siguientes se utiliza alguna de las palabras indicadas en la regla. Algunas están escritas correctamente, y otras no. Si consideras que están bien escritas, déjalas así y pon una señal de correcto (paloma) en el espacio de la derecha. Si crees que están mal, escríbelas correctamente.

EJEMPLO 1:   Este asunto no te compete.   ✔

EJEMPLO 2:   Pues yo digo que sí me compite.   compete

Valor: 4 puntos cada una

1. Cortejan los documentos para ver si son auténticos. _____
2. Este asunto no me compite, no es de mi incumbencia. _____
3. Si no me preguntas, no te contexto. _____
4. Luis no compete en la siguiente prueba de natación. _____
5. Esta cita está fuera de contesto. _____
6. El hombre toma la iniciativa para cotejar a la mujer. _____
7. No creo que este asunto te compita, no te metas. _____
8. Cuando me preguntan, siempre contesto. _____
9. Deben cotejar tu expediente antes de aprobarlo. _____
10. Quiero que Luis compita en la competencia. _____
11. El contexto actual indica que la economía está repuntando. _____
12. Debes cortejar a tu jefe para que no te corra. _____
13. El año próximo voy a competer en el concurso. _____
14. Yo contexto el teléfono. _____
15. Para pagarte el cheque, deben cortejar tu firma. _____
16. Yo también, puede ser que compita en el concurso. _____
17. El significado de una palabra lo indica el contesto. _____
18. Es propio de los políticos cotejar a las autoridades. _____
19. El juez dijo que este asunto no le competía. _____
20. Yo siempre contesto rápido los exámenes. _____
21. Éstos son los documentos que hay que cortejar. _____
22. En las olimpíadas competen muchos atletas. _____
23. Para entender un hecho histórico, hay que ubicarlo en su contexto. _____
24. El caballo está cotejando a la yegua. _____
25. Ellos nunca compiten cuando no pueden ganar. _____

Calificación: _____   Revisó: _____

C A P Í T U L O   2 0

PARÓNIMOS QUE EMPIEZAN CON D Y CON E

En este capítulo ejercitaremos algunos parónimos que empiezan con las letras d y e.

20.1 DEFERENCIA, DIFERENCIA; DESPENSA, DISPENSA; DESTORNILLAR, DESTERNILLARSE

REGLA

Se les llama **parónimas** a dos o más palabras que se escriben de manera muy parecida (pero no igual), se pronuncian de manera muy parecida (pero no igual) y tienen significados diferentes.

La **deferencia** es una conducta condescendiente, una muestra de respeto o cortesía. (*Lo trató con gran deferencia.*)	La **diferencia** es la cualidad o accidente por el cual algo se distingue de otra cosa. (*¿Cuál es la diferencia entre un clavo y un tornillo?*)
La **despensa** es el lugar o sitio en el cual se guardan las cosas comestibles. (*La salsa está en la despensa.*)	Una **dispensa** es un privilegio, una excepción graciosa de lo ordenado por las leyes generales, y más comúnmente el concedido por el Papa o por un obispo. (*Por su enfermedad, tiene dispensa del ayuno.*)
Destornillar es lo mismo que desatornillar, que significa sacar un tornillo, dándole vueltas. (*Hay que destornillar ese tornillo para sacar la tapa.*)	**Desternillarse** significa romperse las ternillas (o cartílagos), reírse mucho sin poder contenerse. (*Se desternilló al escuchar ese chiste.*) Decir "desternillarse de risa" es redundancia, ya que la idea de la risa está en la definición de la palabra.

EJERCICIO

En las oraciones siguientes se utiliza alguna de las palabras indicadas en la regla. Algunas están escritas correctamente, y otras no. Si consideras que están bien escritas, déjalas como están y pon una señal de correcto (paloma) en el espacio de la derecha. Si crees que están mal, escríbelas correctamente.

EJEMPLO 1:   Se desternilló al escuchar ese chiste.   ✔

EJEMPLO 2:   Pero más se destornilló con el otro.   desternilló

Valor: 4 puntos cada una

1. El chiste está buenísimo, como para desternillarse.   _____
2. Obtuvo la despensa y se volvió a casar.   _____
3. Se atornilla hacia la derecha y se desternilla hacia la izquierda.   _____
4. ¿Cuál es la diferencia entre saltar y brincar?   _____
5. Se ve gracioso cuando ríe hasta destornillarse.   _____
6. A los ancianos hay que tratarlos con diferencia.   _____
7. La despensa de esta cocina está muy chica.   _____
8. Una dispensa papal no es fácil de conseguir.   _____
9. Necesitas más fuerza para destornillar esto.   _____
10. No hay gran deferencia entre un caudillo y un dictador.   _____
11. Guarda la caja de cereal en la dispensa.   _____
12. Las enfermeras aprenden a tratar a los pacientes con diferencia.   _____
13. Es muy serio, nunca lo verás reír hasta desternillarse.   _____
14. Las enfermos tienen despensa del ayuno.   _____

15. Luis no sabe usar el desarmador para desternillar. _____

16. Son enormes las deferencias entre los perros y los gatos. _____

17. Esa puerta da a la despensa. _____

18. Con cortesía y diferencia podrás hacer muchos amigos. _____

19. El Viernes Santo todos ayunan, menos los que tienen despensa. _____

20. ¿En qué se deferencia la física de la química? _____

21. Rio y rio hasta destornillarse. _____

22. ¿Cuál es la deferencia entre amar y querer? _____

23. La señora Pérez tiene muy ordenada su dispensa. _____

24. A los inválidos, trátalos con deferencia. _____

25. Ese desarmador está roto, no sirve para destornillar. _____

Calificación: _____   Revisó: _____

20.2 DEVASTAR, DESBASTAR; DEVELAR, DESVELAR; EFECTO, AFECTO;

REGLA

Se les llama **parónimas** a dos o más palabras que se escriben de manera muy parecida (pero no igual), se pronuncian de manera muy parecida (pero no igual) y tienen significados diferentes.

Devastar significa destruir un territorio, arrasando sus edificios y asolando sus campos. (*El ciclón devastó la península.*) De *devastar* proviene *devastación*.	**Desbastar** significa quitar las partes más bastas, groseras o toscas, a algo que se va a labrar. (*Hay que desbastar esa madera.*)
Develar significa quitar o descorrer el velo que cubre algo. (*Van a develar la placa conmemorativa.*) Se utiliza como sinónimo de *des-velar* y de *re-velar* cuando se refiere a secretos o cosas ocultas.	**Desvelar** significa quitar o impedir el sueño, no dejar dormir, poner gran cuidado en algo. (*No te vaya a desvelar mucho*). También significa descubrir o poner de manifiesto. (*Van a desvelar el secreto de la momia.*)
El **efecto** es lo que sigue por virtud de una causa. (*La pobreza es un efecto de los problemas de la economía.*)	El **afecto** es cada una de las pasiones del ánimo, como el amor, la ira, la envidia, etc. Como adjetivo, significa inclinado a algo o a alguien. (*Luis es afecto al vino.*)

EJERCICIO

En las oraciones siguientes se utiliza alguna de las palabras indicadas en la regla. Algunas están escritas correctamente, y otras no. Si consideras que están bien escritas, déjalas como están y pon una señal de correcto (paloma) en el espacio de la derecha. Si crees que están mal, escríbelas correctamente.

EJEMPLO 1:   El huracán devastó nuestro territorio.   ✔

EJEMPLO 2:   Pero no desbastó otros países.   devastó

Valor: 4 puntos cada una

1. Nos develamos estudiando para el examen. _____
2. Al amanecer quedó manifiesta la desvastación causada por el huracán. _____
3. El crimen es afecto o consecuencia de la pobreza. _____
4. La placa conmemorativa fue desvelada por el gobernador. _____
5. Juan es afecto a los videojuegos. _____
6. Hay unos discos especiales para devastar metales. _____
7. Se desveló hasta las tres de la mañana. _____
8. La falta de ozono crea un afecto invernadero. _____
9. Las drogas pueden desbastar una población. _____
10. No podemos ver la escultura hasta que el artista la desvele. _____
11. El efecto es una necesidad primaria en el ser humano. _____
12. Antes de hacer un mueble, el carpintero debe desvastar la madera que utilizará. _____
13. Lupita se devela por atender a sus amigos. _____
14. En la teoría del caos se estudia el afecto mariposa. _____
15. El huracán Katrina fue el más desbastador de los últimos años. _____
16. No nos permiten develar el secreto de la fórmula. _____
17. La psicología estudia los efectos y las emociones. _____
18. En esta ferretería venden herramientas para desbastar y pulir. _____
19. Van a develar los secretos de la gran pirámide. _____
20. El fumar produce efectos nocivos para la salud. _____
21. Una nueva tormenta amenaza con devastar al Caribe. _____
22. Al develar la pintura, pudimos admirar sus trazos. _____
23. Tenemos que hacer un ensayo sobre el afecto, el amor y la amistad. _____
24. Para devastar un tronco se puede utilizar un hacha. _____
25. Anoche se desveló cuidando a su tía que está enferma. _____

Calificación: _____   Revisó: _____

20.3 EMIGRAR, INMIGRAR; EMINENTE, INMINENTE; EMBESTIR, ENVESTIR

REGLA

Se les llama **parónimas** a dos o más palabras que se escriben de manera muy parecida (pero no igual), se pronuncian de manera muy parecida (pero no igual) y tienen significados diferentes.

Emigrar significa dejar o abandonar su propio país, con el fin de establecerse en otro extranjero. (*Al emigrar, uno deja atrás a todas sus amistades.*)	**Inmigrar** significa llegar a un país extranjero con el fin de establecerse en él. (*En Estados Unidos hay muchos inmigrantes.*)

Eminente significa alto, elevado, que descuella entre los demás. (*Es una persona eminente.*)	**Inminente** significa que amenaza o está por suceder prontamente. (*Se trata de un riesgo inminente.*)
Embestir significa acometer, ir con ímpetu contra algo o alguien. (*El toro embistió al torero.*) De *embestir* proviene *embestida*.	**Envestir** es la forma antigua de *investir*, y significa conferir una dignidad o cargo importante. (*Lo envistieron con los honores del cargo.*) De *envestir* proviene *envestidura* o *investidura*.

E J E R C I C I O

En las oraciones siguientes se utiliza alguna de las palabras indicadas en la regla. Algunas están escritas correctamente, y otras no. Si consideras que están bien escritas, déjalas como están y pon una señal de correcto (paloma) en el espacio de la derecha. Si crees que están mal, escríbelas correctamente.

EJEMPLO 1:   Sus tíos emigraron a Estados Unidos.   ✔

EJEMPLO 2:   También sus primos inmigraron para allá.   emigraron

Valor: 4 puntos cada una

1. Vieron un perro y lo envistieron con el carro.   _____
2. La sonda espacial fue diseñada por un inminente científico.   _____
3. Muchos habitantes del pueblo han inmigrado a los Estados Unidos.   _____
4. Es la historia de la investidura caballeresca.   _____
5. El huracán presenta una amenaza eminente para nuestro territorio. _____
6. Es un estudio sobre los inmigrantes en México.   _____
7. El rinoceronte enbistió al camarógrafo.   _____
8. Benito Juárez fue una figura inminente de la historia mexicana.   _____
9. Si no encuentro trabajo, voy a emigrar a otro país.   _____
10. Emvistieron al presidente electo y éste dio un discurso.   _____
11. Es eminente una erupción de este volcán.   _____
12. Son emigrantes cuando se van, son emigrantes cuando llegan.   _____
13. El camión embistió a la bicicleta.   _____
14. Ese político será defendido por eminente abogado.   _____
15. Juan se desesperó acá y prefirió inmigrar a Estados Unidos.   _____
16. Lo nombraron e invistieron como Doctor Honoris Causa.   _____
17. La ejecución del condenado es inminente.   _____
18. ¡Por favor, no te vayas, no inmigres!   _____
19. Dos muertos tras envestir el tren a un autobús.   _____
20. Esa Secretaría será ocupada por un inminente personaje.   _____
21. Se puede emigrar a otro país de manera legal o ilegal.   _____
22. El nuevo Papa fue embestido en una impresionante ceremonia.   _____

23. La aprobación de esa ley es eminente. _____

24. También las aves inmigran a lugares más cálidos. _____

25. El toro se preparó para enbestir al torero. _____

Calificación: _____   Revisó: _____

20.4 ESPIRAR, EXPIRAR; ESPIAR, EXPIAR; ESTIRPE, EXTIRPE

REGLA

Se les llama **parónimas** a dos o más palabras que se escriben de manera muy parecida (pero no igual), se pronuncian de manera muy parecida (pero no igual) y tienen significados diferentes.

Espirar significa exhalar, echar fuera el aire, o echar de sí un cuerpo buen o mal olor. (*Ahora espira profundamente.*)	**Expirar** significa morir, fallecer, terminar la vida. (*Su tío expiró ayer.*)
Espiar significa acechar, observar disimuladamente a alguien o algo, intentar conseguir informaciones secretas sobre un país o una empresa. (*La película es sobre un espía de la KGB.*)	**Expiar** significa borrar las culpas, purificarse de ellas por medio de un sacrificio, o sufrir la pena impuesta por los tribunales a un delincuente. (*Los judíos sacrificaban corderos para expiar sus pecados.*)
La **estirpe** es la raíz y tronco de una familia o linaje. Es el conjunto formado por la descendencia de un sujeto a quien ella representa y cuyo lugar toma. (*Es de buena estirpe.*)	**Extirpe** es el presente de subjuntivo del verbo extirpar, que significa arrancar de cuajo o de raíz. (*No quiero que extirpe esta planta.*)

EJERCICIO

En las oraciones siguientes se utiliza alguna de las palabras indicadas en la regla. Algunas están escritas correctamente, y otras no. Si consideras que están bien escritas, déjalas como están y pon una señal de correcto (paloma) en el espacio de la derecha. Si crees que están mal, escríbelas correctamente.

EJEMPLO 1:   Su madre acaba de expirar.   ✔

EJEMPLO 2:   Su padre espiró el año pasado.   expiró

Valor: 4 puntos cada una

1. Contén la respiración unos segundos, y luego expiras profundamente. _____

2. Mediante la penitencia se espían los pecados. _____

3. No seas chismosa, no expíes a los vecinos. _____

4. Estos grupos indígenas forman una nueva extirpe. _____

5. Mi abuelo expiró antes de que yo naciera. _____

6. Ojalá el jardinero no estirpe mi rosal. _____

7. Mi abuelo espiró el año pasado. _____

8. Se cree mucho, dice que es de estirpe real. _____

9. Al cumplir su condena, los delincuentes expían sus culpas. _____

10. A ese perro lo atropellaron y está a punto de espirar. _____

11. Toma mucho aire y expira lentamente. _____

12. Hay un libro sobre la estirpe secreta de Jesús. _____

13. Un espía se dedica a expiar. _____

14. Voy al doctor para que me estirpe un grano en la espalda. _____

15. Los tibetanos piensan que después de expirar hay reencarnación. _____

16. Respirar implica inspirar y espirar. _____

17. No debes espiar a los demás. _____

18. Necesita que el cirujano le estirpe ese tumor. _____

19. Al espiar tus errores, quedas limpio de nuevo. _____

20. En el árbol genealógico se refleja tu extirpe. _____

21. Expira profundamente para relajarte. _____

22. Esta película se llama *Extirpe indomable*. _____

23. Los agentes secretos están capacitados para expiar. _____

24. La penitencia es necesaria para expiar los pecados. _____

25. Si se enferma mucho, será necesario que le extirpen las amígdalas. _____

Calificación: _____   Revisó: _____

20.5 ESPECIA, ESPECIE; ESTÁTICA, ESTÉTICA; EXCUSA, ESCUSA, ESCLUSA

R E G L A

Se les llama **parónimas** a dos o más palabras que se escriben de manera muy parecida (pero no igual), se pronuncian de manera muy parecida (pero no igual) y tienen significados diferentes.

La **especie** es el conjunto de cosas semejantes entre sí por tener uno o varios caracteres comunes. (*¿Sabes de qué especie es este animal?*)	La **especia** es una sustancia vegetal aromática que sirve de condimento, como el clavo, la pimienta, el azafrán, etc. (*Tiene muchas especias en su cocina.*)
La **estática** es la parte de la mecánica que estudia las leyes del equilibrio. Como adjetivo, significa que algo o alguien se queda parado. (*Se quedó estático por el miedo.*)	La **estética** es la ciencia que trata de la belleza. Como adjetivo, significa algo relativo a la belleza. (*Las peluquerías ahora se llaman estéticas.*)
Una **excusa** es un motivo o pretexto que se invoca para eludir una obligación. (*Juan siempre tiene excusas para no estudiar.*) De excusa proviene excusado.	La **escusa** es el provecho y ventaja que disfrutan algunas personas por su condición. Es el derecho que el dueño de una finca concede a sus pastores para que puedan apacentar ganado en su propiedad. (*Estos pastores están haciendo uso de su escusa.*) También es la acción y efecto de esconder; de escusa proviene escusado, que es el retrete.
Una **esclusa** es un compartimiento con puertas de entrada y salida, que se construye en un canal de navegación para que los barcos puedan pasar de un tramo a otro de diferente nivel. (*El Canal de Panamá funciona a base de esclusas.*)	

EJERCICIO

En las oraciones siguientes se utiliza alguna de las palabras indicadas en la regla. Algunas están escritas correctamente, y otras no. Si consideras que están bien escritas, déjalas como están y pon una señal de correcto (paloma) en el espacio de la derecha. Si crees que están mal, escríbelas correctamente.

EJEMPLO 1:   Especie en peligro de extinción.   _____✔_____

EJEMPLO 2:   La pimienta es una especie.   especia

Valor: 4 puntos cada una

1. Cuando vio al ladrón, se quedó estética.   _____

2. No inventes escusas y ponte a trabajar.   _____

3. Hay muchas especias en peligro de extinción.   _____

4. Voy a la estática para que me corten el cabello.   _____

5. El barco es muy ancho, no pasará por esa exclusa.   _____

6. La pimienta es considerada una especie exótica.   _____

7. La estética y la dinámica son ramas de la física.   _____

8. Por su enfermedad, quedó exento o escusado de presentar el examen.   _____

9. Cada día descubren nuevas especies marinas.   _____

10. Esta revista de arte y estética es muy buena.   _____

11. En el río hay una compuerta tipo esclusa.   _____

12. El azafrán español es una de las especias más cotizadas.   _____

13. El monitor de la computadora produce estática.   _____

14. Desde que se inventaron las esclusas...   _____

15. El clavo es una especie que alivia el dolor de dientes.   _____

16. Te deben hacer una cirugía estática o reconstructiva.   _____

17. Saqué unas fotos de la presa y de la exclusa.   _____

18. La ensalada sabe más rica si le añades especies.   _____

19. El sonido no se escucha bien por la estética.   _____

20. ¿Cuál es tu escusa por llegar tarde?   _____

21. Estos dos perros son de la misma especia.   _____

22. La estética es la rama de la filosofía que estudia la belleza.   _____

23. Ésas son ovejas de escusa, están bien alimentadas.   _____

24. El tigre es una especie en peligro de extinción.   _____

25. Al rozar una tela de seda, se produce estética.   _____

Calificación: _____   Revisó: _____

CAPÍTULO 21

PARÓNIMOS QUE EMPIEZAN CON I

En este capítulo ejercitaremos algunos parónimos que empiezan con la letra i.

21.1 INDOLENTE, INSOLENTE; INFLIGIR, INFRINGIR; INMERSIÓN, INVERSIÓN

REGLA

Se les llama **parónimas** a dos o más palabras que se escriben de manera muy parecida (pero no igual), se pronuncian de manera muy parecida (pero no igual) y tienen significados diferentes.

Indolente es una persona insensible, que no se afecta o conmueve, que no siente el dolor. (*Se muestra indolente ante la muerte de su padre.*)	**Insolente** es una persona orgullos, soberbia, desvergonzada, descarada, atrevida. (*No seas insolente.*)
Infligir significa imponer un castigo o causar daño. (*El castigo que le infligieron fue muy severo.*)	**Infringir** significa quebrantar leyes u órdenes. (*Le pusieron una multa por infringir las leyes de tránsito.*)
Inmersión es la acción de introducirse o introducir algo en un líquido o en un ambiente determinado. (*El submarino realizó una inmersión de 400 metros.*)	**Inversión** es la acción de emplear, gastar o colocar un caudal. También es la acción de cambiar la posición, el orden o el sentido de las cosas, sustituyéndolas por sus contrarios. (*Comprar esa casa fue una buena inversión.*)

EJERCICIO

En las oraciones siguientes se utiliza alguna de las palabras indicadas en la regla. Algunas están escritas correctamente, y otras no. Si consideras que están bien escritas, déjalas como están y pon una señal de correcto (paloma) en el espacio de la derecha. Si crees que están mal, escríbelas correctamente.

EJEMPLO 1:   Con sus ahorros realizó una buena inversión.   ✔

EJEMPLO 2:   En ese clavado, hizo una buena inversión.   inmersión

Valor: 4 puntos cada una

1. En todos los deportes hay reglas que no se deben infligir. _____
2. Dicen que se trata de una inmersión térmica. _____
3. Es insolente ante el dolor ajeno. _____
4. No creo que comprar esas acciones sea una buena inmersión. _____
5. El verdugo infringe el castigo a los condenados. _____
6. No respondas así, no seas indolente. _____
7. Los pelícanos hacen inversiones asombrosas para agarrar peces. _____
8. Sólo se infringe la pena de muerte en casos extremos. _____

9. La palabra insolente significa no sentir dolor. _____

10. La inversión del clavadista fue perfecta. _____

11. Le infligieron un castigo tan fuerte que casi muere. _____

12. Es una persona insolente, no se inmuta ante nada. _____

13. Realizó una inmersión en aguas profundas. _____

14. Los malhablados son muy insolentes. _____

15. Es una norma que no podemos infligir. _____

16. No te recomiendo comprar esas casa como inmersión. _____

17. Si infliges la ley, te pueden infligir un castigo. _____, _____

18. Es sarcástico, indolente y mal hablado. _____

19. La inversión de ese buzo fue muy peligrosa. _____

20. Ser indolente significa ser descarado. _____

21. Le inflingieron un castigo muy severo. _____

22. Comprar esos bonos es una buena inversión. _____

23. Quien infringe la ley es un infractor. _____

24. Murió de asfixia por inmersión. _____

25. La compasión es lo contrario de la insolencia. _____

Calificación: _____   Revisó: _____

21.2 INERME, INERTE; INMUNIDAD, IMPUNIDAD; INTIMAR, INTIMIDAR

R E G L A

Se les llama **parónimas** a dos o más palabras que se escriben de manera muy parecida (pero no igual), se pronuncian de manera muy parecida (pero no igual) y tienen significados diferentes.

Inerme significa que no tiene armas. (*Los soldados quedaron inermes.*)	**Inerte** significa inactivo, ineficaz, inmóvil, paralizado. (*Al caer, quedó inerte.*)
Inmunidad es la calidad de inmune, de estar exento de ciertos oficios, cargos, gravámenes o penas. (*Tiene inmunidad diplomática.*) También significa el estado de resistencia a determinados organismos patógenos. (*Es inmune a esa enfermedad.*)	**Impunidad** significa la falta de castigo. (*Ese crimen quedará impune.*)
Intimar significa introducirse en el afecto o ánimo de alguien, estrechar amistad con él. (*Luis y su novia han intimado mucho.*) De *intimar* proviene *intimidad*.	**Intimidar** significa causar o infundir miedo. (*No te dejes intimidar.*) De *intimidar* proviene *intimidación*.

E J E R C I C I O

En las oraciones siguientes se utiliza alguna de las palabras indicadas en la regla. Algunas están escritas correctamente, y otras no. Si consideras que están bien escritas, déjalas como están y pon una señal de correcto (paloma) en el espacio de la derecha. Si crees que están mal, escríbelas correctamente.

EJEMPLO 1: Al desmayarse, quedó inerte.   ✔

EJEMPLO 2: Por la anestesia, quedó inerme.   inerte

Valor: 4 puntos cada una

1. Algunas veces se abusa de las leyes de impunidad diplomática. _____
2. El psicoanálisis te ayuda a intimidar contigo mismo. _____
3. Al agotar las municiones, el ejército quedó inerte. _____
4. Le concedieron impunidad, a pesar de sus crímenes. _____
5. El artículo te enseña cómo intimar a tus rivales para ganarles. _____
6. Nuestro planeta surgió de materia inerme. _____
7. Cuando te vacunan, quedas impune a esa enfermedad. _____
8. La música ayuda a intimidar con tus amigos. _____
9. La ciudadanía está inerme ante la ola de crímenes. _____
10. Ningún crimen debería quedar inmune. _____
11. Un criminal intima con su sola presencia. _____
12. Es un estudio sobre la materia inerte y los seres vivos. _____
13. Al crear anticuerpos, quedas inmune a esa enfermedad. _____
14. A algunas personas les cuesta mucho intimidar con otros. _____
15. ¿Qué podemos hacer? Estamos inertes. _____
16. Debemos hacer un frente común contra la inmunidad. _____
17. No nos dejemos amenazar ni intimar por ellos. _____
18. Se dice que un gas está inerme cuando no está activo. _____
19. La inmunodeficiencia significa que han disminuido
    las capacidades para impunizar al organismo. _____
20. Intimar significa compartir con otro lo que somos. _____
21. El Gobierno parece inerte ante el narcotráfico. _____
22. Algunos criminales se consideran inmunes, que no los van a castigar. _____
23. Algunos países no se dejan intimidar por otros más poderosos. _____
24. El cuerpo inmóvil, inerme, parece un cadáver. _____
25. Los diputados y senadores poseen impunidad por sus cargos políticos. _____

Calificación: _____   Revisó: _____

21.3 INTERCESIÓN, INTERSECCIÓN; INDIGENTE, INDULGENTE; INFLACIÓN, INFRACCIÓN

R E G L A

Se les llama **parónimas** a dos o más palabras que se escriben de manera muy parecida (pero no igual), se pronuncian de manera muy parecida (pero no igual) y tienen significados diferentes.

Intercesión es la acción y efecto de interceder, de hablar en favor de alguien para conseguirle un bien o librarlo de un mal. (*Juan va a interceder por mí.*) De *interceder* proviene *intercesor*.	Una **intersección** es el encuentro de dos líneas, dos superficies o dos sólidos que recíprocamente se cortan. (*El pueblo está después de esa intersección.*)
Un **indigente** es una persona a la que le faltan medios para alimentarse o vestirse. (*En esta ciudad hay muchos indigentes en las calles.*) De *indigente* proviene *indigencia*.	Una persona es **indulgente** cuando está inclinada a perdonar y disimular los yerros o a conceder gracias. (*La maestra fue muy indulgente con Arturo.*) De *indulgente* proviene *indulgencia*.
La **inflación** es la elevación notable del nivel de precios, con efectos desfavorables para la economía de un país. (*La inflación se ha mantenido estable.*)	Una **infracción** es la trasgresión o quebrantamiento de una ley, pacto o tratado, o de una norma moral, lógica o doctrinal. (*Le levantaron una infracción.*)

E J E R C I C I O

En las oraciones siguientes se utiliza alguna de las palabras indicadas en la regla. Algunas están escritas correctamente, y otras no. Si consideras que están bien escritas, déjalas como están y pon una señal de correcto (paloma) en el espacio de la derecha. Si crees que están mal, escríbelas correctamente en el espacio de la derecha.

EJEMPLO 1:   Toma el camión es esa intersección.   ✔

EJEMPLO 2:   Mejor voy a la otra intersesión.   intersección

Valor: 4 puntos cada una

1. En la calle, un indulgente me pidió una limosna. _____
2. La infracción provoca el aumento de precios. _____
3. Mi padre no quiso interseder por mí ante la maestra. _____
4. Debes ser más indigente y perdonar a los demás. _____
5. Pasarte el semáforo en rojo constituye una inflación. _____
6. Coloca el compás en la intersesión de esas dos líneas, y dibuja un círculo. _____
7. Detuvieron a los que mataron al indigente. _____
8. El Banco de México controla los índices de infracción. _____
9. Esta oración es para pedir la intersección de Jesús. _____
10. La maestra fue muy indulgente contigo, te perdonó. _____
11. Toda inflación de tránsito conlleva una multa. _____
12. Cuando dos conjuntos se unen, se denomina intersexión. _____
13. El estado de indulgencia es más drástico que el de pobreza. _____

14. En época de crisis se incrementa la inflación. _____

15. El Departamento se llama de Relaciones Humanas,
    Raciales e Intersección. _____

16. Hay que ser indigente consigo mismo y perdonar los propios errores. _____

17. Cometí una inflación, y el policía me impuso una multa
    que debo pagar. _____

18. En esa intersección da vuelta a la derecha. _____

19. En algunos países ricos no hay indigentes. _____

20. La infracción es un reflejo de que el dinero pierde su valor. _____

21. La intercesión de la ONU por ese país impidió que lo atacaran. _____

22. El amor es indigente, todo lo perdona. _____

23. Por inflación del artículo 34, esta asamblea queda anulada. _____

24. Hay que encontrar los puntos de interseción de estos dos círculos. _____

25. Debería haber más programas de apoyo a los indulgentes. _____

Calificación: _____   Revisó: _____

21.4 INICUO, INOCUO; INFECTADO, INFESTADO; INFRAGANTI, FLAGRANTE, FRAGANTE

REGLA

Se les llama **parónimas** a dos o más palabras que se escriben de manera muy parecida (pero no igual), se pronuncian de manera muy parecida (pero no igual) y tienen significados diferentes.

Inicuo significa malvado, injusto, contrario a la equidad. (*Ese ladrón es una persona inicua.*)	**Inocuo** significa que no hace daño. (*Esta bebida es inocua.*)
Infectado es el participio del verbo *infectar*, que significa resultar invadido por microorganismos patógenos. (*La herida está infectada.*)	**Infestado** es el participio del verbo *infestar*, que significa que ciertos organismos patógenos invaden un ser vivo y se instalan y multiplican en él. (*Está infestada de gusanos.*) También significa estar lleno de algo nocivo.
Infraganti o **in fraganti** es un adverbio que significa "en el mismo momento en que se está realizando o cometiendo un delito o realizando una acción censurable". Es una locución originada por deformación de la expresión latina *in flagranti (delicto)*. (*Lo aprehendieron infraganti.*) Por la misma deformación, son aceptadas las locuciones adverbiales *en flagrante* y *en fragante*. (RAE, Diccionario Panihispánico de dudas, 2005).	**Flagrante** significa que algo se está ejecutando actualmente, de tal evidencia que no necesita pruebas. (*Lo atraparon en flagrante delito.*). De *flagrante* proviene *flagrancia*. El verbo *flagrar* significa arder o resplandecer como fuego o llama.
	Fragante significa que algo tiene o despide fragancia. (*Estas rosas son muy fragantes.*) De *fragante* proviene *fragancia*. Por deformación también se utiliza *en fragante delito*.

E J E R C I C I O

En las oraciones siguientes se utiliza alguna de las palabras indicadas en la regla. Algunas están escritas correctamente, y otras no. Si consideras que están bien escritas, déjalas como están y pon una señal de correcto (paloma) en el espacio de la derecha. Si crees que están mal, escríbelas correctamente en el espacio de la derecha.

EJEMPLO 1: La homeopatía es inocua. ✔

EJEMPLO 2: También la acupuntura es inicua. inocua

Valor: 4 puntos cada una

1. Compra unas flores fragantes. _____

2. Mi computadora ha sido infestada por virus. _____

3. Todos los asesinos son personas inocuas. _____

4. Es una fragante violación a los derechos humanos. _____

5. La plaga de langostas ha infectado cuatro millones de hectáreas en África. _____

6. No creo que sea inicuo, me puede hacer daño. _____

7. Estas violetas no son tan flagrantes. _____

8. El virus del SIDA ha infestado a millones de personas. _____

9. En la película sale un asesino inocuo, malvado. _____

10. Lo sorprendieron infraganti. _____

11. El país está infestado de artículos "piratas". _____

12. Si no te alivia, no te preocupes, es inocuo, no te hace daño. _____

13. La flagrancia de estas rosas es asombrosa. _____

14. Este antivirus impide que lleguen archivos infectados a mi computadora. _____

15. Ese delincuente es una persona inocua, malvada. _____

16. Este autor expresa un flagrante desprecio por los derechos humanos. _____

17. El escrito está infectado de errores ortográficos y gramaticales. _____

18. El Internet es una herramienta asombrosa, pero no tan inocua, ya que puede causar daño. _____

19. El incienso es muy fragante. _____

20. Un perro infestado de rabia puede infectar a las personas. _____

21. Inicuo significa malvado. _____

22. El asesinato del periodista fue un fragante atentado contra la libertad de expresión. _____

23. Clausuraron un bar porque estaba infectado de cucarachas. _____

24. Asesinar a una persona es algo inocuo. _____

25. El cuento se titula La secreta flagrancia de las flores. _____

Calificación: _____ Revisó: _____

OTROS PARÓNIMOS

En este capítulo practicaremos el uso de otros parónimos.

22.1 PERJUICIO, PREJUICIO; PREVER, PROVEER; PATRÓN, PADRÓN

R E G L A

Se les llama **parónimas** a dos o más palabras que se escriben de manera muy parecida (pero no igual), se pronuncian de manera muy parecida (pero no igual) y tienen significados diferentes.

Perjuicio proviene del verbo *perjudicar*, que significa ocasionar daño o menoscabo material o moral a alguna persona. (*Le causó mucho perjuicio.*)	**Prejuicio** proviene del verbo *prejuzgar*, que significa juzgar de las cosas antes del tiempo oportuno, o sin tener de ellas cabal conocimiento. (*No te dejes llevar por los prejuicios.*)
Prever significa ver por anticipado. (*Si sabes prever, evitarás accidentes.*) De *prever* proviene *previsión*.	**Proveer** significa surtir, traer provisiones. (*Nos van a proveer de todo lo necesario.*) De *proveer* proviene *provisión*.
Patrón es el amo, el hombre que manda y dirige, el dueño de la casa donde alguien se aloja, el defensor o protector, el santo titular de una iglesia o de un pueblo. (*San Francisco es el patrón de este pueblo.*)	**Padrón** es la lista o nómina de los vecinos o moradores de un pueblo o una ciudad. (*Ya está listo el padrón para las elecciones.*)

E J E R C I C I O

En las oraciones siguientes se utiliza alguna de las palabras indicadas en la regla. Algunas están escritas correctamente, y otras no. Si consideras que están bien escritas, déjalas como están y pon una señal de correcto (paloma) en el espacio de la derecha. Si crees que están mal, escríbelas correctamente.

EJEMPLO 1: Estoy cumpliendo las órdenes del patrón. ✔

EJEMPLO 2: ¿Qué te ordenó el padrón? patrón

Valor: 4 puntos cada una

1. Una huelga puede traer graves perjuicios a la empresa. _____

2. El padrón es buena gente, nos ayuda mucho. _____

3. Si no prevees bien las cosas, de seguro te saldrán mal. _____

4. Los prejuicios son los daños que se ocasionan a alguien. _____

5. Ya está listo el patrón electoral. _____

6. Se supone que la escuela nos debe prover lo que necesitamos para las clases. _____

7. El patrón electoral está muy amañado. _____

8. Tiene muchos perjuicios raciales. _____

9. Desde la prepa, debes prever en dónde te gustaría trabajar. _____

10. Si prevés lo que puede pasar, no tendrás accidentes. _____

11. El padrón nacional es enorme. _____

12. Un buen jefe debe proveer a sus empleados de las herramientas que necesitan. _____

13. Un buen patrón ayuda siempre a sus trabajadores. _____

14. Los prejuicios religiosos llevan a las guerras. _____

15. Saber preveer las cosas es una característica del buen administrador. _____

16. Tiene un gran perjuicio contra las personas morenas. _____

17. Sólo puede votar si están en el patrón. _____

18. Lo van a demandar por daños y prejuicios. _____

19. Hay que comprar las previsiones en esa tienda. _____

20. Es muy difícil vivir en una comunidad llena de perjuicios. _____

21. Las escuela proverá lo necesario para las prácticas. _____

22. Voy a hablar con el patrón, para que me dé un aumento. _____

23. Le causaron grandes perjuicios. _____

24. Mi papá me previó de lo necesario para el viaje. _____

25. El padrón nos ordenó construir aquí la cerca. _____

Calificación: _____   Revisó: _____

22.2 PRESCRIBIR, PROSCRIBIR; PRECEDENTE, PROCEDENTE; PARECER, PERECER, PADECER

REGLA

Se les llama **parónimas** a dos o más palabras que se escriben de manera muy parecida (pero no igual), se pronuncian de manera muy parecida (pero no igual) y tienen significados diferentes.

Prescribir significa preceptuar, ordenar o recetar algo. Dicho de un derecho o responsabilidad, significa terminar o extinguirse. (*Esa ley ya prescribió.*) De *prescribir* proviene *prescripción* y *prescrito*.	**Proscribir** significa echar a alguien del territorio de su patria, generalmente por razones políticas. (*Lo proscribieron o expulsaron en 1997.*) De *proscribir* proviene *proscripción* y *proscrito*.
Precedente es el que precede o es anterior en el orden en el tiempo o en el espacio. También significa antecedente. (*Esa huelga causó precedente.*)	**Procedente** es lo que procede, dimana o trae su origen de alguien o algo. (*Este radio es procedente de China.*) También significa que es algo conforme al derecho, a la práctica o a la conveniencia de alguien.

Parecer significa tener determinada apariencia o aspecto. También significa asemejarse a algo. (*Esa señora se parece a mi tía.*)	**Padecer** significa tener física y corporalmente un daño, dolor, enfermedad, pena o castigo. (*Los enfermos de cáncer padecen muchos dolores.*)
Perecer significa acabar, perecer, morir, dejar de ser. (*Pero mi tía ya pereció.*)	

E J E R C I C I O

En las oraciones siguientes se utiliza alguna de las palabras indicadas en la regla. Algunas están escritas correctamente, y otras no. Si consideras que están bien escritas, déjalas como están y pon una señal de correcto (paloma) en el espacio de la derecha. Si crees que están mal, escríbelas correctamente.

EJEMPLO 1:   El doctor me prescribió estas medicinas.   ✔

EJEMPLO 2:   A mí no me proscribió nada.   prescribió

Valor: 4 puntos cada una

1. En el capítulo procedente ya explicamos ese tema. _____

2. No me padece que eso sea correcto. _____

3. Esa ley ya proscribió, ya no es vigente. _____

4. Nos llegó el frente frío precedente del norte. _____

5. Mi abuelo acaba de parecer y lo entierran mañana. _____

6. Es un prescrito, lo expulsaron de su país. _____

7. Ese caso sirve de procedente para lo que estamos analizando. _____

8. Mi tío también parece de esa enfermedad. _____

9. No me vendieron la medicina porque no traía una proscripción o receta. _____

10. Hay restricción a la importación de carne precedente de ese país. _____

11. Mi perro pareció porque lo atropelló un carro. _____

12. Es un tratado para prescribir las armas nucleares. _____

13. La privatización de empresas es un mal procedente. _____

14. Es horrible parecer hambre y sed. _____

15. Me proscribieron descanso absoluto durante dos semanas. _____

16. Despedir a alguien por expresar su opinión no es procedente. _____

17. ¿A quién se padece este artista? _____

18. Los ateos han prescrito a Dios de sus vidas. _____

19. Ese espectáculo no tiene precedente, es único. _____

20. Adaptarse o morir, cambiar o perecer. _____

21. La Real Academia prescribe las normas ortográficas. _____

22. Ya llegó la delegación precedente de Europa. _____

23. No he dormido bien, porque parezco de insomnio. _____

24. Los dictadores acostumbran proscribir a sus adversarios. _____

25. En la reunión procedente acordaron levantar esa prohibición. _____

Calificación: _____   Revisó: _____

22.3 RATIFICAR, RECTIFICAR; REVELAR, REBELAR, RELEVAR; RUBRO, RUBLO

R E G L A

Se les llama **parónimas** a dos o más palabras que se escriben de manera muy parecida (pero no igual), se pronuncian de manera muy parecida (pero no igual) y tienen significados diferentes.

Ratificar significa aprobar o confirmar actos, palabras o escritos, dándolos por valederos y ciertos. (*El senado acaba de ratificar esa ley.*)	**Rectificar** significa modificar la propia opinión que se expuso antes, corregir las imperfecciones, errores o defectos de algo ya hecho. (*Quiero rectificar lo que dije.*)
Revelar significa descubrir o manifestar lo ignorado o secreto. En fotografía, significa hacer visible la imagen impresa en la película fotográfica. (*Reveló su identidad.*)	**Rebelar** significa oponer resistencia, sublevar, levantar a alguien haciendo que falte a la obediencia debida. (*Los empleados se rebelaron contra su jefe.*) De *rebelar* proviene *rebelión*.
Relevar significa hacer o poner de relieve algo; reemplazar, sustituir a alguien con otra persona. (*Lo relevaron del cargo que tenía.*) De *relevar* proviene *relevo*.	
Un **rubro** es un título o un rótulo. Como adjetivo, significa rojo, encarnado. (*No encontré nada bajo ese rubro.*)	Un **rublo** es una moneda de plata; en Rusia es la unidad monetaria. (*Cambió sus rublos a pesos.*)

E J E R C I C I O

En las oraciones siguientes se utiliza alguna de las palabras indicadas en la regla. Algunas están escritas correctamente, y otras no. Si consideras que están bien escritas, déjalas como están y pon una señal de correcto (paloma) en el espacio de la derecha. Si crees que están mal, escríbelas correctamente.

EJEMPLO 1:   Lo acaban de ratificar en su cargo.   ✔

EJEMPLO 2:   Le dijeron que estaba rectificado.   ratificado

Valor: 4 puntos cada una

1. Ya mandé rebelar mis fotografías. _____
2. Es una empresa que paga con rublos. _____
3. El Tratado de Libre Comercio se debe rectificar cada diez años. _____
4. Te diré un secreto, pero no lo vayas a relevar. _____
5. La moneda rusa se denomina rubro. _____
6. Es de sabios cambiar de opinión, ratificarla. _____
7. Va a ser difícil revelar al anterior presidente, era muy bueno. _____
8. Bajo este rublo no encontré ninguna referencia a las mariposas. _____
9. Aún no han ratificado la fecha para la reunión. _____

10. La gente se empezó a revelar contra la inflación. _____

11. Un euro equivale a 34.24 rubros rusos. _____

12. Antes de entregar un examen, hay que revisarlo para ratificar los errores que hubiere. _____

13. Este libro rebela el secreto de la gran pirámide. _____

14. Este listado de empresas está ordenado por rublo. _____

15. Rectificaron la sentencia, por lo que seguirá en la cárcel. _____

16. El adolescente se rebela contra sus padres. _____

17. Dicen que el rublo subió su cotización frente al dólar. _____

18. Antes pensaba de otra manera, pero he rectificado mi opinión. _____

19. Ya llegaron las tropas de revelo. _____

20. La telefonía celular encabeza el rubro de los reclamos. _____

21. Debemos rectificar el cariño que le tenemos a los seres queridos. _____

22. Se niegan a rebelar datos secretos. _____

23. Si viajas a Rusia, debes cambiar tu dinero por rubros. _____

24. Ya es demasiado tarde para ratificar nuestros errores. _____

25. Fuiste elegido para revelar al profesor Rodríguez durante su enfermedad. _____

Calificación: _____   Revisó: _____

22.4 ÓBOLO, ÓVALO; ORDENAR, ORDEÑAR; TANDA, TUNDA

REGLA

Se les llama **parónimas** a dos o más palabras que se escriben de manera muy parecida (pero no igual), se pronuncian de manera muy parecida (pero no igual) y tienen significados diferentes.

El **óbolo** es una pequeña cantidad con que se contribuye para un fin determinado. También era la moneda de los antiguos griegos y romanos. (*Las iglesias viven de los óbolos de los parroquianos.*)	El **óvalo** es una curva cerrada, parecida a la elipse, simétrica respecto de uno o de dos ejes. (*Me hizo dibujar una plana llena de óvalos.*)
Ordenar significa colocar algo de acuerdo con un plan o de modo conveniente. También significa mandar que se haga algo. (*Te ordeno traer tus cuadernos a clase.*)	**Ordeñar** significa extraer la leche exprimiendo la ubre. (*Se fue a ordeñar las vacas.*)
Tanda significa alternativa, turno, cada uno de los grupos en que se dividen las personas o las bestias empleadas en una operación, una partida de juego, un número indeterminado de ciertas cosas de un mismo género. (*Ganaron en la tanda de penaltis.*)	La **tunda** es la acción y efecto de tundir, que significa castigar con golpes, palos o azotes. (*Le dieron una buena tunda.*)

E J E R C I C I O

En las oraciones siguientes se utiliza alguna de las palabras indicadas en la regla. Algunas están escritas correctamente, y otras no. Si consideras que están bien escritas, déjalas como están y pon una señal de correcto (paloma) en el espacio de la derecha. Si crees que están mal, escríbelas correctamente.

EJEMPLO 1:   Esos óvalos no están redondos.   ✔

EJEMPLO 2:   Yo siempre dibujo óbolos redondos.   <u>óvalos</u>

Valor: 4 puntos cada una

1. Hay que ordeñar los libros por tamaño. _____

2. En la oficina hicieron una tunda y me la saqué. _____

3. Para dibujar una cara, primero se traza un óbalo. _____

4. Esa granja tiene una ordenadora automática y produce mucha lecha. _____

5. Al equipo le dieron una buena tanda; perdió 6 a 0. _____

6. El óbalo era una moneda que utilizaban los griegos. _____

7. Yo cumplo con mis deberes antes de que me los ordeñen. _____

8. Van a repartir otra tunda de tamales. _____

9. Me pidieron seis fotografías en forma de óbolo. _____

10. Cuando voy a la granja, ordeño vacas, alimento las aves y paseo a caballo. _____

11. A ese boxeador le dieron una buena tanda en la pelea pasada. _____

12. Muchas iglesias se mantienen a base del óbolo que dan los fieles. _____

13. En Excel puedes ordeñar los datos de diferente manera. _____

14. El equipo perdió en la tanda de penaltis. _____

15. La pista de patinaje tiene forma de óvalo. _____

16. Aprendí a ordenar vacas y cabras. _____

17. Si jugamos contra ellos, les vamos a dar una tunda. _____

18. No sé cuál es la diferencia entre el óbalo y el diezmo. _____

19. Voy a ordenar mi cuarto. _____

20. Voy a pedir otra tanda de refrescos. _____

21. El escudo heráldico tiene forma obalada. _____

22. A las vacas productoras de leche hay que ordenarlas todos los días. _____

23. Lo asaltaron en la calle y le dieron una buena tanda. _____

24. Se llama Óbalo de San Pedro a la cantidad de dinero que aportan los fieles católicos de todo el mundo. _____

25. Hay muchas formas de ordeñar los libros en una biblioteca. _____

Calificación: _____   Revisó: _____

22.5 OTROS PARÓNIMOS

R E G L A

Se les llama **parónimas** a dos o más palabras que se escriben de manera muy parecida (pero no igual), se pronuncian de manera muy parecida (pero no igual) y tienen significados diferentes.

E J E R C I C I O

A continuación te presentamos una serie de 25 parejas de palabras parónimas. Tienes que escribir el significado de cada una de ellas en los espacios indicados para eso. Para hacer esto, puedes consultar el diccionario.

Valor: 4 puntos cada una

apóstrofe	apóstrofo
arrogar	abrogar
bienal	bianual
bote	pote
cecear	sesear
coger	coser
consumo	consuno
fiesta	siesta
garito	garlito
hipérbola	hipérbole
lazar	laxar
mondar	montar
notario	notorio
orador	arador
paliar	palear
paráfrasis	perífrasis
parecer	padecer

preposición	proposición
reportar	recortar
salsa	zarza
surtir	surgir
texto	testo
víscera	visera
virolento	virulento
vocal	bucal

Calificación: _____   Revisó: _____

MAPA CONCEPTUAL DE LA UNIDAD 5

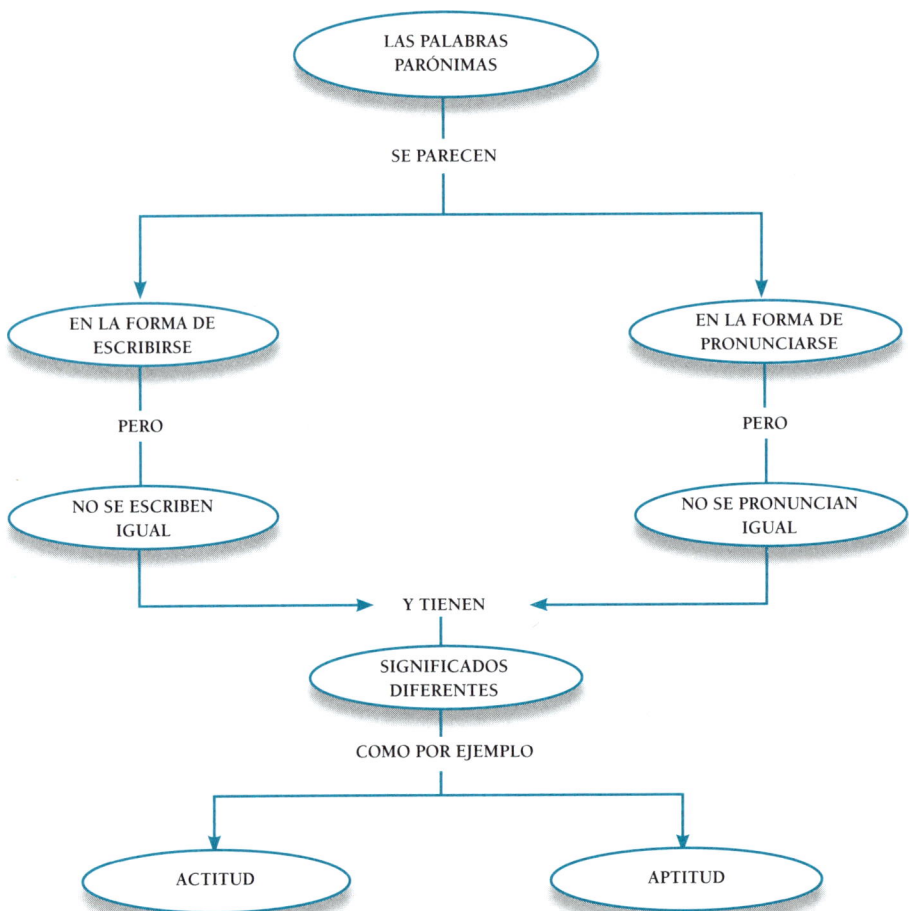

¿Tienes problemas con la puntuación?

Cuando uno escribe, lo hace para comunicar una idea, un mensaje, a otras personas. **El adecuado uso de los signos de puntuación nos ayuda a lograr que esa idea sea captada con toda claridad**. Por el contrario, una puntuación inadecuada puede provocar que el mensaje no se entienda, o que se entienda algo completamente opuesto a lo que uno quería comunicar.

Historia legendaria del siglo XIX
Tres hermanas conocieron a un joven poeta, y las tres se enamoraron de él. El joven no se atrevía a decir de cuál de ellas estaba enamorado, por lo que las hermanas le rogaron que dijera claramente a cuál prefería. En respuesta, el joven escribió un poema al que "olvidó" poner los signos de puntuación, y les pidió que cada una de ellas añadiera los signos que considerara oportunos.

El poeta escribió	Soledad interpretó
Tres bellas que bellas son me han exigido las tres que diga de ellas cuál es la que ama mi corazón si obedecer es razón digo que amo a Soledad no a Julia cuya bondad persona humana no tiene no aspira mi amor a Irene que no es poca su beldad	Tres bellas, ¡qué bellas son!, me han exigido las tres, que diga de ellas cuál es la que ama mi corazón. Si obedecer es razón, digo que amo a Soledad; no a Julia, cuya bondad persona humana no tiene; no aspira mi amor a Irene, que no es poca su beldad.

Julia interpretó	Irene interpretó
Tres bellas, ¡qué bellas son!, me han exigido las tres, que diga de ellas cuál es la que ama mi corazón. Si obedecer es razón, ¿digo que amo a Soledad? ¡No! A Julia, cuya bondad persona humana no tiene. No aspira mi amor a Irene, que no es poca su beldad.	Tres bellas, ¡qué bellas son!, me han exigido las tres, que diga de ellas cuál es la que ama mi corazón. Si obedecer es razón, ¿digo que amo a Soledad? ¡No! ¿A Julia, cuya bondad persona humana no tiene? ¡No! Aspira mi amor a Irene, que no es poca su beldad.

	Aclaración del poeta
Como las tres hermanas seguían con la duda, le pidieron al joven que fuera más claro. Finalmente, el caballero les regresó el poema con una nueva puntuación.	Tres bellas, ¡qué bellas son!, me han exigido las tres, que diga de ellas cuál es la que ama mi corazón. Si obedecer es razón, ¿digo que amo a Soledad? ¡No! ¿A Julia cuya bondad persona humana no tiene? ¡No! ¿Aspira mi amor a Irene? ¡Qué! ¡No! Es poca su beldad.

Si tienes problemas con la puntuación, te conviene hacer los ejercicios que se presentan en esta unidad.

CAPÍTULO 23

EL USO DE LA COMA Y DEL PUNTO Y COMA

En su *Gramática* publicada en 1999, la Real Academia Española nos presenta algunas orientaciones sobre el uso de la <u>coma</u>.

La coma (,) indica una pausa breve que se produce dentro del enunciado.

1. Se emplea para separar los miembros de una enumeración, salvo los que vengan precedidos por alguna de las conjunciones *y, e, o, u*. *Es un chico muy reservado, estudioso y de buena familia.*

Cuando los elementos de la enumeración constituyen el sujeto de la oración o un complemento verbal y van antepuestos al verbo, no se pone coma detrás del último. *El perro, el gato y el ratón son animales mamíferos.*

2. Se usa coma para separar miembros gramaticalmente equivalentes dentro de un mismo enunciado, a excepción de los casos en los que medie alguna de las conjunciones *y, e, ni, o, u*. *Estaba preocupado por su familia, por su trabajo, por su salud.*

Sin embargo, se coloca una coma delante de la conjunción cuando la secuencia que encabeza expresa un contenido (consecutivo, de tiempo, etc.) distinto al elemento o elementos anteriores. *Pintaron las paredes de la habitación, cambiaron la disposición de los muebles, y quedaron encantados.*

También cuando esa conjunción está destinada a enlazar con toda la proposición anterior, y no con el último de sus miembros. *Pagó el traje, la bolsa y los zapatos, y salió de la tienda.*

Siempre será recomendable su empleo, por último, cuando el período sea especialmente largo. *Los instrumentos de precisión comenzaron a perder su exactitud a causa de la tormenta, y resultaron inútiles al poco tiempo.*

3. En una relación cuyos elementos están separados por punto y coma, el último elemento, ante el que aparece la conjunción copulativa, va precedido de coma o punto y coma. *En el armario colocó la vajilla; en el cajón, los cubiertos; en los estantes, los vasos, y los alimentos, en la despensa.*

4. Se escribe una coma para aislar el vocativo del resto de la oración. *Julio, ven acá.*

Cuando el vocativo va en medio del enunciado, se escribe entre dos comas. *Estoy alegre, Isabel, por el regalo.*

5. Los incisos que interrumpen una oración, ya sea para aclarar o ampliar lo dicho, ya sea para mencionar al autor u obra citados, se escriben entre comas. *En ese momento Adrián, el marido de mi hermana, dijo que nos ayudaría.*

6. Cuando se invierte el orden regular de las partes de un enunciado, anteponiendo los elementos que suelen ir pospuestos, se tiende a colocar una coma después del bloque anticipado. *Dinero, ya no le queda.*

7. También suele anteponerse una coma a una conjunción o locución conjuntiva que une las preposiciones de una oración compuesta [antes de *pero, mas, aunque, sino, conque, así que, de manera que...*]. *Puedes llevarte mi cámara de fotos, pero ten mucho cuidado.*

8. Los enlaces como *esto es, es decir, o sea, en fin, por último, por consiguiente, sin embargo, no obstante,*

además, en tal caso, por lo tanto, en cambio, en primer lugar, y también, a veces, determinados adverbios o locuciones que desempeñan la función de modificadores oraciones, como *generalmente, posiblemente, efectivamente, finalmente, en definitiva, por regla general, quizá*, colocados al principio de una oración, se separan del resto mediante una coma. *Por consiguiente, no vamos a tomar ninguna resolución precipitada.*

Cuando estas expresiones van en medio de la oración, se escriben entre comas. *Estas dos palabras son sinónimas, es decir, significan lo mismo.*

9. En los casos en que se omite un verbo, porque ha sido anteriormente mencionado o porque se sobrentiende, se escribe una coma en su lugar. *El árbol perdió sus hojas; el viejo, su sonrisa.*

10. En las cabeceras de las cartas, se escribe coma entre el lugar y la fecha. *Santiago, 8 de enero de 1999.*

11. Se escribe coma para separar los términos invertidos del nombre completo de una persona o los de un sintagma que integran una lista (bibliografía, índice...). *BELLO, Andrés: Gramática de la lengua castellana destinada al uso de los americanos.*

12. **Uso incorrecto de la coma.** Debe evitarse separar el sujeto y el predicado mediante coma. Ejemplo de incorrección: *las estanterías del rincón, estaban perfectamente organizadas.*

Se exceptúan, como ya hemos visto, los casos en que media un inciso entre sujeto y predicado. (RAE, 1999: 33-26).

En los ejercicios que se presentan a continuación se podrán practicar estas orientaciones de la RAE.

23.1 LA COMA EN LOS LISTADOS

REGLA

Si vas a enlistar varios elementos de algo, cada uno de ellos va separado por una coma, con excepción del último, en el que se sustituye la coma por la conjunción y (o por la e, si sigue una palabra que inicia con el sonido i).

EJERCICIO

En las oraciones siguientes, escribe la coma o en su defecto la conjunción y (o e) donde sea necesario.

EJEMPLO: A la fiesta vinieron Juan Pedro Luis Felipe.

A la fiesta vinieron Juan, Pedro, Luis y Felipe.

Valor: 4 puntos cada una

1. En la biblioteca hay libros de historia geografía literatura matemáticas.

2. El carpintero nos hizo las sillas las mesas los pizarrones los mesabancos.

3. La conferencia es para los de primero los de segundo los de tercer año.

4. A la reunión tuvimos que llevar los refrescos los lonches los platos las servilletas los postres.

5. En la bolsa traigo dos monedas de un peso tres monedas de cinco pesos tres monedas de diez pesos una moneda de 20 pesos.

6. En la fiesta nos dieron ensalada sopa una carne muy rica postre café.

7. Los perros son fieles amigables cariñosos protectores.

8. En las vacaciones fuimos a Guadalajara a Pátzcuaro a Morelia a Celaya.

9. En el cajón del escritorio tengo clips tijeras engrapadora una regla papel blanco.

10. Si nos alcanza el tiempo, vamos de compras al cine a tomar una nieve a cenar.

11. Ya presenté Física Matemáticas Literatura Biología.

12. Ya sé usar el Windows el Works el Visual Basic.

13. Raúl sabe hablar español inglés italiano francés.

14. Hay colores rojos azules grises amarillos negros.

15. Hay sillas de madera de fierro de plástico de fibra de vidrio.

16. Ya llegaron Luis Pedro Juan. Sólo falta Arturo.

17. Arturo se fue con Francisco con Gilberto con Enrique.

18. Iban a comprar el pan el jamón las servilletas los platos.

19. ¿Quién va a traer los vasos las cucharas los refrescos?

20. Lupe Angélica Bety dijeron que ellas los traían.

21. Traigo dos plumas dos lápices un lapicero.

22. Aquí hay galletas de chocolate de fresa de vainilla de limón.

23. Luisa es alta delgada morena muy atractiva.

24. En cambio, su novio es gordo chaparro güero feo.

25. En el grupo están Arturo José Pedro Luis Lupita.

Calificación: _____   Revisó: _____

23.2 LA COMA EN LOS INCISOS

R E G L A

Los incisos van entre comas. El inciso es una frase corta que se inserta en medio de una frase más larga, para explicar o enfatizar algo.

E J E R C I C I O

En las siguientes oraciones, descubre cuál es el inciso, y escribe una coma antes y después del mismo.

EJEMPLO: Nuestro dibujo por supuesto fue el más bonito.

                          Nuestro dibujo, por supuesto, fue el más bonito.

Valor: 4 puntos cada una

1. También los perros aunque no lo creas son muy nobles.

2. La tarea según nos dijo el profesor es muy fácil.

3. Nadie da aunque quiera lo que no tiene.

4. Estos anteojos a pesar de ser tan pequeños tienen mucho aumento.

5. La felicidad tan deseada por todos es muy difícil de alcanzar.

6. La ciudad de México con todo y sus desventajas tiene grandes atractivos.

7. Te invito cuando tengas tiempo a tomar un café.

8. Mi padre ahora lo reconozco tenía la razón.

9. Las tareas nos guste o no son indispensables para aprender.

10. El curso por lo tanto ha terminado.

11. Nuestras clases por ejemplo son muy amenas y divertidas.

12. Es insípido es decir no tiene sabor.

13. La tarea quién lo dijera fue muy fácil.

14. La señora nos atendió a todos sin excepción con gran generosidad.

15. La maestra nos dijo que cuando termináramos el ejercicio podíamos irnos a la casa.

16. El examen de Física según me platicaron va a estar regalado.

17. Los perros a diferencia de los gatos son animales muy fieles.

18. Este año fíjate lo que te digo no voy a reprobar ningún examen.

19. Te digo que aunque se burlen de mí voy a representar ese papel en la obra de teatro.

20. Nuestro equipo aunque batalló mucho ganó el juego.

21. En la calle no me lo vas a creer vi un accidente.

22. Cuando ganamos y no cuando perdemos nos sentimos satisfechos.

23. En este restaurante aunque se ve chico sirven una comida muy rica.

24. Hoy en la mañana aunque había sol estaba lloviendo.

25. Esta canción a pesar de ser muy antigua me gusta mucho.

Calificación: _____   Revisó: _____

23.3 LA <u>COMA</u> EN LOS INICIOS DE ORACIÓN

R E G L A

Si la frase explicativa o el inciso van al inicio de la oración, se pone <u>coma</u> después del mismo, para separar el inciso, de la frase principal. Igualmente, si la oración empieza con una circunstancia de tiempo o lugar, se pone <u>coma</u> después de la misma, para indicar que luego empieza la frase principal.

E J E R C I C I O

Separa con una <u>coma</u> el inciso o la circunstancia inicial, de la frase principal.

EJEMPLO: A pesar de lo que nos dijeron todos fuimos al baile.

A pesar de lo que nos dijeron, todos fuimos al baile.

1. Sin embargo nadie estaba tranquilo.

2. Aunque no lo creas pasé todos los exámenes a la primera.

3. Según me enteré el profesor es pariente del Director.

4. Por lo tanto nosotros tenemos la razón.

5. Les guste o no les guste incluiré el dibujo de Luis en la exposición.

6. En conclusión los alumnos de esta escuela salen mejor preparados que los demás.

7. Por último estudiaremos el proceso de fotosíntesis.

8. De acuerdo con lo que me dijeron la fiesta de graduación será en el casino del Club Campestre.

9. Por el contrario las clases de matemáticas son las que más me gustan.

10. A manera de ejemplo podemos decir que los árboles y las plantas constituyen la fuente principal del oxígeno.

11. A veces es necesario sostener nuestros puntos de vista con firmeza.

12. Cuando tú quieras te acompaño al cine.

13. Por lo tanto no hay que creer todo lo que nos dicen.

14. Sin embargo tampoco hay que ser demasiado incrédulos.

15. Aunque sea difícil de creer llevo un promedio de 10.

16. En conclusión podemos afirmar que todas las teorías tienen algo de cierto.

17. Además de lo anterior hay que reconocer el valor de sus autores.

18. Rápido siéntense antes de que entre el profesor.

19. Más aún el valor de la moneda es también una variable que depende de la política del Gobierno.

20. En síntesis no todo lo que brilla es oro.

21. Por eso hay que ser muy cuidadosos en la vida.

22. Y sin embargo no hay que ser demasiado desconfiados.

23. Cuando yo era chico mis padres me llevaron a Guanajuato.

24. En cambio nunca conocí Guadalajara.

25. A pesar de eso creo que conozco bastante mi país.

Calificación: _____   Revisó: _____

23.4 LA COMA Y LAS CIRCUNSTANCIAS

R E G L A

Cuando en alguna oración larga se incluyen una o varias circunstancias (de tiempo, modo o lugar), cada una de ellas va separada por una coma. **Ejemplo**: *Hace muchos años, cuando yo era chico, acostumbrábamos ir de vacaciones al rancho de mi tío.*

Cuando se indican la ciudad, el estado y el país en el que sucede algo, cada uno de estos datos debe ir separado por una coma. **Ejemplo**: *Esta guitarra la compré en Paracho, Michoacán, México.*

E J E R C I C I O

En las siguientes oraciones no hemos puesto ninguna coma. Detecta las frases circunstanciales, y divídelas del resto mediante comas.

Valor: 5 puntos cada una

1. Mi tío Pedro nació en Autlán Jalisco en 1947 cuando aún no se inventaba la televisión.

2. Mi papá nació en Guadalajara Jalisco en 1949 porque su familia se mudó para allá.

3. Reprobé matemáticas el año pasado cuando estaba en segundo porque no estudié lo suficiente.

4. En la tienda que está en esta avenida enfrente de una lavandería junto a un restaurante venden ropa muy moderna.

5. Encontré este tema explicado en el libro de Rodríguez en la página 18 en el capítulo cinco.

6. Me encontré a mi amigo Juan a la hora del recreo junto a la tiendita cuando estaba comprando un refresco.

7. Fuimos a hacer las prácticas a la sierra más allá de la ciudad de Durango junto a un pueblo llamado San Miguel.

8. Cuando veníamos de regreso como teníamos mucha hambre nos detuvimos para desayunar en un restaurante que está sobre la carretera un kilómetro después de otro pueblo que se llama San Rafael.

9. Ese libro lo guardé ayer después de que me dijiste que lo guardara antes de que nos fuéramos al cine.

10. Lo puse en la caja azul la que está en el armario abajo de donde tengo las camisas.

11. El trabajo lo imprimí en la escuela desde ia semana pasada en la computadora que está en el laboratorio.

12. Cuando entré a esta escuela me tocó estar en el salón grande el que está en la planta baja junto a la Dirección.

13. Después nos pasaron al salón 27 en el segundo piso arriba del laboratorio de cómputo.

14. Tomé un curso sobre hábitos de estudio el año pasado en una escuela que está en el centro cerca de las oficinas del correo.

15. El año pasado cuando me enfermé me atendieron en la Clínica del Magisterio porque mi papá es profesor de esta escuela.

16. En el pueblo donde nací más allá de la labor de don Venancio del otro lado del río hay una llanura muy grande.

17. En la fonda de doña Marta la que está en el centro como tienen muchos años de experiencia hacen una comida muy rica.

18. El equipo de la escuela en el que están Luis y Pedro jugó contra el equipo de la preparatoria en el que están sus primos.

19. El año pasado al inicio del semestre cuando todavía hacía mucho frío casi no salíamos al patio a jugar.

20. Allá en mi pueblo que está ubicado cerca de Ensenada Baja California hace más frío que acá.

Calificación: _____   Revisó: _____

23.5 LA <u>COMA</u> EN SUSTITUCIÓN DE UN VERBO

R E G L A

En algunas oraciones, para evitar repetir demasiado el mismo verbo, a veces se omite éste, sobre todo cuando ya se supone. En esos casos, en el lugar del verbo que se omite se debe poner una <u>coma</u>. Si la oración es muy larga y ya lleva otras <u>comas</u>, antes de la frase cuyo verbo se omitió se debe poner <u>punto y coma</u>.

Ejemplo: Para no decir: *Los de primero jugaron futbol, los de segundo jugaron básquet y los de tercero jugaron voleibol.*

Se escribe: *Los de primero jugaron fútbol; los de segundo, básquet; los de tercero, voleibol.*

EJERCICIO

A continuación encontrarás varias oraciones a las que les faltan varias <u>comas</u> y/o <u>puntos y coma</u>. En algunos casos hemos puesto una <u>coma</u> donde debe ir un <u>punto y coma</u>. Corrige, pues, las siguientes oraciones, poniendo una <u>coma</u> o un <u>punto y coma</u> donde consideres que se deban colocar.

Valor: 5 puntos cada una

1. Luis y Pedro se fueron en avión Jorge y Roberto en su carro los demás en camión.

2. Para estudiar Matemáticas, me junto con Arturo, para Física con Ramón, para Literatura con Lupita, para Inglés con Bety.

3. Fuimos a cenar a un restaurante. Yo pedí tacos al pastor mi hermana tacos de bistec mi papá un alambre.

4. Para el baile de graduación, Luis invitó a Lupita, Arturo a Angélica, Pedro a Patricia, yo a Yolanda.

5. El lunes presenté examen de Física el martes de Matemáticas el miércoles de Español el jueves de Literatura.

6. Yo mido 1.70, mi hermano mayor 1.80, mi hermana menor 1.50, el más pequeño un metro.

7. A mí me gusta el color verde a Lupita el morado a Miguel el azul a Rosy el rosa.

8. La ciudad de México es la más grande de la República, Guadalajara la segunda, Monterrey la tercera.

9. Jorge sacó el primer lugar del salón Margarita el segundo Daniel el tercero yo el cuarto.

10. Cuando llegamos a la cabaña, yo me puse a limpiar la sala, Lupita y Luisa la cocina, Juan y José las recámaras, Yolanda el comedor.

11. Yo me fui de vacaciones al mar Arturo a la montaña José a visitar a sus parientes Lupita a Estados Unidos.

12. A Juan le gusta el agua de limón a su papá el agua de tamarindo a su mamá el agua de horchata a su hermano los refrescos.

13. Yo juego de defensa Felipe de delantero Víctor de portero Gerardo de medio.

14. El maestro llegó a la escuela en su carro yo en camión Marta caminando.

15. Yo me saqué nueve en Matemáticas Pedro ocho Luis siete Laura y Mónica diez.

16. A mi me gustan las películas de acción a mi hermana las de amor a mi papá las de suspenso a mi mamá las telenovelas.

17. El martes tuvimos el examen de Física el miércoles el de Química, el jueves el de Biología el viernes el de Español.

18. Yo me metí a las actividades de teatro Lupita y Marta a las de danza Juan y José a las de ajedrez Arturo a las de música.

19. Luis hizo su tarea el sábado yo el domingo Pedro el lunes Salvador el martes.

20. Yo tengo 18 años mi hermano mayor 21 mi hermana menor 13.

Calificación: _____   Revisó: _____

23.6 LA COMA Y LOS ELEMENTOS DE LA ORACIÓN

REGLA

El sujeto nunca se debe separar del verbo con una coma, a no ser que entre ellos vaya un inciso. Es incorrecto escribir: *el profesor de tercero, es muy estricto*. Es correcto: *el profesor de tercero, aunque se ve buena gente, es muy estricto*. Tampoco se debe separar un verbo, de su complemento directo, a no ser que entre ellos vaya un inciso. Es incorrecto escribir: *Juan le dio, un golpe en la cara*. Es correcto: *Juan le dio, aunque fue sin querer, un golpe en la cara*.

El orden correcto en una oración es sujeto-verbo-complemento. Si por alguna razón cambias ese orden, debes poner una coma para separar el elemento que pusiste en otro orden. Se puede escribir, sin coma, lo siguiente: *yo hago mucho ejercicio en la escuela*. Pero tienes que poner coma si cambias el orden lógico de la oración: *En la escuela, yo hago mucho ejercicio*.

EJERCICIO

En algunas de las oraciones siguientes, las comas están bien puestas. En otras, están mal puestas o no las tienen. Si consideras que están bien así, déjalas como están, e indícalo poniendo una señal de correcto (paloma) en el espacio de la derecha. Si crees que están mal, corrígelas ahí mismo y pon una señal de incorrecto (tacha) en el espacio de la derecha.

Valor: 4 puntos cada una

1. Las matemáticas, constituyen la materia más importante para la carrera de Ingeniería. _____

2. Las matemáticas a pesar de ser difíciles son muy importantes para nuestra formación. _____

3. Para la carrera de Ingeniería las matemáticas son muy importantes. _____

4. Mis hermanos, hicieron muchas travesuras hoy en la casa. _____

5. El día de hoy mis hermanos hicieron, muchas travesuras en la casa. _____

6. Mis hermanos a pesar de su edad hicieron muchas travesuras el día de hoy. _____

7. José Luis Pedro y Juan, fueron al baile con sus respectivas novias. _____

8. José Luis Pedro y Juan los de segundo fueron al baile con sus respectivas novias. _____

9. Con sus respectivas novias llegaron al baile José Luis Pedro y Juan. _____

10. Los del grupo de estudio, nos tenemos que reunir para preparar los exámenes. _____

11. El maestro, nos regañó a todos por no traer la tarea. _____

12. Por no traer la tarea el maestro nos regañó, a todos. _____

13. Saber inglés y computación, es algo básico hoy en día. _____

14. Hoy en día, saber inglés y computación, es algo básico. _____

15. El Distrito Federal, Monterrey y Guadalajara, son las ciudades más grandes de México. _____

16. En México las ciudades más grandes son el Distrito Federal Monterrey y Guadalajara. _____

17. Todos mis compañeros de la escuela, son muy buenos amigos. _____

18. Mi mamá nos preparó, una comida muy rica el día de ayer. _____

19. El día de ayer mi mamá, nos preparó una comida muy rica. _____

20. Arturo Luis José y Pedro, se metieron al equipo de fútbol. _____

21. Los primeros días, fueron los más difíciles. _____

22. Yo, nunca hago ejercicio en las mañanas. _____

23. En las mañanas, yo nunca hago ejercicio. _____

24. Ricardo es muy gritón. _____

25. Ricardo mi primo es muy gritón. _____

Calificación: _____   Revisó: _____

23.7 LA COMA Y LOS VOCATIVOS

R E G L A

Los vocativos van entre comas. Un vocativo es la expresión que se utiliza para llamar a alguna persona o algún animal. Puede tratarse del nombre de la persona o del animal, de un apodo o de otra expresión mediante la cual le hablamos.

Si el vocativo inicia la oración, sólo llevará coma después del mismo; si el vocativo concluye la oración, sólo llevará coma antes del mismo, para terminar con un punto.

Ejemplo: *¡Oye, güero! Ven para acá.*

E J E R C I C I O

En las siguientes oraciones, no hemos puesto ninguna coma. Escribe las comas que consideres necesarias.

Valor: 4 puntos cada una

1. ¡Oye Lupe! ¿Adónde fueron de vacaciones?

2. Fuimos a Cuernavaca Bety.

3. ¿Tú también fuiste Arturo?

4. No Pedro. No nos alcanzó el tiempo ni el dinero.

5. Juan ven a ver este mapa de carreteras.

6. ¿Qué quieres que vea Lupe?

7. Dile adónde quieren ir ustedes Güicho.

8. ¿Podemos salir al recreo maestra?

9. Todos pueden salir menos tú Gerardo.

10. Pero yo no fui el que tiró el gis maestra.

11. No seas conformista Luis hay que pensar en grande.

12. Con poco dinero no se puede pensar en grande Arturo.

13. Mi perrita se llama Blacky. Blacky ven a saludar.

14. Mi gato se llama Micifuz pero no viene cuando le digo: ¡Ven Micifuz!

15. No te impacientes Guille. También los gatos aprenden.

16. No me impaciento Chaparro sólo me desespero.

17. Compadre venga a sentarse a la mesa.

18. ¿Qué vamos a comer hoy comadrita?

19. La comida típica de Mexicali compadre.

20. ¿Tú eres de allá Felipe?

21. No cuñado. Pero hemos viajado mucho para allá.

22. ¿Y tú Ricardo? ¿De dónde eres?

23. Yo soy de San Luis Potosí Juan.

24. ¡Orden compañeros! Vamos a organizarnos.

25. Siéntate Juan. Guarda silencio Pedro.

Calificación: _____   Revisó: _____

23.8 LA COMA Y EL PUNTO Y COMA

R E G L A

Se pone coma antes de las siguientes conjunciones: *pero, mas, aunque, sino, conque, así que, de manera que, porque* (y sus equivalentes: *ya que, por lo que...*). Si con estas conjunciones se empieza una frase muy larga, que a su vez tiene otras comas, se debe poner punto y coma antes de ellas.

E J E R C I C I O

En las oraciones siguientes no hemos puesto ninguna coma. Escribe la puntuación que sea necesaria; en especial, antes de la conjunción escribe coma o punto y coma, según consideres correcto.

EJEMPLO 1:   Fui a la fiesta pero no vi a Luis.
Fui a la fiesta, pero no vi a Luis.

EJEMPLO 2:   No pude ir a la fiesta porque mi papá no sé por qué razón no me quiso prestar el carro.

No pude ir a la fiesta; porque mi papá, no sé por qué razón, no me quiso prestar el carro.

Valor: 5 puntos cada una

1. No le dije nada porque no me cae bien.

2. Nadie ha escuchado lo que yo he dicho pero les aseguro que tarde o temprano me darán la razón.

3. La nueva profesora sabe mucho pero no sabe cómo dar la clase.

4. El otro día me peleé con mi hermano porque no me quiso prestar sus herramientas a pesar de que se las pedí de buena manera.

5. Reprobé el examen porque me puse muy nervioso.

6. Yo sé que es una materia importante pero cuando el profesor no me cae bien se me hace difícil poner atención en clase.

7. El carro está muy bonito pero no cabemos todos en él.

8. Me gustaría verlo haciendo ese trabajo porque al intentar hacerlo se dará cuenta de que no es tan fácil como parece.

9. Me regañó la maestra porque no traje la tarea.

10. El fin de semana salimos a pasear pero a pesar de eso pude terminar toda mi tarea.

11. Cuando uno quiere lograr lo que se propone lo logra porque es parte de la naturaleza humana esforzarse mucho cuando tiene motivación para hacerlo.

12. No voy a ir porque simplemente no me da la gana.

13. Yo quería ir con ellos aunque no me habían invitado pero luego me enteré que después del cine iban a ir a cenar y yo no traía dinero.

14. A mí me invitaron pero ya tenía otro compromiso.

15. Ya supe que reprobaste el examen de Matemáticas pero no te preocupes porque yo te voy a ayudar a prepararte para el examen extraordinario.

16. Te lo agradezco pero no puedo aceptar tu ofrecimiento.

17. Es un problema del que tengo que salir yo solo porque me hice una promesa a mí mismo y tengo que cumplirla.

18. Confío en ti porque sé que puedes lograrlo.

19. Estudia mucho pero no te sobrepases.

20. Este año va a ser el más importante de mi vida porque es cuando voy a decidir qué carrera voy a estudiar y a qué universidad voy a ir.

Calificación: _____   Revisó: _____

ORIENTACIONES DE LA **RAE** PARA EL USO DEL PUNTO Y COMA

El punto y coma (;) indica una pausa superior a la marcada por la coma e inferior a la señalada por el punto. Se utiliza en estos casos.

1. Para separar los elementos de una enumeración cuando se trata de expresiones complejas que incluyen comas. *La chaqueta es azul; los pantalones, grises; la camisa, blanca; y el abrigo, negro.*

2. Para separar proposiciones yuxtapuestas, especialmente cuando en estas se ha empleado la coma. *Era necesario que el hospital permaneciese abierto toda la noche; hubo que establecer turnos.*
   En muchos de estos casos, se podrá optar por separar los períodos con punto y seguido. La elección del punto y seguido o del punto y coma depende de la vinculación semántica que exista entre las oraciones o proposiciones. Si el vínculo es débil, se prefiere usar un punto y seguido; mientras que, si es más sólido, es conveniente optar por el punto y coma. También sería posible separar los mencionados períodos con dos puntos.

3. Se suele colocar punto y coma, en vez de coma, delante de conjunciones o locuciones conjuntivas como *pero, mas* y *aunque,* así como *sin embargo, por tanto, por consiguiente, en fin*, etc., cuando los periodos tienen cierta longitud y encabezan la proposición a la que afectan. *Su discurso estuvo muy bien construido y fundamentado sobre sólidos principios; pero no consiguió convencer a muchos de los participantes en el congreso.*

Si los bloques no son muy largos, se prefiere la coma. *Vendrá, pero tarde.*

Si los periodos tienen una longitud considerable, es mejor separarlos con punto y seguido. *Este verano, varios vecinos del inmueble tienen previsto poner en venta sus respectivas viviendas. Por consiguiente, son previsibles numerosas visitas de posibles compradores.* (RAE, 1999: 38-39).

En los ejercicios que se presentan a continuación se podrán practicar estas orientaciones de la RAE.

23.9 EL PUNTO Y COMA

R E G L A

Cuando hay muchas comas en una oración muy larga, la coma principal se convierte en punto y coma (sube de categoría). La coma principal es la que indica la división de la oración larga en sus dos partes.

E J E R C I C I O

En las siguientes oraciones, no hemos puesto ninguna coma. Escribe las comas que consideres necesarias; luego, detecta cuál es la coma principal, y conviértela en punto y coma.

EJEMPLO: Las matemáticas son importantes porque te hacen pensar pero a mí me gustan más la historia la literatura y la biología.

Las matemáticas son importantes, porque te hacen pensar; pero a mí me gustan más la historia, la literatura y la biología.

Valor: 5 puntos cada una

1. Aunque la sociedad de alumnos de Derecho en la que está Luis fue la que ganó por haber tenido más votos a mí me hubiera gustado que quedaran los de Ingeniería porque ellos tenían un proyecto mucho mejor.

2. Lupita es muy buena amiga es solidaria y nunca te queda mal pero a mí me cae mejor Leticia porque siempre me ayuda con las tareas.

3. Saquen las mesas las sillas y el escritorio pero dejen el pizarrón las mamparas y el rotafolio.

4. Cuando era chico me gustaba mucho ir a fiestas infantiles pero ahora me gusta más ir a la discoteca al club y a nadar.

5. En la tierra los árboles las plantas y los arroyos embellecen el paisaje y en el cielo las nubes y los rayos del sol producen efectos sorprendentes.

6. Cuando termines tu tarea puedes ver un rato la tele y cuando yo regrese del centro te ayudo a preparar tu examen de mañana.

7. Pedro traerá las botanas los refrescos y los hielos mientras que Luis traerá los lonches las servilletas y la salsa.

8. Por un lado los exámenes son importantes porque nos obligan a estudiar pero por otro lado los trabajos que nos encargan nos obligan a investigar y a leer.

9. El bachillerato según nos dijo el profesor es propedéutico es decir nos prepara para la universidad.

10. Aunque todas las materias son importantes porque nos enseñan a pensar a mí me gustan más las matemáticas porque aprendo muchas cosas que aplico en la vida diaria.

11. De joven la mejor forma de aprender es en la escuela pero cuando sales de la escuela tienes que seguir aprendiendo a lo largo de la vida.

12. La tarea que nos encargaron en Matemáticas aunque era difícil la pude terminar bien pero la de Química aunque le dediqué mucho tiempo no la pude terminar.

13. Como jugamos muy bien el entrenador de futbol nos felicitó pero el maestro de español nos regañó a todos porque muchos reprobaron el examen.

14. Me gustan las canciones antiguas porque hay algunas muy románticas pero también me gusta la música moderna porque refleja más las inquietudes de los jóvenes.

15. La semana pasada fuimos a jugar boliche sin embargo me gusta más el tenis aunque no lo sé jugar muy bien.

16. El doctor le dijo que si quería bajar de peso tenía que hacer más ejercicio a pesar de eso se la pasa todo el día viendo televisión.

17. Los gatos son muy buenas mascotas porque son muy limpios pero a mí me gustan más los perros porque son más obedientes.

18. Al terminar el año escolar guardamos todos los libros que utilizamos en la escuela al empezar el nuevo ciclo tenemos que comprar nuevos libros.

19. Cuando Pedro viene a mi casa nos pasamos la tarde viendo películas en la televisión pero cuando vamos a su casa tenemos que estudiar para que no nos regañen sus papás.

20. El otro día cuando íbamos a la escuela vimos un accidente de tránsito pero cuando regresamos a la casa ya no se notaba nada porque habían limpiado todo.

Calificación: _____   Revisó: _____

C A P Í T U L O   2 4

DIVERSOS USOS DEL PUNTO

El punto es utilizado en seis signos de puntuación. Ya estudiamos el punto y coma. Además, se utiliza el punto y seguido, el punto y aparte, el punto final, los dos puntos y los puntos suspensivos. La RAE nos presenta algunas orientaciones sobre el correcto uso de los mismos.

En los ejercicios que se presentan a continuación se podrán practicar estas orientaciones de la RAE.

ORIENTACIONES DE LA **R A E** PARA EL USO DEL PUNTO

El punto (.) señala la pausa que se da al final de un enunciado. Después de punto –salvo en el caso del utilizado en las abreviaturas– siempre se escribe mayúscula.

Hay tres clases de punto: el punto y seguido, el punto y aparte y el punto final.

a) El punto y seguido separa enunciados que integran un párrafo. Después de un punto y seguido se continúa escribiendo en la misma línea. Si el punto está al final de renglón, se empieza en el siguiente sin dejar margen.

b) El punto y aparte separa dos párrafos distintos, que suelen desarrollar, dentro de la unidad del texto, contenidos diferentes. Después de punto y aparte se escribe en una línea distinta. La primera línea del nuevo párrafo debe tener un margen mayor que el resto de las líneas que lo componen, es decir, ha de quedar sangrada.

c) El punto final es el que cierra un texto.

Otro uso del punto. El punto también se utiliza después de las abreviaturas. Ejemplos: *Sra., Excmo., cf.*

Uso incorrecto del punto. Los títulos y subtítulos de libros, artículos, capítulos, obras de arte, etc., cuando aparecen aislados, no llevan punto final. (RAE, 1999: 33).

24.1 EL PUNTO Y SEGUIDO

R E G L A

Si ya terminó una idea completa, y vas a escribir otra idea diferente, debes poner punto y no coma, aunque estés hablando del mismo tema general. Sabes que una idea ya está completa, porque ya se dijo algo sobre ese sujeto, y la siguiente idea dice otra cosa diferente del mismo sujeto, o habla de otro sujeto diferente. Si continúas en el mismo párrafo, se trata de un punto y seguido.

E J E R C I C I O

En las siguientes oraciones, convierte la coma en punto cuando la primera idea esté terminada y empiece una nueva idea. Recuerda que después de un punto debe ir mayúscula.

EJEMPLO: Luis se fue a la fiesta, yo me quedé estudiando en la casa.
Luis se fue a la fiesta. Yo me quedé estudiando en la casa.

Valor: 5 puntos cada una

1. El salón de clases es muy elegante, las mesas de la biblioteca son muy modernas.

2. El maestro de Física es muy exigente, las tareas que nos encarga son muy complicadas, el examen estuvo muy difícil.

3. Fuimos de paseo al parque, el día estaba muy bonito, había mucha gente paseando.

4. El viaje estuvo pesado, cuando llegamos al hotel, ya no queríamos salir a pasear, en la noche fuimos a una disco.

5. En el recreo, jugamos un partido de básquet, al regresar a clases, estábamos agotados, nadie entendió la clase de matemáticas.

6. Las matemáticas son muy interesantes, a mí me gusta mucho la historia, dicen que el español es lo más importante.

7. El carro de Arturo es muy elegante, para ir de cacería, utilizamos la camioneta de Raúl, regresamos con tres conejos.

8. Le hablé por teléfono a Berta, su mamá me dijo que había salido de compras, le dejé un recado con ella.

9. En la biblioteca hay libros muy interesantes, las computadoras son muy modernas, se puede consultar Internet en todas ellas.

10. Los perros son muy fieles y cariñosos, los gatos son muy ladinos, yo prefiero no tener ninguna mascota.

11. Ha llovido mucho en estos días, la ciudad está muy limpia, las calles están llenas de agujeros.

12. Cuando salimos de vacaciones, andamos todos juntos, a Luis le gusta más la playa, a Lupita le gusta más ir de compras.

13. Aunque no tenía ganas de ir al cine, los acompañé, Arturo compró unas palomitas, Pedro se compró un refresco.

14. Llegamos tarde, pero contentos, Arturo se fue a acostar inmediatamente, Pedro y yo nos pusimos a jugar cartas.

15. Al día siguiente, nos pusimos a cantar y bailar, Arturo sacó a Lupita, Pedro se puso a tocar la guitarra, yo hice como que cantaba.

16. El viaje estuvo divertido, pero cansado, a mí me quedaron ganas de regresar, Pedro empezó a organizar las siguientes vacaciones.

17. El regreso a clases estuvo pesado, muchos profesores faltaron el primer día, yo estaba contento por volver a ver a mis compañeros.

18. La escuela estaba muy cambiada, habían pintado todos los salones, los mesabancos estaban como nuevos.

19. El recreo es lo que más me gusta de la escuela, todos salen corriendo de los salones, Juan siempre se compra unas papitas y un refresco.

20. Después de comer, todos nos pusimos a trabajar, yo me puse a estudiar matemáticas, mi hermano se puso a hacer su tarea de Física, Lupita se fue a dormir.

Calificación: _____   Revisó: _____

24.2 EL PUNTO Y SEGUIDO Y EL PUNTO Y COMA

R E G L A

Al terminar una idea, se debe poner punto y seguido, antes de empezar a escribir otra idea diferente. Sin embargo, si se quiere hacer notar que las dos ideas tienen una gran relación entre sí, en vez del punto y seguido se puede poner un punto y coma. En este caso, el punto y coma indica que las dos oraciones o ideas están estrechamente relacionadas entre sí; por ejemplo, que una idea es explicación o es consecuencia de la otra.

Si se quiere indicar que la relación es todavía mayor, se puede dejar la coma y añadir la conjunción y, ya que coma más y es igual a punto y coma (, + y = ;).
Conviene señalar que las tres formas pueden ser correctas (con punto y seguido, con punto y coma o con coma más y), dependiendo del mensaje que se quiera comunicar.

E J E R C I C I O

En las siguientes oraciones, hemos puesto únicamente comas. Conviértelas en punto y seguido, en punto y coma o en coma más y, según consideres conveniente. Recuerda que después de un punto debe ir mayúscula.

EJEMPLO: Luis se fue a la fiesta, yo me quedé estudiando en la casa, alcancé a preparar todos mis exámenes.

Luis se fue a la fiesta. Yo me quedé estudiando en la casa; alcancé a preparar todos mis exámenes.

Luis se fue a la fiesta. Yo me quedé estudiando en la casa, y alcancé a preparar todos mis exámenes.

Valor: 5 puntos cada una

1. El clima ha mejorado, ha estado lloviendo mucho, los campos están muy verdes.

2. Rogelio prefiere hacer los trabajos a mano, a mí me gusta hacerlos en computadora, los profesores se fijan mucho en la presentación.

3. La planilla azul está muy organizada, sus integrantes han realizado muchas actividades, la planilla roja se ha visto lenta.

4. A Pedro ya le prestan el carro, ya cumplió 18 años, a Luis todavía no lo dejan usarlo.

5. Yo me voy a la escuela en camión, todavía no tengo edad para manejar, varios de mis compañeros ya traen carro.

6. El equipo de básquet va muy bien, ya han ganado varios campeonatos, el equipo de futbol está muy desorganizado.

7. La colonia es muy tranquila, las casas son muy seguras, hay policías rondando toda la noche.

8. A Monterrey nos fuimos en avión, el vuelo estuvo muy tranquilo, no hubo mucha turbulencia.

9. Las águilas tienen muy buena vista, los tiburones tienen buen olfato, son capaces de detectar sangre a varias millas de distancia.

10. La carrera de Medicina se me hace muy difícil, prefiero estudiar la carrera de Psicología, ahí también podemos ayudar a los demás.

11. Las galletas están duras, el pastel está más rico, Lupita lo hizo ayer.

12. Se fue la luz, la casa quedó a oscuras, todos nos asustamos mucho.

13. Mi tía está triste, se murió su canario preferido, el gato se lo comió.

14. La sala quedó muy bonita, retapizaron todos los muebles, la cocina quedó como antes.

15. Se lucieron con la fiesta, la orquesta tocó hasta las 2 de la mañana, todos bailaron hasta caer agotados.

16. No quise llegar tarde, no sabía qué horas eran, mi reloj se descompuso.

17. Después de la fiesta, nos fuimos a comer pozole, yo pedí unos taquitos, el pozole me hace daño.

18. El lunes llegamos tarde a clases, Pedro ni siquiera llegó a la escuela, le pegó fuerte la desvelada.

19. Todos pidieron de cenar, yo sólo tomé un refresco, no traía mucho dinero.

20. En la clase de Historia, casi me duermo, el profesor se la pasó hablando todo el tiempo, el laboratorio de Biología estuvo más entretenido.

Calificación: _____   Revisó: _____

24.3 EL PUNTO Y APARTE

REGLA

Si se terminó el tema o asunto del que estabas hablando, y empiezas a hablar de otro tema diferente, debes poner punto y aparte y empezar un nuevo párrafo.

EJERCICIO

En las siguientes oraciones, hay únicamente comas. Debes convertirlas en punto y seguido o en punto y aparte, cuando consideres correcto. El punto y aparte indícalo con una diagonal, como está en el ejemplo. Recuerda que después de un punto debe ir mayúscula.

EJEMPLO: Los árboles estaban verdes, las flores coloreaban el paisaje, el cielo estaba lleno de nubes, cuando llegamos al parque, sacamos todas las cosas del carro, Marta se encargó de poner el mantel, Lupita se puso a hacer los lonches.

Los árboles estaban verdes. Las flores coloreaban el paisaje. El cielo estaba lleno de nubes. // Cuando llegamos al parque, sacamos todas las cosas del carro. Marta se encargó de poner el mantel. Lupita se puso a hacer los lonches.

Valor: 10 puntos cada una

1. Metí todos mis cuadernos en la mochila, el estuche de geometría lo tuve que cargar aparte, los lápices y plumones los traigo en una caja especial, en la primera clase, tuvimos que resolver muchos problemas, el profesor de Dibujo nos encargó hacer figuras geométricas, en Literatura, nos pusieron a leer el Quijote.

2. Ayer nos reunimos en mi casa, yo ya había preparado la sala para poder estudiar a gusto, mi mamá tenía listo el café y los refrescos, estudiamos hasta las 12 de la noche, al día siguiente, presentamos el examen, yo me saqué un nueve, Lupita fue la única que sacó diez, todos pasamos bien.

3. El profe de Biología organizó un viaje de prácticas, fuimos a Torreón y a Chihuahua, íbamos 20 compañeros en un camión, nos acompañaron dos profesores, las prácticas estuvieron padres, estudiamos las plantas de los climas semiáridos, estuvimos un día en un desierto estudiando las cactáceas.

4. A mí me gusta mucho la escuela, hay materias muy interesantes, la mayoría de los profesores son a todo dar, soy amigo de casi todos ellos, el año pasado, hubo un concurso de ortografía, yo quedé en segundo lugar, Arturo quedó en primero.

5. Es importante hacer deporte, a mí me gusta jugar futbol, el básquet nada más lo veo por televisión, el domingo pasado fui al estadio, jugaron los del Santos contra las Chivas, ganaron los del Santos.

6. En mi casa, tengo dos mascotas, el perro se llama Blacky, el gato se llama Micifuz, yo me encargo de alimentarlos, un día, Micifuz se escapó de la casa y no regresó hasta el tercer día, Blacky estaba triste, cuando regresó el gato, todos nos pusimos contentos, pero más Blacky.

7. En las mañanas, todos andamos de carrera, yo trato de entrar primero al baño, porque mi hermana se tarda mucho, mi papá siempre se enoja, mi mamá se pone a preparar el desayuno, mi papá nos lleva a todos, primero dejamos a mi hermana, a veces cargamos gasolina, yo soy el siguiente, mi mamá entra hasta las 8:30.

8. En la escuela, cada quien tiene sus obligaciones, los maestros tienen que preparar e impartir las clases, los alumnos deben poner atención en clase, las secretarias deben atender a los alumnos y a los padres de familia, un día, llegó un papá a la escuela, y no encontró quién lo atendiera, se metió a un salón, y se puso a oír la clase, el maestro se puso nervioso.

9. En la ciudad, hay muchos lugares donde pasear y divertirse, podemos ir al centro a tomar una nieve, a Juan le gusta ir a jugar boliche, Luis prefiere ir al cine, a mí me gusta más ir a la disco, el sábado pasado, salimos los tres juntos, como era temprano, fuimos primero al cine, al salir, nos fuimos a arreglar para ir a bailar, ese día no pudimos ir a jugar boliche.

10. Cada maestro tiene su forma de dar la clase, el de Matemáticas siempre nos pone problemas muy difíciles, el de Historia se la pasa hablando toda la clase, el de Literatura nos encarga muchos libros para leer, el mes pasado, nos fue muy mal en los exámenes, yo reprobé Física, Arturo no alcanzó a hacer todas las tareas de Biología, Lupita reprobó Historia, porque se enfermó y faltó varios días a clase.

Calificación: _____   Revisó: _____

24.4 LOS DOS PUNTOS

R E G L A

Se utilizan dos puntos antes de explicar o desarrollar algo que se acaba de enunciar. Si no has indicado lo que vas a explicar más, no debes usar los dos puntos.

Después de los dos puntos la frase inicia con mayúscula únicamente cuando se va a citar textualmente un escrito o las palabras dichas por una persona, cuando sigue un nombre propio o cuando se trata de dos puntos y aparte.

La palabra *como* (adverbio comparativo) sustituye a los dos puntos. Por eso, cuando uses la palabra *como* no debes utilizar los dos puntos.

EJERCICIO

En las siguientes oraciones hemos puesto únicamente comas. Algunas de las oraciones están bien así, y otras deben llevar dos puntos. Pon los dos puntos a las que les hace falta, y pon una tacha en el espacio de la derecha, para indicar que están mal. Cuando sea necesario, inicia con mayúscula la frase después de los dos puntos. Si consideras que están bien así, indícalo palomeando el espacio de la derecha.

EJEMPLO 1: Ya estudiamos Matemáticas, Física y Química.   ✔

EJEMPLO 2: Ya estudiamos las materias más difíciles,
Matemáticas, Física y Química.   ✗

Valor: 4 puntos cada una

1. Al paseo llevamos lonches, refrescos, hielos y servilletas. _____

2. Al paseo llevamos todo lo necesario, lonches, refrescos, hielos y servilletas. _____

3. En esto consiste la libertad, en que cada uno puede determinar sus acciones de acuerdo a su voluntad. _____

4. La libertad consiste en que cada uno puede determinar sus acciones de acuerdo a su voluntad. _____

5. Entonces, el profesor nos dijo, "váyanse a su casa a estudiar para el examen". _____

6. Entonces, el profesor nos dijo que nos fuéramos a casa a estudiar para el examen. _____

7. Me gustan los colores vivos, como el rojo, el naranja, el verde limón y el azul turquesa. _____

8. Me gustan los colores vivos, el rojo, el naranja, el verde limón y el azul turquesa. _____

9. Las partes del cuerpo humano son tres, cabeza, tronco y extremidades. _____

10. Estaban todos los miembros del Comité, Pedro, María y Fernando. _____

11. Estaban ahí Pedro, María y Fernando. _____

12. Ya empaqué los pantalones, las camisas y las camisetas. _____

13. Ya empaqué todo, los pantalones, las camisas y las camisetas. _____

14. Nos sirvieron sopa, carne, postre y café. _____

15. Nos sirvieron una comida completa, sopa, carne, postre y café. _____

16. Para el examen llevé hojas, plumas, lápices y la calculadora. _____

17. Llevé lo necesario para el examen, hojas, plumas, lápices y la calculadora. _____

18. Llevé lo que iba a necesitar, como hojas, plumas, lápices y la calculadora. _____

19. Tengo amigos simpáticos, como Enrique, Gabriel y Jesús. _____

20. Todo estuvo perfecto, la comida, los adornos, la música. _____

21. Fuimos al cine, a la disco y a cenar. _____

22. Fuimos a tres lados, al cine, a la disco y a cenar. _____

23. Mi novia me dijo que todo había estado perfecto. _____

24. Mi novia me dijo "todo estuvo perfecto". _____

25. Debo hacer mis quehaceres, recoger el cuarto, sacar la basura, lavar el carro. _____

Calificación: _____   Revisó: _____

ORIENTACIONES DE LA  PARA EL USO DE LOS DOS PUNTOS

Los dos puntos (:) detienen el discurso para llamar la atención sobre lo que sigue. Se usan los dos puntos en los casos siguientes:

1. Después de anunciar una enumeración. *Van a subastar tres manuscritos: uno de Borges, otro de Alfonso Reyes y un tercero de Antonio Machado.*

   También para cerrar una enumeración, antes del anafórico que los sustituye, se utilizan los dos puntos. *Natural, sana y equilibrada: así debe ser una buena alimentación.*

2. Los dos puntos preceden a las citas textuales. En este caso, después de los dos puntos se suele escribir la primera palabra con inicial mayúscula. *Las palabras del médico fueron: "Reposo y una alimentación equilibrada".*

3. Se emplea este signo de puntuación tras las fórmulas de saludo en las cartas y documentos. También en este caso la palabra que sigue a los dos puntos se escribe con mayúscula y, generalmente, en un renglón aparte. *Querido amigo:* (aparte) *Te escribo esta carta para...*

4. Se emplean los dos puntos para conectar oraciones o proposiciones relacionadas entre sí (por causa-efecto, por conclusión o resumen, por explicación de lo anterior) sin necesidad de utilizar otro nexo. *Se ha quedado sin trabajo: no podrá ir de vacaciones este verano.*

5. Se utilizan los dos puntos para separar la ejemplificación del resto de la oración. *De vez en cuando tiene algunos comportamientos inexplicables: hoy ha venido a la oficina con las zapatillas de andar por casa.* (RAE, 1999: 37-38.)

24.5 LOS PUNTOS SUSPENSIVOS

REGLA

Los puntos suspensivos (...) se utilizan para indicar que la oración queda incompleta.

Al escribir, uno puede querer dejar la oración incompleta, por diversas razones:

- Porque se sobreentiende lo que sigue (*Como dice el refrán: "Al que a buen árbol se arrima..."*)

- Porque se quiere dejar en suspenso lo que sigue. (*La respuesta de lo anterior es... ¿Cuál creen ustedes que sea la respuesta?*).

- Porque la persona que está hablando en un diálogo, deja incompleta su frase (*La causa de este fenómeno... la maestra no pudo terminar la frase, porque en ese momento se abrió la puerta y entró el Director.*)

- Porque sigue una maldición o una frase vulgar que uno no desea escribir (*Vete mucho a la... gritó enojado Arturo.*)

- Porque se quiere indicar que una lista podría seguir indefinidamente. (*Traje un color rojo, uno azul, uno verde, uno amarillo... En fin, traía de todos los colores.*)

- Porque se quiere dar a la narración un sentido de misterio. (*Y entonces..., se abrió la puerta y entró el Director.*)

Los puntos suspensivos son siempre tres (...). No se deben poner más ni menos de tres. No deben separarse con un espacio, de la palabra que los antecede.

E J E R C I C I O

Algunas de las oraciones siguientes deben llevar puntos suspensivos y otras no. Aquí no le hemos puesto los puntos suspensivos a ninguna. Si consideras que la oración está bien así, déjala como está y pon una señal de correcto en el espacio de la derecha. Si crees que debe llevar puntos suspensivos, vuelve a escribirla correctamente en el espacio destinado para eso.

Valor: 10 puntos cada una

1. Como dice el refrán: "A buen entendedor".

2. La conclusión de todo lo anterior es. En el siguiente capítulo explicaremos esa conclusión.

3. La conclusión de todo lo anterior la explicaremos en el siguiente capítulo.

4. Entonces, mi papá me dijo: "Ya sabes que si no llegas temprano".

5. Entonces mi papá me dijo: "Ya sabes lo que te espera si no llegas temprano".

6. "Eres un", le gritó Luis a Pepe, enojado.

7. A la fiesta, fuimos Luis, Pedro, Juan, Arturo. Para no hacértela larga, no faltó nadie del grupo.

8. A la fiesta, fuimos Luis, Pedro, Juan, Arturo y yo.

9. Estábamos platicando en el salón, cuando de pronto, una piedra entró por la ventana, rompiendo el vidrio.

10. Estuvimos platicando en el salón hasta que entró la maestra y empezamos la clase.

Calificación: _____   Revisó: _____

ORIENTACIONES DE LA  PARA EL USO DE LOS PUNTOS SUSPENSIVOS

Los puntos suspensivos (...) suponen una interrupción de la oración o un final impreciso. Después de los puntos suspensivos, cuando cierran un enunciado, se escribe mayúscula. *El caso es que si lloviese... Mejor no pensar cosa tan improbable.* Cuando los puntos suspensivos no cierran un enunciado y este continúa tras ellos, se escribe minúscula. *Estoy pensando que... aceptaré; en esta ocasión debo arriesgarme.*

Se usan los puntos suspensivos en los siguientes casos:

1. Al final de enumeraciones abiertas o incompletas, con el mismo valor que la palabra etcétera. *Puedes hacer lo que te apetezca más: leer, ver la televisión, escuchar música...*

2. Cuando se quiere expresar que antes de lo que va a seguir ha habido un momento de duda, temor o vacilación. *Iré; no iré... Debo decidirme pronto.*

   En ocasiones, la interrupción del enunciado sirve para sorprender al lector con lo inesperado de la salida. *Se convocó a una junta, se distribuyeron centenares de papeles anunciándola y, al final, nos reunimos... cuatro personas.*

3. Para dejar un enunciado incompleto y en suspenso se utilizan los puntos suspensivos. *Fue todo muy violento, estuvo muy desagradable... No quiero seguir hablando de ello.*

4. También se emplea este signo de puntuación cuando se reproduce una cita textual, sentencia o refrán, omitiendo una parte. *En ese momento de indecisión pensé: "Más vale pájaro en mano..." y acepté el dinero.*

5. Se escriben tres puntos dentro de paréntesis (...) o corchetes [...] cuando al transcribir literalmente un texto se omite una parte de él. *Yo fui loco y ya soy cuerdo; fui don Quijote de la Mancha y soy agora [...] Alonso Quijano el Bueno.*

Tras los puntos suspensivos no se escribe nunca punto. Sin embargo, sí pueden colocarse otros signos de puntuación, como la coma, el punto y coma y los dos puntos.

Los signos de interrogación o exclamación se escriben delante o detrás de los puntos suspensivos, dependiendo de que el enunciado que encierran esté completo o incompleto. *¿Me habré traído los libros?... Seguro que sí. ¡Si te dije que...! Es inútil, nunca haces caso a nadie.* (RAE, 1999: 39-40).

CAPÍTULO 25

EL USO DE OTROS SIGNOS DE PUNTUACIÓN

Además de los signos de puntuación que hemos explicado anteriormente, existen los siguientes: la admiración (¡!), la interrogación (¿?), los paréntesis ( ), los corchetes [ ], la raya o guion largo ( ), el guion (-), las comillas (""), la diéresis (¨), la barra (/), el apóstrofo ('), el signo de párrafo (§), el asterisco (*) y las llaves { }.

Aquí explicaremos el uso adecuado de los signos más comunes, ya que algunos de ellos se utilizan sólo en escritos más especializados.

Los signos dobles como la admiración (¡!), la interrogación (¿?), los paréntesis (), los corchetes [], la raya o guion largo ( ), las comillas ("") y las llaves { } no se deben separar con un espacio, de la palabra o las palabras a las que encierran.

A continuación se podrán practicar estas orientaciones de la RAE.

ORIENTACIONES DE LA  PARA EL USO DE LOS SIGNOS DE INTERROGACIÓN Y DE EXCLAMACIÓN

Los signos de interrogación (¿?) y de exclamación (¡!) encierran enunciados que, respectivamente, interrogan o exclaman. Los primeros se utilizan para delimitar enunciados interrogativos directos; los segundos demarcan enunciados exclamativos, también en estilo directo, e interjecciones. *¿Comisteis ayer en casa? ¡Eso es una injusticia!*

En la utilización de tales signos es preciso tener en cuenta estas consideraciones generales:

1. Los signos de interrogación y exclamación son dos en cada caso: los signos que indican apertura (¿¡) y los signos que indican cierre (?!); se colocan al principio y al final del enunciado interrogativo y exclamativo respectivamente.

    En nuestra lengua es obligatorio poner siempre el signo de apertura, que no deberá suprimirse a imitación de lo que ocurre en la ortografía de otras lenguas, en las que solo se usa el signo final porque tienen otras marcas gramaticales que suplen el primero.

2. Después de los signos que indican cierre de interrogación o exclamación (?!) no se escribe nunca punto.

3. El signo de principio de interrogación (¿) o de exclamación (¡) se ha de colocar donde empieza la pregunta o la exclamación, aunque no comience con él el enunciado. *Si consigues la plaza, ¡qué alegría se va a llevar tu padre!*

Obsérvese cómo los vocativos y las preposiciones subordinadas, cuando ocupan el primer lugar en el enunciado, se escriben fuera de la pregunta o de la exclamación. Sin embargo, si están colocados al final, se consideran dentro de ella. *Susana, ¿has decidido qué vas a hacer? ¿Has decidido qué vas a hacer, Sonia?*

4. Cuando se escriben varias preguntas o exclamaciones seguidas y estas son breves, se puede optar por considerarlas oraciones independientes, con sus correspondientes signos de apertura y cierre, y con mayúscula al comienzo de cada una de ellas. *¿Dónde estás? ¿A qué hora piensas volver?*

    Pero también es posible considerar el conjunto de las preguntas o exclamaciones como un único enunciado. En este caso, hay que separarlas por comas o por puntos y comas, y solo en la primera se escribirá la palabra inicial con mayúscula. *¿Cómo te llamas?, ¿en qué trabajas?, ¿cuándo naciste?, ¿dónde?*

5. En ocasiones, se utilizan los signos de final de interrogación (?) o de exclamación (!) entre paréntesis. El signo de final de interrogación entre paréntesis expresa duda o ironía. *Andrés Sánchez López es el presidente (?) de la asociación.* El signo de final de exclamación entre paréntesis expresa sorpresa o ironía. *Un joven de treinta y seis años (!) fue el ganador del concurso de composición.* (RAE, 1999: 41-42.)

25.1 LA EXCLAMACIÓN O ADMIRACIÓN

REGLA

Las exclamaciones (*¡Qué bonito!*), las interjecciones (*¡Ay!*) y las órdenes cortas (*¡Cállate!*) van siempre entre signos de admiración o de exclamación.

Como el segundo signo de admiración ya lleva un punto en su parte inferior, no es necesario repetir el punto cuando sea el final de la oración.

En las exclamaciones, las siguientes palabras llevan siempre acento: *qué, quién, dónde, adónde, cómo, cuándo y cuánto.* A este acento se le denomina **enfático**.

E J E R C I C I O

Muchas de las oraciones siguientes deben llevar signos de admiración, pero algunas no. Cuando deban llevarlos, escríbelos en los espacios indicados. Si consideras que las frases están bien así, déjalas como están, y escribe únicamente el punto que indica el final de la oración.

EJEMPLO 1: _____ Qué pesado está _____

_¡_ Qué pesado está _!_

EJEMPLO 2: _____ Quiero que vengas _____

_____ Quiero que vengas. _____

Valor: 4 puntos cada una

1. _____ Quién lo dijera _____
2. _____ Újule _____
3. _____ Párate _____
4. _____ Qué cosas tiene la vida _____
5. _____ Ven a pasear con nosotros _____
6. _____ Pácatelas _____
7. _____ Cuánta gente vino a la fiesta _____
8. _____ Cómetelo _____
9. _____ La fiesta está muy bonita _____
10. _____ Qué bonita fiesta _____
11. _____ Mira nada más _____
12. _____ Siéntate _____
13. _____ Oh no _____
14. _____ Cómo hablan _____
15. _____ Hablan como pericos _____
16. _____ Salgan rápido _____
17. _____ No más _____
18. _____ Hola _____
19. _____ Te dije que te apuraras _____
20. _____ Apúrate _____
21. _____ Qué bonito día _____
22. _____ Buenos días _____
23. _____ Quítate de ahí _____
24. _____ Te dije que te quitaras _____
25. _____ Fíjate _____

Calificación: _____   Revisó: _____

25.2 LA INTERROGACIÓN

R E G L A

Las preguntas directas siempre van entre signos de interrogación. (*¿Quién eres?*)

Como el segundo signo de interrogación ya lleva un punto en su parte inferior, no es necesario repetir el punto cuando sea el final de la oración.

Las preguntas indirectas nunca llevan signos de interrogación. Estas últimas son las que se presentan en forma de afirmación, pero contienen una interrogante. (*No sé quién eres.*)

En ambos casos las siguientes palabras siempre van acentuadas: *cómo, dónde, adónde, cuándo, quién, por qué, cuánto, qué, cuál.* A este acento se le denomina **enfático**.

E J E R C I C I O

A continuación encontrarás una serie de preguntas, algunas directas y otras indirectas. Escribe los signos de interrogación antes y después de las preguntas directas. A las preguntas indirectas no les pongas los signos de interrogación. Además, tienes que poner los acentos que consideres que faltan, así como los puntos finales, cuando sean necesarios.

EJEMPLO 1:   _____ Adonde vas _____

                 __¿_ Adónde vas _?_

EJEMPLO 2:   _____ Dime adonde vas _____

                 _____ Dime adónde vas. _____

Valor: 4 puntos cada una

1.   _____ Como te llamas _____   2.   _____ Te pregunté como te llamas _____

3.   _____ A que horas llegaste _____   4.   _____ Quiero saber a que hora llegaste _____

5.   _____ Ya terminaste tu tarea _____ 6.   _____ Dime si ya terminaste tu tarea _____

7.   _____ Que horas son _____   8.   _____ Quienes fueron a la fiesta _____

9.   _____ No sé quienes fueron a la fiesta _____   10.   _____ Averigua quiénes fueron a la fiesta _____

11. _____ Cuanto sacaste en Química _____   12.   _____ Dime cuanto sacaste en Química _____

13. _____ Es cierto que Luis sigue saliendo con Laura _____

14. _____ Pregúntale si Luis sigue saliendo con Laura _____

15. _____ Cual comida es la que te gusta más _____

16. _____ Me gustaría saber que comida te gusta más _____

17. _____ Cuando regresarán de vacaciones _____

18. _____ Yo no sé cuando regresarán de vacaciones _____

19. _____ Dime cuando regresan de vacaciones _____

20. _____ Donde dejaste las llaves _____

21. _____ No sé donde quedaron las llaves _____

22. _____ Como llego a la Avenida Juárez _____

23. _____ Ya me dijeron como llegar a la Av. Juárez _____

24. _____ Que está pasando aquí _____

25. _____ Cuantos alumnos reprobaron el año _____

Calificación: _____   Revisó: _____

A continuación se podrán practicar estas orientaciones de la RAE.

ORIENTACIONES DE LA R A E PARA EL USO DE LAS COMILLAS

Se utilizan comillas en los casos siguientes:

1. Para reproducir citas textuales de cualquier extensión. *Fue entonces cuando la novia dijo: "Sí".*
   Cuando se ha de intercalar un comentario o intervención del narrador o transcriptor de la cita, no es imprescindible cerrar las comillas para volver a abrirlas después del comentario, pero puede

hacerse. Para intercalar tales intervenciones, es preferible encerrarlas entre rayas. *"Los días soleados como este comentó Silvia me encantan".*

2. En textos narrativos, a veces se utilizan las comillas para reproducir los pensamientos de los personajes, en contraste con el uso de la raya, que transcribe sus intervenciones propiamente dichas.

3. Para indicar que una palabra o expresión es impropia, vulgar o de otra lengua, o que se utiliza irónicamente o con un sentido especial. *Últimamente están muy ocupados con sus "negocios".*

4. En los textos impresos, los títulos de artículos, poemas, cuadros..., suelen escribirse con letra cursiva; en los textos manuscritos o mecanografiados, es frecuente subrayarlos. Sin embargo, se puede utilizar también las comillas para citarlos. *Nos leyó en voz alta el "Romance sonámbulo" del Romancero gitano.*

5. Cuando en un texto se comenta o se trata una palabra en particular, esta se aísla escribiéndola entre comillas. *Como modelo de la primera conjugación, se utiliza usualmente el verbo "amar".*

6. Cuando se aclara el significado de una palabra, este se encierra entre comillas. En tal caso se prefiere utilizar comillas simples. *"Espiar" ('acechar') no significa lo mismo que "expiar" las faltas.*

Los signos de puntuación correspondientes al periodo en el que va inserto el texto entre comillas se colocan siempre después de las comillas de cierre.

El texto recogido dentro de las comillas tiene una puntuación independiente y lleva sus propios signos ortográficos. Por eso, si el enunciado entre comillas es interrogativo o exclamativo, los signos de interrogación y exclamación se colocan dentro de estas. *Se dirigió al dependiente: "Por favor, ¿dónde puedo encontrar cañas de pescar?".* (RAE, 1999: 46-47.)

25.3 LAS COMILLAS

R E G L A

Las comillas (" ") se utilizan para citar las palabras textuales dichas por otra persona (de manera oral o por escrito). También se pueden utilizar para encerrar una palabra o expresión que se usa con un significado que no es el corriente, que es impropia o vulgar, o que se utiliza irónicamente. (*Juan se siente el "rey" de la cumbia.*)

No se deben usar las comillas en nombres de establecimientos. Los títulos de libros, trabajos, películas, obras de teatro, etc., pueden ir subrayados o con letra cursiva o itálica, pero no entre comillas; sin embargo, cuando se habla de ellos, la cita del título puede ir entre comillas, aunque es más correcto citarlos sin comillas, y poniendo con mayúscula la primera letra de la primera palabra del título. (*Compré el libro Psicología infantil.*)

Cuando se utilizan comillas, la puntuación correspondiente (<u>coma</u>, <u>punto y coma</u>, <u>punto</u>) debe ir después de la última comilla.

E J E R C I C I O

En algunas de las siguientes oraciones pusimos comillas, y en otras no. Algunas están bien así, y otras no; es decir, algunas de ellas deben llevar comillas y otras no. Si consideras que están bien, déjalas como están y pon una señal (paloma) en el espacio de la derecha. Si crees que no están bien, ponles las comillas o táchale las que tienen, según consideres correcto, y pon una tacha en el espacio de la derecha.

EJEMPLO 1:   Miscelánea "La Rosita".   ✗

EJEMPLO 2:   Mi papá dijo: "Hay que ser firmes en la vida".   ✔

Valor: 4 puntos cada una

1. Escuela "18 de Marzo". _____
2. El profesor dijo: "Cada pregunta vale 5 puntos". _____
3. Ejido Las Margaritas. _____
4. Mi mamá siempre nos dice: Regresen antes de las 11. _____
5. Como llegué tarde, me "premiaron" con una semana sin usar el carro. _____
6. Hotel "Paraíso". _____
7. El árbitro dijo: "A jugar". _____
8. Banco Mercantil del Centro. _____
9. "Es como todo", dijo mi amigo. _____
10. El comercial dice: Disfruta de la vida. _____
11. Estación "Parque Hundido". _____
12. Vi la película "Lo que el viento se llevó". _____
13. El libro explica: "La realidad es muy diferente a la teoría". _____
14. Le presté el libro "Matemáticas aplicadas". _____
15. No recuerdo quién dijo: El tiempo es oro. _____
16. Tengo la canción "Furia del Rock". _____
17. Yo escuché que Luis dijo: "No me gusta jugar futbol". _____
18. Hay que ser muy "listo" para pegarse con la puerta. _____
19. "Más vale tarde que nunca", dice el refrán. _____
20. Aeropuerto "Benito Juárez". _____
21. Lonchería "Las Glorias de Modesta". _____
22. Mi trabajo se titula: "Los invertebrados en México prehispánico". _____
23. El mío se titula: La pesca de la ballena en el Golfo de Baja California. _____
24. El maestro se enojó y nos gritó: "Quedan todos castigados". _____
25. El maestro se enojó y nos dijo que estábamos castigados. _____

Calificación: _____   Revisó: _____

A continuación se podrán practicar estas orientaciones de la RAE.

25.4 LOS DIÁLOGOS

R E G L A

Para citar una frase corta que haya dicho una persona, se ponen entre comillas sus palabras textuales. (*Entonces, mi mamá gritó: "A comer"*).
Pero si vas a narrar un diálogo entre dos o más personas, se utilizan las rayas (o guiones largos).

Cada vez que habla alguien diferente, se inicia un nuevo párrafo y se empieza la frase con un guion largo (*–¡Hola!, ¿cómo están?*). No debe dejarse espacio de separación entre la raya y el comienzo de cada una de las intervenciones.

Si vas a indicar quién está hablando, o cómo, o por qué, esa explicación va, a su vez, entre guiones largos (como un inciso).

EJEMPLO:

–¡Hola!, ¿cómo están? –saludó alegremente Juan–. ¿Cuándo regresaron de vacaciones?

La puntuación que corresponda (coma, punto y coma, o punto) se debe escribir después del segundo guión.

Pero si después de esta explicación ya no sigue hablando la misma persona, no es necesario poner el segundo guión.

EJEMPLO:

–¡Hola! –saludó alegremente Juan–, ¿cómo están?

–Bien –respondieron Luis y Pedro, como en coro.

Cuando se usan dos rayas (una de apertura y otra de cierre) para introducir un inciso dentro de un período más extenso, estas se escriben pegadas a la primera y a la última palabra del período que enmarcan, y separadas por un espacio de la palabra o signo que las precede o las sigue; pero si lo que sigue a la raya de cierre es otro signo de puntuación, no se deja espacio entre ambos.

E J E R C I C I O

A continuación se presenta un diálogo en el que no hemos puesto ningún guión. Tú tienes que ponerle los guiones que se necesiten, tanto al inicio de las palabras de cada persona, como para encerrar las explicaciones del diálogo. También debes corregir o poner la puntuación en el lugar que le corresponda.

Valor: 10 puntos cada una

¡Hola!, ¿cómo están? saludó alegremente Juan. ¿Cuándo regresaron de vacaciones?

Bien, respondieron Luis y Pedro como en coro. Regresamos apenas ayer.

A ver, platíquenme. ¿Cómo les fue?, ¿adónde fueron? preguntó curioso Juan. ¿Qué tanto hicieron?

Estuvimos en Acapulco, empezó platicando Luis. Hubieras ido con nosotros. Nos la pasamos a todo dar. Todas las noches fuimos a una disco diferente.

Conocimos a dos chavas muy simpáticas, le interrumpió Pedro. Salieron bien buena onda. Nos acompañaron a todos lados.

¡Miren qué tenemos aquí!, dijo Guadalupe mientras entraba al salón donde se encontraban ellos. A los tres mosqueteros en persona. ¿De qué tanto platican?

¡Hola, Lupita!, la saludó Juan. Aquí Luis y Pedro me están platicando de su viaje a Acapulco. Síguele, Pedro ¿Qué me estabas diciendo?

Nada, respondió Pedro. Que nos divertimos mucho y que conocimos muchos lugares bonitos.

¿Es cierto que las playas están muy sucias?, le preguntó Guadalupe, a quien le interesaban mucho las cuestiones ecológicas.

Pues sí, la verdad que sí, le respondió Luis. Lo que es la mera bahía sí está muy sucia. Como son las vacaciones, las playas están llenas de gente, y dejan mucha basura.

En eso, la maestra entró al salón. Guadalupe y "los 3 mosqueteros", como ella les decía, interrumpieron su plática. Se dirigieron a sus asientos, y se dispusieron a empezar la clase.

Calificación: _____   Revisó: _____

A continuación se podrán practicar estas orientaciones de la RAE.

ORIENTACIONES DE LA  PARA EL USO DE LA RAYA O GUIÓN LARGO

La raya o guión largo (–) se puede usar aisladamente, o bien, como en el caso de otros signos de puntuación, para servir de signo de apertura y cierre que aísle un elemento o enunciado. Este signo se utiliza con los fines siguientes:

1. Para encerrar aclaraciones o incisos que interrumpen el discurso. En este caso se coloca siempre una raya de apertura antes de la aclaración y otra de cierre al final. En este uso, las rayas pueden ser sustituidas por los paréntesis e incluso por comas. La diferencia entre una u otra opción depende de cómo perciba quien escribe el grado de conexión que el inciso mantiene con el resto del enunciado. *Esperaba a Emilio –un gran amigo–. Lamentablemente, no vino.*

2. Para señalar cada una de las intervenciones de un diálogo sin mencionar el nombre de la persona o personaje al que corresponde. En este caso se escribe una raya delante de las palabras que constituyen la intervención.

   –¿Qué has hecho esta tarde?

   –Nada en especial.

3. Para introducir o encerrar los comentarios o precisiones del narrador a las intervenciones de los personajes. Se coloca una sola raya delante del comentario del narrador, sin necesidad de cerrarlo con otra, cuando las palabras del personaje no continúan inmediatamente después del comentario.

   –Espero que todo salga bien –dijo Azucena– con gesto ilusionado.

Se escriben dos rayas, una de apertura y otra de cierre, cuando las palabras del narrador interrumpen la intervención del personaje y esta continúa inmediatamente después.

   –Lo principal es sentirse viva –añadió Pilar–. Afortunada o desafortunada, pero viva.

Tanto en un caso como en el otro, si fuese necesario poner detrás de la intervención del narrador un signo de puntuación, una coma o un punto, por ejemplo, se colocará después de sus palabras y tras la raya de cierre (si la hubiese).

4. En algunas listas, como índices alfabéticos de libros o bibliografías, la raya sirve para indicar que en ese renglón se omite una palabra, ya sea un concepto antes citado o el nombre de un autor que se repite. En este caso sí se pone espacio después de la raya, ya que ésta sustituye a otra palabra.

Verbos intransitivos

   –transitivos

   –irregulares

   –regulares (RAE, 1999: 45-46).

25.5 LOS PARÉNTESIS Y LOS GUIONES LARGOS

R E G L A

Se utilizan los paréntesis y los guiones largos (o rayas) para incluir, dentro de una oración, un inciso o explicación que es importante o necesaria, pero que no es parte esencial de la oración.

Si esa explicación fuera parte esencial de la oración, iría entre <u>comas</u>, como cualquier inciso. Si es algo no tan esencial, va entre guiones largos. Si es menos esencial aún, va entre paréntesis. Las siglas institucionales (SEP, UPN, CONACYT...) siempre se ponen entre paréntesis, después de poner el nombre completo de la institución.

Los guiones largos y los paréntesis sustituyen a las <u>comas</u> de los incisos. Cuando se utilizan guiones o paréntesis, la puntuación correspondiente (<u>coma</u>, <u>punto y coma</u>, <u>punto</u>) debe ir después del último guion o del último paréntesis.

E J E R C I C I O

En las oraciones siguientes hemos puesto incisos entre <u>comas</u>. Si consideras que están bien las <u>comas</u>, déjalas así e indícalo poniendo una señal (paloma) en el espacio de la derecha. Si crees que los incisos no son tan esenciales para el sentido de la oración, sustituye las comas por guiones largos o por paréntesis, según consideres necesario.

EJEMPLO: La primavera, con sus flores y pájaros, es la estación más hermosa del año.

La primavera– 21 de marzo a 21 de junio– es la estación más hermosa del año.

La primavera (*spring* en inglés) es la estación más hermosa del año.

Valor: 5 puntos cada una

1. Mi escuela, como es secundaria y preparatoria, tiene 1 000 alumnos. _____

2. Mi escuela, son 30 grupos, tiene 1 000 alumnos. _____

3. Mi escuela, Federal 18 de Marzo, tiene 1 000 alumnos. _____

4. Mi escuela pertenece a la Dirección General de Educación Tecnológica Industrial, DGETI. _____

5. Las matemáticas, a pesar de ser difíciles, son muy formativas. _____

6. Las matemáticas, véase el libro de Rodríguez, son muy formativas. _____

7. Mi computadora, que es de las más modernas, es mi más fiel compañera. _____

8. Mi computadora, una Pentium IV con disco duro de 40 GB, es mi más fiel compañera. _____

9. Mi computadora, me la regalaron de Navidad, es mi más fiel compañera. _____

10. Tiene una beca del Consejo Nacional de Ciencia y Tecnología, CONACYT. _____

11. Este trabajo, no se lo digas a nadie, lo saqué de Internet. _____

12. Mis perros, Bruno y Bruny, son de la raza pastor alemán. _____

13. El día 28, creo que cae en martes, es mi cumpleaños. _____

14. La Secretaría de Educación Pública, SEP, ya dio el permiso. _____

15. Las matemáticas, "mate" les decimos nosotros, son muy formativas. _____

16. La fiesta, fue en el Club Campestre, estuvo a todo lujo. _____

17. La comida, pollo almendrado y pastel flameado, estuvo riquísima. _____

18. Mi padre, ingeniero de profesión, ya está jubilado. _____

19. El carro de Juan, uno viejito pero amplio, es de color rojo. _____

20. El profesor Rodríguez, uno alto y güero, nos da Matemáticas.
     La profesora López, creo que se llama Susana, nos da Biología.
     El profesor Santana, trae un Nisán, nos da Educación Física. _____

Calificación: _____   Revisó: _____

ORIENTACIONES DE LA  PARA EL USO DE LOS PARÉNTESIS

Los paréntesis ( ) son signos que encierran elementos incidentales o aclaratorios intercalados en un enunciado. Los paréntesis se usan en los siguientes casos:

1. Cuando se interrumpe el sentido del discurso con un inciso aclaratorio o incidental, sobre todo si este es largo o de escasa relación con lo anterior o posterior. *El abuelo de Alberto (en su juventud fue un brillante cirujano) parecía una estatua sentada en aquel sillón.*

2. Para intercalar algún dato o precisión: fechas, lugares, significados de siglas, el autor u obra citados... *El año de su nacimiento (1616) es el mismo en que murió Cervantes.*

3. En ocasiones se utilizan los paréntesis para evitar introducir una opción en el texto. En estos casos se puede encerrar dentro del paréntesis una palabra completa o solo uno de sus segmentos. *En el documento se indicarán el (los) día(s) en que haya tenido lugar la baja.*

4. Cuando se reproducen o transcriben textos, códices o inscripciones con abreviaturas, se pueden utilizar los paréntesis para reconstruir las palabras completas o los elementos que faltan en el original y se suplen. *Imp(eratori) Caes(ari).*

5. En la trascripción de textos se utilizan tres puntos entre paréntesis para dejar constancia de que se omite en la cita un fragmento del texto. *Esa obra (...) consta de los capítulos...*

6. Las letras o números que encabezan clasificaciones, enumeraciones, etc. pueden situarse entre paréntesis o seguidas del paréntesis de cierre. (a) *En los estantes...* o bien a) *En los estantes...*

Los signos de puntuación correspondientes al período en el que va inserto el texto entre paréntesis se colocan siempre después del cierre.

El texto recogido dentro de los paréntesis tiene una puntuación independiente. Por eso, si el enunciado entre paréntesis es interrogativo o exclamativo, los signos de interrogación y exclamación se colocan dentro de los paréntesis. (RAE, 1999: 42-44.)

MAPA CONCEPTUAL DE LA UNIDAD 6

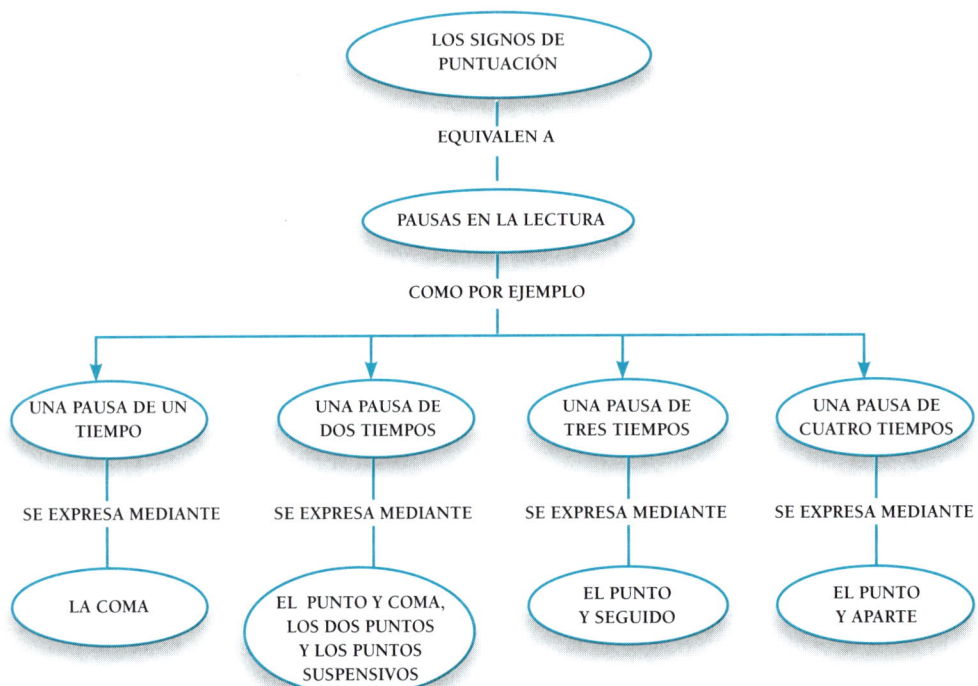

LOS SIGNOS DE PUNTUACIÓN

EQUIVALEN A

PAUSAS EN LA LECTURA

COMO POR EJEMPLO

UNA PAUSA DE UN TIEMPO

UNA PAUSA DE DOS TIEMPOS

UNA PAUSA DE TRES TIEMPOS

UNA PAUSA DE CUATRO TIEMPOS

SE EXPRESA MEDIANTE

SE EXPRESA MEDIANTE

SE EXPRESA MEDIANTE

SE EXPRESA MEDIANTE

LA COMA

EL PUNTO Y COMA, LOS DOS PUNTOS Y LOS PUNTOS SUSPENSIVOS

EL PUNTO Y SEGUIDO

EL PUNTO Y APARTE

¿Tienes problemas con la redacción?

En esta unidad estudiaremos algunos aspectos relacionados con la redacción y con la sintaxis. Para entender mejor lo que esto significa, ayudará la siguiente alegoría.

Una alegoría

La redacción de un escrito se asemeja a la construcción de una casa.

Cada palabra es como el ladrillo o bloque que sirve para ir levantando los muros de la casa. Si el ladrillo está defectuoso, el muro (y luego la casa) se puede venir abajo. Escribir cada palabra con buena ortografía y con la correcta acentuación equivale a entregar a los albañiles ladrillos de buena calidad.

La puntuación de cada frase, oración y párrafo equivale a los elementos que, en la construcción de una casa, sirven para unir y separar los bloques o ladrillos: el cemento, el mortero, la argamasa, los castillos, etc. Los ladrillos no van simplemente uno sobre otro, sino que van unidos por el cemento y por los castillos de varillas y concreto, lo cual les da fuerza y resistencia. De la misma forma, la correcta puntuación sirve para separar y unir las diferentes frases de una oración y las diferentes oraciones de un párrafo.

No todos los bloques o ladrillos son iguales, del mismo tamaño y con la misma resistencia. Los albañiles saben qué ladrillos deben poner junto a cuáles otros, para ir construyendo los muros de la casa. A veces, tienen que recortar un ladrillo o darle una forma específica, para que encaje exactamente en el hueco que ha quedado. Esto equivale, en la redacción de un escrito, al correcto uso de la sintaxis, la cual es la parte de la gramática que enseña a coordinar y unir las palabras para formar las oraciones y expresar conceptos. No cualquier palabra puede ir junto a cualquier otra; por ejemplo, los adjetivos deben ir junto a un sustantivo, y los adverbios, junto a un verbo. Además, como los ladrillos que se cortan para adaptarlos, también los verbos y los adjetivos hay que adecuarlos al género y al número de los sustantivos que se están utilizando.

Por último, el estilo, que consiste en la manera de escribir o de hablar peculiar de un escritor o de un orador, equivale al estilo que el arquitecto le quiere dar a la casa: barroco, colonial, clásico, moderno, etc. Aun respetando totalmente las reglas de la acentuación, de la ortografía, de la puntuación y de la sintaxis, las obras de dos escritores serán muy diferentes en cuanto a su estilo, ya que éste reflejará la personalidad de cada uno.

Así pues, en esta última unidad analizaremos la manera de unir y coordinar las palabras, con el fin de que las oraciones que redactemos sean lo más claras posible y comuniquen realmente el mensaje que queremos.

Pero antes, proporcionaremos algunas reglas básicas que debes tener en cuenta al momento de redactar tus escritos. Trata de seguir estas orientaciones, y verás que tus escritos tendrán una buena calidad.

REGLA 1

Antes de escribir algo, piensa qué es lo que quieres decir y cómo lo vas a decir. En otras palabras: escríbelo primero en tu mente y, cuando ya tengas claro lo que vas a decir, escríbelo en el papel.

REGLA 2

Lo más importante al escribir es que tus palabras digan exactamente lo que tú quieres decir, con la mayor claridad posible.

Al escribir, uno intenta trasmitir un mensaje a otras personas. Por eso, al escribir debes pensar en las personas que van a leer lo que escribas. ¿Van a recibir tu mensaje? ¿Lo van a entender? Si crees que no has sido claro, o que lo que escribiste está un poco confuso, trata de decir lo mismo de una manera más sencilla.

R E G L A   3

Utiliza más bien frases cortas y sencillas, en vez de frases largas y complicadas. A través de frases cortas es más fácil darse a entender con claridad. Las frases largas y complicadas pueden llegar a confundir a los lectores.

Si al escribir te resultó una oración demasiado larga, trata de convertirla en dos o tres oraciones más cortas, utilizando debidamente la puntuación.

R E G L A   4

Utiliza más bien párrafos cortos, de cuatro o cinco oraciones cuando mucho, en vez de párrafos largos, que ocupen toda la página. Un párrafo se separa del siguiente mediante el punto y aparte. Acostúmbrate a usar el punto y aparte.

Los párrafos demasiado largos pueden confundir a los lectores, porque en ellos se dicen muchas cosas sobre muchos sujetos. Es fácil que el lector se pierda entre tantas ideas. En cambio, al encontrar un punto y aparte, el lector hace una pausa, descansa la vista y sabe que se va a hablar de otro tema o asunto. Esto facilita la comprensión del escrito.

R E G L A   5

Trata de ser original en lo que escribas. Puedes ser original por las cosas que describes en tu escrito, o por la manera como las describes.

No platiques sobre cosas evidentes, sin chiste, comunes y corrientes. Por ejemplo, no es raro leer que un perro mordió a un niño, pero resulta interesante saber que un niño mordió a un perro. Pero si se te ocurre una manera ingeniosa de describir algo ordinario, no dudes en hacerlo. La originalidad estará en la manera de describirlo.

R E G L A   6

Trata de que en tus escritos se refleje tu personalidad, tus gustos, tus intereses, tus ideales, tus motivaciones. De esta manera, irás encontrando tu propio estilo para escribir.

Hay muchas maneras de decir las cosas, siempre respetando las reglas tanto de ortografía como de redacción. Es importante no tratar de copiar el estilo de otros, sino de adquirir y desarrollar uno su propio estilo de escribir.

R E G L A   7

Cuando escribas, trata de describir no sólo aquello que cualquiera puede ver con el sentido de la vista. Trata de describir lo que no se puede ver con los ojos externos, pero que tú alcanzas a percibir con tu sensibilidad.

Los sentimientos y las emociones, no sólo las tuyas sino también las de los demás, son algunos de estos aspectos. Aunque a veces son difíciles de describir, le ponen un tinte especial a los escritos. Trata de incluir la descripción de estos aspectos en tus composiciones.

R E G L A   8

Nunca escribas las muletillas que muchas personas utilizan al hablar. Ejemplo de estas muletillas son los siguientes: *bueno...*, *en fin...*, *este...*, *fíjate que...*, *ya sabes*, *¿no?*, *digo...*, etc. Se llaman muletillas en referencia a las muletas que le ayudan a una persona a caminar. Estas muletillas les ayudan a las personas a hablar, cuando tienen inseguridad. Si tú las utilizas en tus escritos, estás manifestando que tienes inseguridad al escribir.

Únicamente puedes utilizar estas muletillas cuando estás describiendo lo que dijo otra persona. Ejemplo: *Entonces, Sergio dijo: "Bueno..., yo no quise decir eso"*. Así es como habla Sergio, y por eso está bien escribirlo de esa manera. Pero no las utilices cuando estés hablando tú a través de tus escritos.

REGLA 9

Procura no utilizar frases ya hechas, estereotipadas, de uso común en otros escritos. A estas frases se les llama frases sellos, porque, como un sello, se pueden estampar en cualquier papel. Ejemplo: *Entró la maestra, y se hizo un silencio sepulcral.* Otro ejemplo: *Entró al salón a pasos agigantados.* Otro ejemplo: *Lo que nos dijo la maestra nos entró por un oído y nos salió por el otro.* Otro ejemplo: *Pero nos callamos y no se oía ni el vuelo de una mosca.*

Si quieres usar una de estas frases, pero sin caer en lo ordinario, hazle alguna modificación. Esto demostrará tu originalidad, y puede hasta ser divertido. Ejemplo: *Lo que nos dijo la maestra nos entró por un oído, y ni cuenta nos dimos cuando nos salió por el otro.*

REGLA 10

No utilices frases o palabras vagas o ambiguas, que no digan nada concreto. Evita frases como las siguientes: La *fiesta estuvo a todo dar, el día está muy bonito, mi amigo es muy buena onda.*

En vez de decir que la fiesta estuvo *a todo dar*, trata de ser más específico y concreto; mejor describe aquello por lo que te pareció que la fiesta estuvo *a todo dar*. En vez de decir que el día estuvo *muy bonito*, describe por qué te pareció bonito. En vez de decir que tu amigo es *muy buena onda*, describe algunas de sus características, o alguna situación en la que los lectores capten cómo es tu amigo.

REGLA 11

En síntesis, el arte del bien escribir consiste en lo siguiente: en decir lo que quieres, con las menos palabras que puedas, pero sin afectar el sentido, la claridad o la elegancia.

No escribas de más, únicamente para llenar la página o cumplir una tarea. Di únicamente lo que quieres o necesitas decir, con las menos palabras que puedas, sin usar frases de relleno.

Pero tampoco exageres por el otro lado: que por tratar de ser conciso no digas exactamente lo que quieres decir, o no lo digas claramente, o no digas todo lo que querías decir.

CAPÍTULO 26

LA SINTAXIS

La sintaxis es la parte de la gramática que enseña a coordinar y unir las palabras para formar las oraciones y expresar conceptos.

En español, existen nueve clases de palabras, que son las siguientes:

tipos de palabras	ejemplos
Sustantivos. Su principal función consiste en ser sujetos de la oración.	*Casa. Perro. Edificio. Computadora.*
Verbos. Su principal función es ser la parte esencial del predicado en las oraciones.	*La casa está bonita. El perro ladra mucho. El edificio se está cayendo. La computadora se descompuso.*
Adjetivos. Expresan alguna cualidad del sustantivo. Su función principal es modificar al sustantivo.	*La casa azul está bonita. El perro grande ladra mucho. El segundo edificio se está cayendo. La computadora nueva se descompuso.*
Adverbios. Señalan la circunstancia de lo que expresa el verbo.	*Dijo que sí vendrá. No quiere ir al cine. Tal vez venga, pero llegará tarde. Aquí está el libro.*

Preposiciones. Ponen en relación dos elementos e introducen complementos en la oración.	*Está* <u>*en*</u> *la mesa. Lo puse* <u>*sobre*</u> *el libro. Viene* <u>*desde*</u> *México. Llegará* <u>*hasta*</u> *Mérida.*
Conjunciones. Unen elementos que son equivalentes en la forma y función.	*Luis* <u>*y*</u> *Pedro ya llegaron. Trabaja rápido* <u>*pero*</u> *mal. Reprobé* <u>*porque*</u> *no estudié. Oye música* <u>*mientras*</u> *estudia.*
Interjecciones. Palabras exclamativas o admirativas mediante las cuales se expresan sensaciones o sentimientos.	*¡Eureka! ¡Caramba! ¡Cuidado! ¡Ah! ¡Ay! ¡Oh!*
Pronombres. Realizan funciones del sustantivo, del adjetivo o del adverbio.	<u>*Yo*</u> *canto.* <u>*Tú*</u> *tocas la guitarra.* <u>*Él*</u> *no hace nada. Este perro es* <u>*mío*</u>*.* <u>*Aquél*</u> *es el* <u>*tuyo*</u>*.*
Artículos. Modifican al sustantivo.	<u>*El*</u> *perro.* <u>*La*</u> *casa.* <u>*Los*</u> *carros.* <u>*Un*</u> *pato.* <u>*Unos*</u> *gansos.*

¿Cómo se deben unir estos elementos para formar frases, oraciones y párrafos? Una oración consta de **dos partes sustanciales: el sujeto y el predicado**.

SUJETO	PREDICADO

El sujeto de la oración es expresado por el **sustantivo**. A su vez, el predicado consta de dos partes principales: el **verbo** y el **complemento**.

SUJETO = SUSTANTIVO	PREDICADO = VERBO + COMPLEMENTO

El **adjetivo** modifica al sustantivo, mientras que el **adverbio** modifica al verbo.

SUJETO = SUSTANTIVO + ADJETIVO	PREDICADO = VERBO + ADVERBIO + COMPLEMENTO

El **complemento** del verbo puede ser (sobre todo) **directo**, **indirecto** o **circunstancial**; las circunstancias pueden ser de tiempo, de modo o de lugar.

Estas partes de la oración se ven más claramente en el siguiente **esquema**, en el que ejemplificamos cada elemento con una oración que vamos construyendo.

Las partes de la oración			
SUJETO	**SUSTANTIVO** (*El perro*)	**ADJETIVO** (modifica al sustantivo) (*negro*)	
PREDICADO	**VERBO** (*atacó*)	**ADVERBIO** (modifica al verbo) (*salvajemente*)	
	COMPLEMENTO	**DIRECTO** (*al cartero*)	
		INDIRECTO	
		CIRCUNSTANCIAL	**DE TIEMPO** (*el día de ayer*)
			DE MODO
			DE LUGAR (*afuera de la oficina*)

En el ejemplo **tenemos la siguiente oración**: *el perro negro atacó salvajemente al cartero, el día de ayer, afuera de la oficina.*

En los ejercicios incluidos en este capítulo, estudiaremos y practicaremos algunas de las reglas que hay que seguir al momento de construir frases, oraciones y párrafos.

26.1 CONCORDANCIA DE LOS VERBOS

R E G L A

El español es un idioma rico en tiempos de los verbos: presente, pretérito, futuro, copretérito, pospretérito, etc. Así como en los modos de los tiempos: indicativo, subjuntivo, imperativo.

Al hablar y al escribir, los tiempos de los verbos secundarios deben concordar con el tiempo del verbo principal.

EJEMPLOS: *Quiero que vayas* - es correcto

Quiero que fueras- es incorrecto

Quise que fueras - es correcto

Quise que vayas - es incorrecto

Además, en una narración larga, debes tener cuidado de que todas las oraciones tengan el verbo principal en el mismo tiempo verbal. Si estás escribiendo en presente, todos los verbos principales deben ir en presente (*Se concluye..., es importante..., quiero añadir...*). Si estás escribiendo en pasado, todos los verbos principales deben ir en pasado (*Fui a..., me encontré a..., me dijo que..., regresé a...*).

E J E R C I C I O

En todas las siguientes oraciones hay uno o varios errores de concordancia de los verbos. Corrígelas ahí mismo.

Valor: 20 puntos cada una

1. Ese día llegué tarde al salón. Cuando entro, la maestra me regañará y me dice que me sentara. Algunos de mis compañeros se ríen, pero yo no les hago caso. Les digo que me dejen en paz, y me pondré a atender la clase.

2. La fiesta resultó estupenda. El Director nos felicita porque nos habíamos organizado muy bien. Lo único que no resulta bien es que la orquesta llegará un poco tarde. Pero eso no importa, porque cuando llegue y empezó a tocar, todos nos pusimos a bailar.

3. El próximo semestre me va a ir muy bien. Le prometo a mi papá que estudiaré mucho. Le diré que pongo más empeño en Matemáticas, y que no me distraeré tanto en clase. Voy a hacer un grupo de estudio y me apoyo más en ellos.

4. La clase de redacción es muy divertida. El libro de texto tuvo muchos ejercicios interesantes. Haremos muchas composiciones. Estoy aprendiendo a expresar por escrito lo que quise. El concurso de ortografía que estamos haciendo será muy emocionante.

5. Cuando Laura regresó de vacaciones, nos platicó lo que ella y su familia habían hecho. Nos cuenta que van a Michoacán y que visitaron el Paricutín. También nos dice que fueron a Pátzcuaro y que irán en lancha a la isla de Janitzio. Dijo que lo que le parece más bonito es Paracho.

Calificación: _____   Revisó: _____

26.2 CAMBIO DE SUJETO

R E G L A

En una narración larga, vas a hablar de muchas cosas y de muchas personas. Recuerda que cada vez que hables de un nuevo sujeto, debes poner <u>punto</u> para terminar una oración y empezar otra diferente. Será <u>punto y seguido</u> si continúas hablando del mismo tema o asunto; y será <u>punto y aparte</u> si vas a hablar de otro tema o asunto.

Pero si dentro de la misma oración vas a cambiar de sujeto, debes indicar cuál es el nuevo sujeto. Si estás escribiendo algo de una cosa o persona, y vas a decir algo de otra cosa o persona, debes indicar qué o quién es esa otra cosa o persona.

EJEMPLOS: *Entré a la clase, y la maestra me dijo que me sentara* - es correcto

Entré a la clase, y me dijo que me sentara - es incorrecto. (¿Quién te dijo que te sentaras? No queda claro.)

E J E R C I C I O

En todas las oraciones siguientes hay uno o varios errores en cuanto a la definición de los sujetos de los que se está hablando. Corrígelas ahí mismo. Cuando sea necesario, invento el sujeto que haga falta, con el fin de darle un sentido coherente a las oraciones.

Valor: 20 puntos cada una

1. Juan y Pedro pasaron tarde por mí. Me dijo que me apurara, y yo me subí al carro. Cuando entramos al salón, estaba dando la clase. La maestra hizo una pregunta, y se paró a responderla. Dijo que estaba mal, y entonces yo levanté la mano y se la respondí correctamente. A la salida, me felicitaron.

2. El juego del Santos contra las Chivas estuvo muy emocionante. Yo fui a verlo con Ricardo y Arturo. Cuando metieron un gol, se puso a gritar como frenético. En el medio tiempo, compró unas papitas y un refresco. Al final, yo gané la apuesta, y me pagó los 100 pesos.

3. Nos la pasamos muy bien en el día de campo. Yo llevé los refrescos, y ella, los lonches. Entre ellos llevaron lo que faltaba. Nos pusimos a jugar béisbol, y se cayó y se cortó en la rodilla. Ella lo curó y luego nos pusimos a comer. Lupe cortó el pastel y él nos lo repartió a todos.

4. En la casa me llevo muy bien con mis papás y mis hermanos. Cuando sirve la comida, bendice la mesa. A mí no me gustan mucho las verduras y a ella no le gustan los frijoles. Cuando vemos la tele, siempre se pelean, porque quiere ver puras novelas, y a él le gustan más las películas de acción.

5. En la clase de ayer hicimos mucho desorden. Le aventó un gis a Pedro, y se enojó. La maestra lo regañó y nos castigó a todos. Entonces le preguntó por qué y ella respondió que porque se había portado mal. Todos nos quedamos una hora después de clase, y a él lo reportaron a la Dirección.

Calificación: _____   Revisó: _____

26.3 CONCORDANCIA DEL GÉNERO Y DEL NÚMERO

R E G L A

El **género** (masculino, femenino o neutro) sirve para indicarnos el sexo al que pertenecen las personas, los animales o las cosas. Por lo general, está señalado por la terminación del sustantivo. La terminación de los adjetivos que se utilicen debe concordar con el género del sustantivo.

EJEMPLOS: *Esta camisa está muy bonita* – es correcto.

Esta camisa está muy bonito – es incorrecto, no concuerda el género del adjetivo con el del sustantivo.

El **número** (singular o plural) sirve para indicarnos si se está hablando de una sola idea, persona o cosa, o de varias. La terminación de los verbos y de los adjetivos que se utilicen debe concordar con el número de la(s) idea(s), persona(s) o cosa(s) de la(s) que se está hablando.

EJEMPLOS: *Esta camisa está muy bonita* - es correcto.

Esta camisa están muy bonitas - es incorrecto, no concuerda el número del verbo y del adjetivo, con el del sustantivo.

Si se está hablando de dos o más cosas, todas ellas en singular y masculino, el verbo debe ir en plural, y el adjetivo en plural y masculino (*El pantalón y el sombrero están muy bonitos*). Si se habla de dos o más cosas, todas ellas en singular y femenino, el verbo deber ir en plural, y el adjetivo en plural y femenino (*La camisa y la chamarra están muy bonitas*). Pero si se habla de dos o más cosas de género diferente (unas en femenino y otras en masculino), el verbo debe ir en plural, y el adjetivo en plural y masculino (*El pantalón y la camisa están muy bonitos*).

Cuando se utiliza un sustantivo colectivo, el verbo debe ir en singular (*La gente se alegró* – es correcto. *La gente se alegraron* – es incorrecto). Pero si se especifica el sustantivo colectivo, es preferible la concordancia en plural así como la concordancia en género (*La mayoría votó por la planilla roja* – es correcto. *La mayoría de los alumnos votaron por la planilla roja* – también es correcto).

E J E R C I C I O

En todas las oraciones siguientes hay uno o varios errores en cuanto a la concordancia del género y/o del número. Corrígelas ahí mismo.

Valor: 10 puntos cada una

1. Tanto el carro como la camioneta son amarillas, pero aquellas dos motocicletas son negras.

2. El arroz y la carne estaban deliciosas, pero los postres tenía un sabor desabridos.

3. Pedro y Lupe estaban muy atentos en la clase, pero Juan y Berta estaba distraída.

4. El amor y la amistad son dos sentimientos muy parecidas. El amor y el odio son dos sentimientos opuestos, aunque algunas personas dicen que también son muy parecidas.

5. Gerardo y Lupita siempre es la primera en llegar. En cambio, Ricardo y Juanita siempre llegan retrasadas.

6. La mayoría de los alumnos es muy respetuosa.

7. Las hojas de este libro está muy gastado. En cambio, las de este otro están muy nuevos.

8. Esa multitud están muy enardecidos. En cambio, este otro grupo de personas está muy calmado.

9. Mi hermano y mi hermana es muy enojona. En cambio, mis amigas Lupe y Berta son buenos compañeros.

10. Mi colegio y tu escuela son muy modernas. Pero el edificio de la escuela de Ricardo es muy antigua.

Calificación: _____   Revisó: _____

26.4 ¿MASCULINO O FEMENINO?

REGLA

Los sustantivos pueden ser masculinos (*el carro*), femeninos (*la nevera*) o neutros (*lo bueno*). El artículo debe coincidir en género con el sustantivo: para los sustantivos masculinos se utiliza *el* y *un*; para los femeninos, *la* y *una*; para los neutros, *lo* y *un*.

Sin embargo, existen algunos sustantivos que, a pesar de ser femeninos, utilizan los artículos *el* y *un*, con el fin de evitar una cacofonía o disonancia. Algunos ejemplos son los siguientes: *el agua, un hacha, el arca, un aula, el águila, un alma, el arma, el hambre, el área*.

Algunas aclaraciones con relación a esta regla son las siguientes:

- Esta regla se aplica únicamente en el singular de estos sustantivos, ya que en plural no se da la cacofonía: *las aguas, unas arcas, las águilas...*

- Se sigue esta regla con los sustantivos femeninos que empiezan con la letra a̱ acentuada o tónica. No se sigue esta regla con los sustantivos femeninos que empiezan con la letra a̱ pero no acentuada o tónica, como los siguientes: *la abeja, una amiga, la alcantarilla, una araña, la habitación, la audacia, la autoestima.*

- Tampoco se aplica la regla cuando se interpone un adjetivo entre el artículo y el sustantivo: *la afilada hacha, la veloz águila.*

- Tampoco se aplica la regla cuando se antepone uno de los adjetivos demostrativos *este, ese* y *aquel*. **Ejemplos**: *esta aula, esa hacha, aquella arma.*

- Esta regla se aplica únicamente a los sustantivos, no a los adjetivos (aunque empiecen con la letra a̱ tónica). **Ejemplo**: *la alta cumbre.*

Existen otros sustantivos que se denominan ambiguos porque pueden utilizarse tanto en masculino como en femenino, como por **ejemplo**: *el azúcar – la azúcar; el radio – la radio, el mar – la mar, el vodka – la vodka.*

EJERCICIO

En todas las oraciones siguientes hay uno o varios errores en cuanto a la concordancia del género entre el artículo y el sustantivo o el adjetivo. Corrígelas ahí mismo.

Valor: 5 puntos cada una

1. Vi una águila volando sobre la agua. Es una veloz águila.
2. El hacha no está muy afilada. Voy a afilar este hacha.
3. La autobiografía de este personaje demuestra que tiene el autoestima muy elevada. La elevada autoestima.
4. Esa película trata sobre la arca de Noé. Es un arca muy grande.
5. Usa la azúcar. El azúcar está en la despensa.
6. A nosotros nos asignaron el aula 5; este aula es para los de tercer año.
7. Vio un pato pero el arma no se disparó. Es un mala arma.
8. El hambre es insoportable, debo comer algo. No aguanto este hambre.
9. La avispa no es amiga de la abeja.
10. La área de este círculo es pequeña; en cambio, esta área es mayor.
11. El azúcar se derramó en el alcantarilla. Ahí vi un araña muy grande.
12. El mar está muy tranquilo. Voy a navegar por la mar, por el alta mar.

13. Traigo mucha hambre. La hambre es mucha.

14. No cree en la alma, en la invisible alma.

15. Oí la noticia en la radio y en la televisión.

16. La arma está oxidada; prefiero aquella otra arma.

17. Los buques navegan por el mar, las gaviotas sobrevuelan la mar.

18. Este aula está chica; vámonos a otra aula.

19. La agua pura y las aguas de sabores.

20. La alta aula y la aula chica.

Calificación: _____   Revisó: _____

26.5 FRASES COMPLEMENTARIAS

R E G L A

Algunas frases vienen siempre por parejas. Cuando escuchas o lees la primera parte, ya estás esperando su complemento. Por eso se llaman frases complementarias.

Las principales son:

• *tanto... como...,*

• *no sólo... sino...,*

• *así como..., de la misma manera...,*

• *así como..., también...*

• *por un lado..., por otro...*

• *por una parte..., por otra ...*

• *tan ..., que ...*

Si las frases complementarias son cortas, van separadas entre sí por una coma. Pero si son largas y tienen otras comas en su interior, las frases complementarias van separadas entre sí por un punto y coma.

E J E R C I C I O

Termina las oraciones siguientes inventando su respectiva frase complementaria. No olvides poner la puntuación adecuada.

EJEMPLO: Las matemáticas, por una parte, son difíciles _____

        Las matemáticas, por una parte, son difíciles; pero por otra, son muy importantes.

Valor: 10 puntos cada una

1. Durante el viaje, visitamos tanto los lugares que yo tenía ganas de visitar

_____

2. En la reunión del grupo de estudio, no sólo preparamos el examen de Física

_____

3. Así como nos gusta que nos pongan atención cuando hablamos

_____

4. Por un lado, no tenía ganas de ir al viaje, porque no conocía a los demás que iban

_____

5. Para sacar buenas notas, es necesario, por una parte, tomar apuntes en clase

_____

6. Uno aprende tanto de los profesores, en la escuela,

_____

7. No sólo se aprende de los libros

_____

8. Así como las buenas relaciones son importantes para triunfar en la vida

_____

9. Para tener buena salud, es necesario, por un lado, alimentarse bien

_____

10. Para la obra de teatro, por una parte, tenemos que montar la escenografía

_____

Calificación: _____   Revisó: _____

26.6 USO DEL GERUNDIO

R E G L A

Los gerundios (terminaciones en <u>ando</u> y <u>endo</u>) se utilizan para indicar acciones que sucedieron antes que la acción principal de la oración, o que sucedieron al mismo tiempo que ésta; pero nunca se deben utilizar para acciones que sucedieron después de la acción principal.

Además, la frase que va en gerundio debe ser subordinada a la frase principal, es decir, no debe tener la misma importancia que aquélla.

Es correcto decir: *Andando por la calle, me encontré a Luis.* Primero andaba por la calle, y luego me encontré a Luis; además, lo importante es que me encontré a Luis. Es incorrecto decir: *Andaba por la calle, encontrándome a Luis.* Porque a Luis lo encontré después de que andaba por la calle.

E J E R C I C I O

En algunas de las oraciones siguientes, el gerundio está bien empleado, y en otras no. Si consideras que están bien, déjalas como están e indícalo poniendo una señal de correcto (paloma) en el espacio de la derecha. Si crees que están mal, indica otra forma de redactar la oración sin utilizar el gerundio, y pon una tacha en el espacio de la derecha.

Valor: 4 puntos cada una

1. Se estrelló el carro, muriendo ahí mismo el conductor.   _____
2. Entraron todos al salón, sentándose cada uno en su lugar.   _____
3. Estando ya todos en el salón, empezó la clase.   _____
4. Terminó de cenar, saliéndose del comedor.   _____
5. Habiendo terminado de cenar, se puso a hacer su tarea.   _____
6. Entró a la casa saltando en un pie.   _____
7. Entró a la casa, cambiándose rápidamente de ropa y saliendo de nuevo a la calle.   _____
8. La maestra recogió las tareas, poniéndose inmediatamente a revisarlas.   _____

9. Habiendo recogido las tareas, la maestra se puso a dar la clase. _____

10. Después del accidente, lo recogió una ambulancia, llevándolo al hospital y siendo atendido rápidamente. _____

11. Siendo las 11:15 horas, damos por terminada la sesión. _____

12. Terminé de contestar el examen, entregándolo a la maestra, saliendo al patio y encontrando a mis amigos. _____

13. Habiendo salido al recreo, me encontré a mis amigos en el patio. _____

14. Terminé mis estudios, entrando a trabajar en esa empresa, durando ahí dos años y luego cambiándome a otra. _____

15. Terminé mi carrera estudiando en las noches y mientras trabajaba en esa empresa. _____

16. El día de la tormenta, Luis se mojó mucho, enfermándose al día siguiente, y faltando toda la semana a clases. _____

17. Estando enfermo, Luis faltó a clases toda la semana. _____

18. Comiendo bien y haciendo deporte, es como podremos crecer sanos y fuertes. _____

19. Llegó a la casa, comiendo con su familia y saliendo a jugar con sus amigos. _____

20. Terminó la tarea, saliendo inmediatamente a jugar con los amigos, encontrándose con ellos en el parque. _____

21. Llegó a la casa manejando su propio carro. _____

22. Maneja platicando y se distrae mucho, puede chocar. _____

23. Se distrajo platicando, chocando con otro vehículo, quedando todo ensangrentado. _____

24. Lupe y Juan llegaron platicando al salón. _____

25. Nos reunimos a las 8 de la mañana en la plaza, saliendo inmediatamente rumbo a Puebla, llegando allá a las 10 de la mañana y desayunando en el primer restaurante que nos encontramos. _____

Calificación: _____ Revisó: _____

26.7 USO DE LAS PREPOSICIONES

REGLA

En español, existen muchas preposiciones, cada una de las cuales indica un significado diferente.

EJEMPLO 1:
el cenicero está **en** la mesa
el cenicero está **para** que lo usen
el cenicero está **bajo** el periódico
el cenicero está **entre** los libros.

EJEMPLO 2:
va a pelear **en** México
va a pelear **contra** un cubano
va a pelear **hasta** mañana
va a pelear **por** dinero
va a pelear **sin** saber hacerlo.

Las preposiciones que más se utilizan en el español actual son las siguientes: *a, ante, bajo, con, contra, de, desde, durante, en, entre, hacia, hasta, mediante, para, por, según, sin, sobre, tras.* También son preposiciones, de uso más restringido, *pro* (asociación PRO derechos humanos) y *vía* (*Voló a Miami VÍA Londres*). (RAE, Diccionario Panhispánico de Dudas, 2005.)

Al y del son contracciones de a el y de el, respectivamente.

No existen reglas específicas para saber el uso correcto de las preposiciones. Hay que conocer cada expresión, y aprenderse de memoria con qué preposición se debe utilizar.

E J E R C I C I O

A continuación encontrarás una lista de expresiones a las que les falta la preposición correspondiente. Tienes que escribir en el espacio destinado para eso la preposición que creas que debe llevar.

EJEMPLO: Protestan _____ todo.

Protestan <u>contra</u> todo.

Valor: 2 puntos cada una

1. Ama _____ tus padres.
2. Instrumento _____ viento.
3. Frijoles _____ queso.
4. Corrió _____ su cuenta.
5. De acuerdo _____ eso.
6. Se quedó _____ el cambio.
7. Tocó _____ el piano.
8. Es diferente _____ esto.
9. En relación _____ eso.
10. Vino _____ caballo.
11. Protestan _____ todo.
12. Se miró _____ el espejo.
13. Escapó _____ peligro.
14. Anda _____ pie.
15. Estatua _____ bronce.
16. Sentarse _____ la mesa.
17. Con base _____ eso.
18. Recuerdo _____ mi maestro.
19. Está conforme _____ eso.
20. Pastillas _____ el mareo
21. Está involucrado _____ ella.
22. En concordancia _____ eso.
23. Proviene _____ allá.
24. Un bote _____ remos.
25. Cuentas _____ pagar.
26. Afición _____ deporte.
27. Coche _____ caballos.
28. Heredó _____ su padre.
29. Estufa _____ gas.
30. Veneno _____ las ratas.
31. Vino _____ el avión.
32. Aplauden _____ vencedor.
33. Está _____ venta.
34. _____ este aspecto.
35. Me acuerdo _____ eso.
36. Antes _____ que lleguen.
37. Respecto _____ eso.
38. Gusto _____ conocerlo.
39. En respuesta _____ eso.
40. Debajo _____ la puerta.
41. Vamos _____ platicar
42. Debe _____ estar listo.
43. La puso _____ venta.
44. Va junto _____ eso.
45. Quedó _____ venir.
46. Escribe _____ las rodillas.
47. Lo odia _____ muerte.
48. Voy _____ venir.
49. Lo dice _____ verdad.
50. Papel _____ escribir.

Calificación: _____   Revisó: _____

26.8 EL QUEÍSMO Y EL DEQUEÍSMO

REGLA

En español, hay muchos verbos que exigen la preposición *de*: *acordarse de, olvidarse de, convencer de, tratar de, tener ganas de, estar seguro de*. Asimismo, existen otras locuciones que también exigen la preposición *de*: *con la condición de, el hecho de, no cabe duda de, caer en la cuenta de, darse cuenta de*, etc. Muchas veces, después de la preposición *de* viene la conjunción *que*, para formar la expresión *de que*: *estoy seguro de que, me doy cuenta de que, con la condición de que*, etc.

El **queísmo** consiste en el empleo inadecuado de la conjunción *que*, en lugar de la secuencia *de que*. **Ejemplo**: Es incorrecto decir *Me alegro que hayas venido*; es correcto decir *Me alegro de que hayas venido*.

Por otro lado, hay muchos verbos o expresiones que exigen la conjunción *que* (sin la preposición *de*) para indicar un complemento directo o una oración subordinada: *quiero que, recuerdo que, te pido que, es seguro que, me preocupa que, es posible que, pienso que, te digo que*, etc. Asimismo, existen otras locuciones que exigen la conjunción *que* (sin la preposición *de*): *a no ser que, a medida que, una vez que*, etc.

El **dequeísmo** consiste en el uso indebido de la preposición *de* delante de la conjunción *que* cuando la preposición no viene exigida por ninguna palabra del enunciado. En este sentido, el dequeísmo consiste en lo contrario del queísmo, es decir, en el empleo inadecuado de la secuencia *de que*, cuando se debe utilizar únicamente la conjunción *que*. **Ejemplo**: es incorrecto decir *Quiero de que vengas*; es correcto decir *Quiero que vengas*.

EJERCICIO

Algunas de las expresiones siguientes están bien redactadas, pero otras no. Si consideras que están bien, déjalas como están y pon una señal de correcto (paloma) en el espacio de la derecha. Las que consideres que están mal, escríbelas correctamente en el espacio destinado para eso.

EJEMPLO 1:   Recuerdo que lo dijiste   ✔

EJEMPLO 2:   Me alegro que llegaste   me alegro de que llegaste

Valor: 5 puntos cada una

1. Me doy cuenta que lo hiciste bien. _____
2. Me dijo de que llegaría tarde. _____
3. Pienso de que tienes razón. _____
4. Estoy seguro que vendrán. _____
5. Me alegro de que te guste. _____
6. Trato de que estén a gusto. _____
7. Temo que no lleguen a tiempo. _____
8. Me convenció que estaba correcto. _____
9. Mi intención es que participemos todos. _____
10. Con la condición que también vayas tú. _____
11. A no ser que no quieras ir. _____
12. Creyó de que ya lo había terminado. _____
13. Es difícil que vengan todos. _____
14. A pesar que no querían. _____

15. Comprobé que sí funciona. _____

16. Por supuesto de que no voy a ir. _____

17. Opino de que no hay que seguir. _____

18. Me informaron que ya no había. _____

19. Me enteré que ya no había. _____

20. A fin que terminemos temprano. _____

21. A medida que terminen, pueden salir. _____

22. No cabe duda que sabe lo que dice. _____

23. Me consta que es muy listo. _____

24. Me preocupa de que se retrasen. _____

25. Yo creo de que debemos ir. _____

Calificación: _____   Revisó: _____

26.9. VALGA LA REDUNDANCIA

R E G L A

De acuerdo con la RAE, en retórica el **pleonasmo** es una figura de construcción que consiste en emplear en la oración uno o más vocablos innecesarios para el sentido completo de la misma, pero con los cuales se añade expresividad a lo dicho. Por **ejemplo**: *Lo vi con mis propios ojos.* Cuando se utiliza de manera inconsciente y no con fines retóricos, se convierte en un vicio de dicción al que llamamos **redundancia**, el cual consiste en utilizar palabras innecesarias para el sentido de la idea que se quiere comunicar.

Existen algunos casos en los que la redundancia es evidente. Por **ejemplo**: *salir hacia afuera, entrar hacia adentro, subir hacia arriba, bajar hacia abajo, avanzar hacia adelante, beber líquidos, auto-suicidio, adelantar un anticipo, actualmente en vigor, canas blancas, carcajadas de risa*, etc.

Sin embargo, hay otros casos en los que la redundancia no es tan evidente y, sin embargo, existe, ya que se utilizan palabras innecesarias para el sentido del mensaje. Por ejemplo: *accidente fortuito, casualidad imprevista, sorpresa inesperada, historia pasada, todos y cada uno, un par de gemelos, volar por el aire*, etcétera.

Tal vez has escuchado la expresión *Valga la redundancia*, la cual se utiliza para excusar el uso de esta figura. Esta expresión es válida únicamente cuando la persona que habla está utilizando un pleonasmo, es decir, una redundancia con efectos retóricos; cuando la persona quiere producir un efecto en el auditorio y utiliza la redundancia de manera consciente. Sin embargo, cuando la persona comete un error, cuando utiliza una redundancia de manera innecesaria o por equivocación, en vez de decir *Valga la redundancia*, debería decir *Perdón por la redundancia*.

E J E R C I C I O

Detecta las redundancias encerradas en las siguientes expresiones, y vuélvelas a escribir en los espacios correspondientes, pero evitando la redundancia.

EJEMPLO: Las llamas de fuego
                 las llamas (todas son de fuego)

Valor: 5 puntos cada una

1. Los países del mundo   _____

2. Con una sonrisa en los labios   _____

3. Viven en su hábitat natural   _____

4. Los pequeños detalles   _____

5. Encarar de frente   _____

6. El monopolio exclusivo   _____

7. Planes para el futuro   _____

8. Se puso el sombrero en la cabeza   _____

9. El cadáver del difunto   _____

10. Son dos especies diferentes   _____

11. Las conclusiones finales   _____

12. La constelación de estrellas   _____

13. El día de hoy   _____

14. El libro de la Biblia   _____

15. La pasada experiencia   _____

16. Un lapso de tiempo   _____

17. Una jauría de perros   _____

18. Mi opinión personal   _____

19. Una nueva iniciativa   _____

20. Recordamos de memoria   _____

21. Resumimos brevemente   _____

22. La sinagoga judía   _____

23. Vuelvo a repetir   _____

24. Un error no intencional   _____

25. Tiritaba de frío   _____

Calificación: _____   Revisó: _____

BIBLIOGRAFÍA

BAENA PAZ, GUILLERMINA. *Redacción práctica*. Ed. Mexicanos Unidos. México, 1990.

BASULTO, HILDA. *Curso de redacción dinámica*. Trillas, México, 2002.

DEL RÍO MARTÍNEZ, MARÍA ASUNCIÓN. *Taller de redacción 2*. 2ª Ed., McGraw-Hill, México, 2000.

DICCIONARIO DE LA LENGUA ESPAÑOLA, Real Academia Española. 21ª Ed., Tomos I y II, Madrid, España, 1992.

ELÍAS, ALEJANDRA. *Taller de Lectura y Redacción I*. Siena Editores, México, 2005.

LÓPEZ AMAYA, ARMANDINA Y LINARES URENDA, MARGARITA. *Taller de Lectura y Redacción I*. ST Editorial, México, 2005.

MARTÍN VIVALDI, GONZALO, *Curso de redacción. Teoría y práctica de la composición y del estilo*. Paraninfo, Madrid, 1993.

MOLINER, MARÍA. *Diccionario de uso del español*. Tomo I y II, Gredos, Madrid, 1999.

OROPEZA MARTÍNEZ, ROBERTO. *Taller de Lectura y Redacción*. Editorial Esfinge, México, 2002.

PINTADO GARCÍA, MARÍA DE LOURDES. *Taller de Lectura y Redacción II*. ST Editorial, México, 2005.

RAE – REAL ACADEMIA ESPAÑOLA. *Ortografía de la Lengua Española*. Madrid, 1999.

RUELAS VÁZQUEZ C. *Comunicación oral y escrita, redacción y exposición de temas*. Edición, México, 1990.

SAAD, ANTONIO MIGUEL. *Redacción. Desde cuestiones gramaticales hasta el informe formal extenso*. Grupo Patria Cultural, México, 2001.

SERAFÍN, MA. TERESA. *Cómo redactar un tema*. Paidós, México, 2001.

SERAFÍN, MA. TERESA. *Cómo se escribe*. Paidós, México, 2001

ZACAULA, FRIDA et al. *Lectura y redacción de textos*. Bachillerato, Santillana, México, 1998.

ZARZAR CHARUR, CARLOS. *Taller de Lectura y Redacción I y II*. Publicaciones Cultural, México, 2004.

ZARZAR CHARUR, CARLOS. *Fundamentos de la cognición*. Publicaciones Cultural, México, 2006.

ZARZAR CHARUR CARLOS. *Comprensión y razonamiento verbal*. Publicaciones Cultural, México, 2004.

http://buscon.rae.es/drael En esta dirección se puede consultar el Diccionario de la Real Academia Española.

http://buscon.rae.es/dpdI/ En esta dirección se puede consultar el Diccionario Panhispánico de dudas de la Real Academia Española.

http://www.rae.es/rae/gestores/gespub000015.nsf/(voanexos)/arch7E8694F9D6446133C12571640039A189/$FILE/Ortografia.pdf En este sitio se puede consultar la Ortografía de la Lengua Española publicada por la Real Academia en Junio de 1999.

http://es.wiktionary.org/wiki/ Es una especie de diccionario en línea que incluye un gran número de definiciones.

http://es.wikipedia.org/wiki/ Es una especie de enciclopedia en línea que incluye un gran número de definiciones.

http://amnesia.eljuego.free.fr/Fichas_gramatica/FG_palabras_compuestas.htm Incluye un gran número de palabras compuestas.

http://www.europarl.europa.eu/transl_es/plataforma/pagina/guia/apend1.htm Se presenta una guía sobre el uso de mayúsculas y minúsculas.

http://buscon.rae.es/dpdI/SrvltConsulta?lema=cardinales La Real Academia presenta indicaciones sobre la manera de escribir los números cardinales.

http://buscon.rae.es/dpdI/SrvltConsulta?lema=ordinales La Real Academia presenta indicaciones sobre la manera de escribir los números ordinales.

http://www.juegosdepalabras.com/signos.htm Presenta varios acertijos en los que intervienen las reglas de puntuación.

Esta obra se terminó de imprimir en Marzo del 2012
en los talleres de Litográfica Bremen, S. A de C.V.
Avenida 1º de Mayo No.6, Col. Higuera, C.P. 52940
Atizapán de Zaragoza, Edo. De México